Marie-Theres Arnbom

Die Villen vom Attersee

Marie-Theres Arnbom

Die Villen vom Attersee

Wenn Häuser Geschichten erzählen

Mit 128 Abbildungen

Amalthea
Verlag

Besuchen Sie uns im Internet unter: amalthea.at

© 2018 by Amalthea Signum Verlag, Wien

Alle Rechte vorbehalten
Umschlaggestaltung: Elisabeth Pirker/OFFBEAT
Umschlagabbildungen: Berghof bei Unterach am Attersee
© Imagno/picturedesk.com (Motiv), Fotohalter © iStock.com
Herstellung und Satz: VerlagsService Dietmar Schmitz GmbH,
Heimstetten
Gesetzt aus der 11/14 pt Minion Pro Regular
Designed in Austria, printed in the EU
ISBN 978-3-99050-123-8

Inhalt

Making of ...

Der Attersee ist mir vertraut. Dachte ich jedenfalls. Viele Konzerte haben mir seit Jahrzehnten an verschiedenen Plätzen wunderschöne Sommerabende beschert. Seit mittlerweile 15 Jahren umrunde ich außerdem den See, um die Plakate meines Kindermusikfestivals in St. Gilgen zu verteilen, und beobachte das Verschwinden alter Geschäfte und Gasthöfe ebenso wie das Entstehen neuer Häuser. Freunde, die am Attersee zu Hause sind, werfen mir seit Jahrzehnten vor, dass ich sie nie besuche, aber das ist so eine alte Salzkammergutkrankheit: Jeder sitzt an seinem See und bewegt sich nicht weit weg, sondern genießt die wenigen kurzen Wochen intensiv und will keinen Moment missen.

Jetzt habe ich mich aber hinausgewagt und bin tiefer in die Geheimnisse rund um den Attersee eingetaucht, habe die Umgebung aufmerksam per Schiff, per Auto und zu Fuß erkundet und Eindrücke gesammelt. Viele Gespräche eröffneten Eigenheiten dieses Sees, die große Bedeutung des Segelns, die eingeschworene Gemeinschaft. Dieses Wissen bot mir die Grundlage weiterzuforschen, zu überlegen, wer die Menschen waren, die diese spezielle Atmosphäre des Attersees geprägt haben. Ich hätte nie erwartet, dass so viele schräge und außergewöhnliche Typen zum Vorschein kommen: Schriftsteller und Schauspieler, Frauenrechtlerinnen und Sängerinnen, deren Namen vertraut, und solche, die vergessen sind. Industrielle, die in die Welt der Tüll-Erzeugung ebenso führen wie in die Elektrotechnik, Ärzte, Komponisten und Musiker bevölkerten den Attersee und legten ein unsichtbares Netz quer über den See: Fast alle kannten sich, waren verwandt, verbandelt, übers Kreuz miteinander oder in Liebschaften verbunden – eine große, dicht verwobene Gesellschaft, zusammengesetzt aus vielen bunten Mosaiksteinen. Ganz neue Aspekte tun sich auf und machen neugierig, weiterzuforschen und sich näher mit den Menschen auseinanderzusetzen.

Die Auswahl der beschriebenen Villen ist subjektiv, nur ein geringer Teil der beeindruckenden Häuser und ihrer Bewohner kann berücksichtigt werden, denn dieses Buch soll ja auch ein Begleiter auf Ausflügen rund um den See sein und in eine Tasche passen, damit man an Ort und Stelle nachlesen kann. Bekanntes und Vertrautes wurde daher zurückgestellt, denn es gibt so viele Menschen, die in Vergessenheit geraten sind – ihnen ist das Buch gewidmet.

Die Schilderungen umfassen einen Zeitraum von etwa 100 Jahren – in diesem Jahrhundert wurde Europa von Krisen und Leid gebeutelt: Zwei Kriege, die die Welt bis heute nachhaltig prägen, haben auch am Attersee ihre Spuren hinterlassen. Die Geschichten dieses Buches stellen immer Momentaufnahmen dar, werfen kurze Blitzlichter auf eine bestimmte Zeit, auf bestimmte Personen.

Auffallend sind die vielen Sommerfrischler aus Prag – doch bei näherer Überlegung wird klar, dass dies schlicht mit den vorhandenen Reisemöglichkeiten zusammenhängt: Die Routen der Eisenbahn stellen ein wichtiges Kriterium für die Wahl der Sommerfrische dar, denn das Gepäck ist umfangreich, in den Monaten am Attersee darf es an nichts fehlen: Bücher und Musikinstrumente, Sportgeräte und Bekleidung, Decken, Wäsche und oftmals auch Geschirr braucht es, um den Sommer bequem verleben zu können.

Die einzelnen Orte am Attersee haben unterschiedlichen Charakter. Weißenbach zum Beispiel gilt aufgrund der direkten Anbindung an Bad Ischl als Dependance der kaiserlichen Sommerresidenz, als Ischler Vorort am See. Das Hotel Post zieht die mondäne Welt an, berühmte Persönlichkeiten erwerben Villen in der Umgebung und sonnen sich ein wenig im Ischler Glanz, gespiegelt im legendär grün-blau schimmernden Wasser des Attersees.

In Unterach prägt ein großer, auf verschiedenen Ebenen vernetzter Clan ein beschwingtes, fröhliches und intellektuelles Sommerleben, das von einem gemeinsamen Faktor bestimmt ist: der Musik. In fast allen Villen rund um den See gehört ein Klavier zur selbstverständlichen Einrichtung, gemeinsames Musizieren zählt zu den wichtigsten integrativen Programmpunkten der Sommerfrische. Auf dem Berghof in Burgau laufen viele Fäden zusammen, er kann als Kulminationspunkt des kultivierten Sommerlebens gelten – und die Fäden reichen bis zum Schloss Kammer auf der anderen Seite des Sees hinüber. Dort verkehrt in der Zwischenkriegszeit die mondäne Welt, die sich bei den Salzburger Festspielen trifft – Musik und Theater stehen hier ebenfalls im Mittelpunkt.

Auch am Attersee geht der Bruch des Jahres 1938 nicht spurlos vorbei, doch verlaufen die Ereignisse, anders als in Bad Ischl, weniger organisiert. Besitze wechseln die Eigentümer, und oft wird erst im Nachhinein klar, ob dies – wenigstens nach den Gesetzen der Nationalsozialisten – überhaupt rechtens war oder nicht. Ein schwieriges Kapitel, das trotzdem eines ganz klar zeigt: Die Nazis machen keinen Halt vor repräsentativen Liegenschaften, egal ob die Eigentümer als Juden gelten oder nicht. Beschlagnahmt wird, was schön und teuer ist – und dann beginnen die einzelnen Nazi-Organisationen zu streiten, ob eine von ihnen den Zuschlag erhält oder ob sich vielleicht doch ein Bonze eine repräsentative Bleibe am Attersee aneignen darf. Der Zustand der Häuser verschlechtert sich, niemand fühlt sich verantwortlich, und so kommt es nach dem Ende des Krieges zu unendlich zermürbenden Verhandlungen mit den ursprünglichen Eigentümern. Denn zurückgestellt werden die Besitzungen relativ rasch, doch die Diskussionen und Streitigkeiten über angebliche Investitionen, nicht bezahlte Mieten und gestohlene Möbel ziehen sich ins Unendliche – einmal mehr wird deutlich, wie sehr die unselige Devise von Innenminister Hellmer, »die Sache in die Länge zu ziehen«, der Realität entspricht. Die meist jüdischen Besitzer, die nun in Amerika, in Paris oder jenseits des Eisernen Vorhangs leben, verkaufen ihre Häuser in den 1950er-Jahren.

Doch die Musik bleibt – über alle Zeitläufe hinweg – ein bedeutender Teil des Attersee-Sommers, Festivals entstehen und bieten bis heute vielen großen Künstlern eine wunderschöne und inspirierende Heimat.

Um sich den Menschen und ihrer Zeit zu nähern, muss man sie finden. Und so standen am Beginn meiner Recherche die Grundbücher der einzelnen Gemeinden, in denen die Eigentümer genau aufgelistet sind und aus denen auf einen Blick die Entwicklung eines Hauses mit allen Höhen und Tiefen offenbar wird. Akten und Archivalien bieten weitere wertvolle Einblicke in das Leben der Menschen – ohne die großartige Kooperation des Wiener Stadt- und Landesarchivs und des Oberösterreichischen Landesarchivs wäre vieles nicht zu erschließen gewesen. Unkomplizierte Unterstützung und beste Arbeitsbedingungen, großes Interesse und hilfreiche Gespräche machen diese Archive und ihre Mitarbeiterinnen und Mitarbeiter zu Partnern der wissenschaftlichen Forschung des 21. Jahrhunderts. Die Recherche im Salzburger Landesarchiv – denn Burgau gehört zu Salzburg – erwies sich hingegen als Zeitreise in die 1980er-Jahre, in denen die Nutzer mit Skepsis beäugt wurden und Angst und Misstrauen vorherrschten, dass durch allzu viel Recherche etwas Unliebsames ans »Tageslicht« kommen könnte. Aber selbstverständlich erhielt ich alle Akten und konnte so auch diesen Teil des Attersees in aller Gründlichkeit bearbeiten.

Die Arisierungs- und Rückstellungsakten machen erneut deutlich, mit welcher perfiden Menschenverachtung ab 1938 eine Kultur zerstört wurde, wie unschuldige Menschen vertrieben und in den Tod gehetzt wurden und in der Zweiten Republik unerwünscht blieben. Die Rückstellungsakten erinnern in erschreckend vielen Formulierungen, Vorgehensweisen und sprachlichen Codes an heute wieder spürbare Verrohungstendenzen und mahnen uns, achtsam mit Sprache umzugehen und uns unserer Verantwortung bewusst zu sein.

Verlassenschaftsabhandlungen fassen am Ende eines Lebens das Bleibende zusammen und machen so manche Verwicklung, Verletzung oder Dankbarkeit innerhalb von Familien deutlich. Mein Mann Georg Gaugusch hat diese Akten im Wiener Stadt- und Landesarchiv unermüdlich für mich gescannt und mir mit seiner großartigen, bahnbrechenden Recherchearbeit nicht nur viel Arbeit erspart, sondern für viele Kapitel überhaupt erst die Grundlage geboten, auf der ich aufbauen konnte.

Schlüsselromane, Gedichtbände, wissenschaftliche Artikel und Lebenserinnerungen bieten Einblick in die Gedankenwelt der geschilderten Menschen, die auf so unterschiedlichen Gebieten Großes geleistet haben.

Und auch Heimatbücher standen zur Verfügung – zwei davon bedürfen einer dringenden Überarbeitung: Das *Heimatbuch von Schörfling* erschien 2002 als Neuauflage der Fassung von 1988. Darin finden sich folgende Formulierungen:»Die Sommerfrischler verließen im Herbst [1919] nur widerwillig das Salzkammergut, speziell das Atterseegebiet. Sie saßen wie die Maden im Speck, und manch einer dieser ›Gäste‹ mußte gewaltsam weggebracht werden, was mancherorts zu unerquicklichen Szenen führte. Zum Großteil gehörten sie dem auserwählten Volke an. Die ortsansäßige Bevölkerung war aufgebracht, denn die ›Gäste‹ zahlten phantastische Preise für die Lebensmittel, die dann den Einheimischen abgingen.«[1] Solch offener Antisemitismus hat in einer offiziellen Gemeindechronik, die außerdem im Jahr 1920 endet, nichts zu suchen. In der 1990 erschienenen Chronik von Unterach ist die Wortwahl weniger explizit, aber trotzdem mehr als deutlich:»Freilich zogen die großen Lichter auch wieder kleine Dunkelmänner an, die sich in Unterach besonders in wirtschaftlicher Beziehung sehr unbeliebt machten.[2] [...] Manche von den Sommergästen erbauten sich eigene Villen, meist am See. Einheimische verkauften ihre Häuser, und oft wurde es schmerzlich empfunden, wenn irgendein Herr Neureich mit unsauber erworbenem Vermögen alteingesessene Unteracher mit seinem Geld verdrängte![3]« Ein wenig mehr Achtsamkeit bezüglich solcher Formulierungen wäre wünschenswert.

Einmal mehr möchte ich ein Loblied auf die Plattform ANNO der Österreichischen Nationalbibliothek singen: Historische Zeitungen stehen digital zur Verfügung, meist bereits mit Volltextsuche. Man sucht etwas und findet – nebst dem Gesuchten – auch noch ganz Unerwartetes in diesem reichen Angebot, das dank des großen Engagements von Christa Müller unermüdlich erweitert wird.

Mein Dank gilt all jenen, die mich mit Hinweisen, Materialien, Fotos, Kontakten, Gedanken, Gesprächen, Wohlwollen und viel Geduld versorgt haben: Elisabeth Auersperg-Breunner, Alfred von Doderer, Alexander Eberan, Claudia Herz-Kestranek, Miguel Herz-Kestranek, Nikolaus Horn, Grace Jeszenszky, Martin Kolben, Sibylle Langer, Florian von Meiss, Caroline und Andreas Schindler, Gexi Tostmann und Marina Werba.

Georg Male erweist sich in alter Freundschaft einmal mehr als der allerbeste Lektor, der streng und unerbittlich sprachliche Unschärfen auf einen Blick erkennt und in die richtige Bahn lenkt. Danke!

Auf meine unermüdlichen Korrekturleser und -innen ist immer Verlass: Georg Gaugusch, Christiane Arnbom, Elisabeth Kühnelt-Leddihn, Hanna Ecker und Monika Kiegler-Griensteidl und all die anderen, die das eine oder andere Kapitel vorab lesen durften (oder mussten) und mich mit konstruktivem Feedback versehen haben.

Dem Amalthea Verlag mit dem engagierten Team um Katarzyna Lutecka danke ich für das Vertrauen und die wie immer großartige Unterstützung.

Gebrauchsanweisung

Wie schon im ersten Band meiner Villen-Reihe habe ich versucht, Entdeckungstouren zusammenzustellen, doch erweist sich dies aufgrund der geographischen Gegebenheiten am Attersee als schwierig. In Seewalchen, Unterach und Weißenbach laden Spazierwege ein, die Atmosphäre der Orte zu genießen.

Elegante Badegesellschaft

Doch einen besonderen Blick auf die Villen bietet eine Tour mit dem Schiff – ob per Linienschiff oder Segelboot spielt keine Rolle: Die so unterschiedlichen Kulissen der einzelnen Orte eröffnen sich in idealer Art und Weise.

Sportliche nehmen das Fahrrad – wie schon Gustav Mahler und viele andere Sommerfrischler – und erkunden den See langsam und gemächlich. Das Auto steht als letzte Option natürlich auch zur Verfügung …

Die folgenden vier Touren zu Fuß und zwei Touren per Schiff dienen als Vorschlag, den Attersee mit neuen Augen zu erkunden:

Zu Fuß
Entdeckungstour Eins (Seewalchen): 1, 2, 3, 4*
Entdeckungstour Zwei (Attersee): 6, 7, 8
Entdeckungstour Drei (Unterach): 10 bis 19
Entdeckungstour Vier (Weißenbach): 23 bis 29

Per Schiff
Entdeckungstour Fünf: Rundfahrt Attersee Nord: 1, 5, 6, 7, 8
Entdeckungstour Sechs: Rundfahrt Attersee Süd: 9, 16, 17, 21, 22, 24, 26, 27, 28, 29, 30, 33

Natürlich muss man aber zum Lesen dieses Buches nicht physisch am See anwesend sein, denn die Schicksale der beschriebenen Menschen beziehen sich zwar alle auf den Attersee, gehen aber weit darüber hinaus und führen ebenso nach Wien und Prag wie nach Chicago und New York.

Jedenfalls möchte dieses Buch dazu anregen, in die Atmosphäre einzutauchen, die all diese Menschen anzog und die ihnen viele unvergessliche Jahre beschert hat, in guten wie in schlechten Zeiten.

---

* Die Ziffern beziehen sich auf die jeweiligen Buchkapitel.

1 Mondän und exzentrisch. Schloss Kammer

Schörfling, Hauptstraße 28

Mein erster Eindruck von Schloss Kammer geht auf die 1980er-Jahre zurück. Im Sommer wurden dort Konzerte veranstaltet, die nicht nur durch musikalische Qualität bestachen, sondern eine ganz spezielle Atmosphäre boten: Zahllose Kerzen erhellten den Saal und die Gänge und gaben den Konzerten eine ganz besondere Note.

Am 14. August 1925 erwerben Emmerich Jeszenszky und Eleonora Fischer, geborene von Mendelssohn, Schloss Kammer samt zahlreichen weiteren Grundstücken. Ein ungarischer Rittmeister und eine Berliner Schauspielerin, die am Anfang dieses Buches stehen und zugleich symbolisch sind: Auch Kammer gehört zu dem Netz aus zahlreichen Querverbindungen und unsichtbaren Fäden kreuz und quer über den See. Dicht, aber dennoch durchlässig. Eine geschlossene Gesellschaft, die jedoch offen ist für neue Begeg-

Gustav Klimt, *Allee zum Schloss Kammer*, 1912

17

nungen. Die bunte Mischung umfasst Industrielle und Komponisten, Diven und Schriftsteller, verliebte Herren und exzentrische Damen, Ärzte und Theaterleute, Erfinder und Frauenrechtlerinnen. Die Anfänge des Netzwerkes liegen Jahrzehnte zurück und verweben sich von Generation zu Generation aufs Neue: Eleonora Mendelssohn passt perfekt in diese Gesellschaft.

Doch wie verschlägt es eine Berliner Schauspielerin und einen ungarischen Rittmeister ausgerechnet nach Schörfling? Die exzentrische Eleonora Mendelssohn entstammt der berühmten Berliner Bankiersfamilie, ihr Onkel besitzt eine Villa in Rindbach am Traunsee. Ihre Ambitionen, als Schauspielerin Erfolge zu feiern, treiben sie an, ihre Verliebtheit in Max Reinhardt spielt ebenfalls eine Rolle. Verheiratet ist Eleonora mit dem Pianisten Edwin Fischer, doch verliebt sie sich in den ungarischen Rittmeister Emmerich von Jeszenszky, der sich in Berlin in ihrem Dunstkreis bewegt, und startet mit ihm in ein neues Leben. Dieses soll sie fort aus dem wilden Berlin aufs Land führen – eine eigenartig anmutende Idee für eine Frau, die intensiv lebt und dazu das Treiben der Großstadt mit all seiner kulturellen und gesellschaftlichen Vielfalt braucht. Und doch: Ein neues Domizil muss her, Jeszenszky ist fest entschlossen, einen landwirtschaftlichen Betrieb zu übernehmen. Diesen findet er in Schörfling, einschließlich eines Schlosses in wenig attraktivem Zustand. Dies entspricht jedoch ganz Eleonoras Geschmack: Sie kümmert sich um das Schloss, Emmerich um die Landwirtschaft – eine ideale Verteilung der Talente.

Der Mann der Vorbesitzerin, Direktor des Dorotheums, nutzte das Schloss als Lager für Möbel, die jedoch mehr durch Quantität als durch Qualität glänzten. Außerdem leben Mieter im Haus, von der Gemeinde Schörfling zwangseingewiesen – alles keine guten Voraussetzungen für ein angenehmes Leben auf einem gepflegten Besitz[4], doch das kann Eleonora nicht entmutigen, im Gegenteil. Sie widmet ihre Zeit – und ihr Geld – der Renovierung, engagiert einen Tischler, der in einer eigenen Werkstatt in Kammer nach ihren Vorstellungen Möbel herstellt – gewiss eine aufreibende

Emmerich Jeszenszky
und Eleonora von
Mendelssohn

Tätigkeit. So stellt etwa die Herstellung einer Tischplatte eine große Herausforderung dar, verlangt Eleonora doch die stilgetreue Nachbildung einer alten Truhe: »Während dieser Zeit war die ›Gnädige‹ kränklich und mußte das Bett hüten. Mehrmals mußten wir zu viert die schwere Platte in ihr Schlafzimmer bringen, daß sie sich vom Bett aus vom Fortschritt der Arbeit überzeugen konnte. Als der Tisch der Form nach fertig war, zeigte ich dem Herrn Rittmeister die kleine Truhe im Stiegenhaus und sagte ihm, daß seine Frau den Tisch auch so ›alt‹ haben möchte. Er sagte mir: ›Herr Widrin, ich möchte schon lieber eine schöne, glatte Platte, aber machen Sie nur wie Eleonora will‹, setzt er ganz gottergeben dazu. Der Tisch wurde einer geradezu barbarischen Behandlung unterzogen.«[5]

Die großzügigen Räume in Kammer bieten Platz für viele Gäste: Ein Speiszimmer für 28 Personen und ein weiteres für zwölf ermöglichen große Abendessen, zahlreiche Salons, ein Billardzimmer, eine Bibliothek, ein mit venezianischen Spiegeln ausgestattetes Spiegelzimmer und ein Musikzimmer schließen sich an. Das Herzstück stellt jedoch der sogenannte Zeremoniensaal dar: 500 Gäste können hier empfangen werden – in denkbar großzügigem Ambiente, denn die Höhe des Saales erstreckt sich über zwei Stockwerke.

Neben dem glanzvollen Leben in Kammer tritt Eleonora weiter an verschiedenen Bühnen auf und verbringt viel Zeit in Berlin – ihr Ehemann bewirtschaftet in der Zwischenzeit das Gut. Eine Milchwirtschaft mit 36 Kühen und einer Käserei zählen ebenso dazu wie eine Schweinezucht. Besonders am Herzen liegt dem Rittmeister jedoch die Haflingerzucht, die er 1930 begründet.[6]

Doch die Ehe zwischen Eleonora und Emmerich geht auseinander, 1936 lassen sie sich scheiden, im selben Jahr wird ein Teil des Schlosses für zwei Jahre an Raimund und Ava von Hofmannsthal vermietet – sie bilden den Schlusspunkt des seeumspannenden Netzes. Raimunds Vater Hugo von Hofmannsthal hatte Jahre zuvor auf dem vis-à-vis am südlichen Ende des Sees gelegenen Berghof erstmals aus seinem *Rosenkavalier* gelesen. Seine Mutter Gerty Schlesinger gehört dem familiären Mittelpunkt der Unteracher Sommerfrische an, verwandt und verbandelt mit den Ecksteins, den Baums, den Geiringers – ihnen allen sind Kapitel dieses Buches gewidmet. Und Raimunds Cousine Dorli Schereschewsky verbringt ihre Sommer auf dem Plomberghof in St. Gilgen – in den 1980er-Jahren habe ich sie in London besucht und viele Jahre regelmäßig mit ihr korrespondiert. So schließt sich der Kreis.

Raimund zelebriert die Sommer in Kammer, sein Freund Ivan Moffat erinnert sich an den Zauber noch viele Jahre später: »An der Schmalseite des Sees lag das Schloss. In einer Sommernacht zwei Jahre vor Ausbruch des Krieges glitt eine Plätte mit roten Segeln über den See. Unser Gastgeber Raimund hatte gesagt, dies sei unser letzter Sommer in Österreich.

Der Mond schien nicht, doch hoben sich die Konturen der Berge klar gegen den Sternenhimmel ab. Die Maschine stoppte und wir glitten in der warmen Luft in solcher Lautlosigkeit, dass unsere sanfte Fahrt weicher wirkte als die Stille. (…) ›Lausche dem Plätschern‹, meinte meine Mutter. ›Nicht dem Plätschern – der Stille.‹ Wir lauschten.

Raimund von Hofmannsthal,
fotografiert von Cecil Beaton

Raimund wandte sich zum Heck und erhob als Zeichen für die drei Musiker sein Glas. Der Hornist stand auf, schaute zum nächst gelegenen Berg, spielte die ersten Takte von Erzherzog Johanns Jagdgesang und stoppte genau in dem Moment, in dem der erste Ton als Echo vom Berg zurückhallte. Die Takte wurden wiederholt. Als das Echo verstummte, stimmten Geige und Ziehharmonika als Gruß mit ein und setzten die Melodie fort.«

Zurück an Land setzt man sich zu Tisch, ein Zauber liegt über der Szenerie: »Raimund klatschte in die Hände. ›Musik!‹ Eine weitere Plätte leuchtete auf, wenige Meter vom Ufer entfernt. Eine Blasmusik begann ganz sanft einen Walzer zu intonieren. Über die Musik rief Raimund: ›Feuerwerk!‹ Von einer dritten Plätte erhoben sich sechs Raketen, die Funken flogen über die Musik und verglommen sanft in den Sternen.

Zwei Kilometer weit weg, entlang des Sees, schien ein kleines Feuer auf einem Hügel auszubrechen. Es wuchs zu einer klaren Form: Vier Haken aus Flammen. Ein großes Hakenkreuz wurde in der Dunkelheit entzündet. Die Ruderboote glitten in die Dunkelheit, die Musik spielte sanft. ›Raimund, hast du gesehen?‹, sagte sein Freund Friedrich. ›Ich weiß, ja‹, sagte Raimund. ›Deshalb sagte ich früher – das ist unser letzter Sommer in Österreich.‹[7]

Eleonora Mendelssohn selbst sammelt während der Sommermonate eine intellektuelle und künstlerische Gesellschaft aus aller Welt um sich, die Nähe zu den Salzburger Festspielen und natürlich zu Max Reinhardt trägt das Ihre dazu bei. Viele dieser Gäste erinnern sich später an die Gastgeberin, so die große Schauspielerin Elisabeth Bergner: »Sie war so schön, daß einem die Augen übergingen (…) und so engelhaft gut wie eben ein Engel. Sie war auch der unglücklichste Mensch, den ich jemals getroffen habe. Als hätten alle guten Feen an ihrer Wiege gestanden, um sie mit Schönheit, Reichtum und Talent zu segnen; und zum Schluß war die böse Fee gekommen, die man vergessen hatte einzuladen, und hatte das unschuldige Kind mit so giftigem Atem angehaucht, daß alle Segnungen davon zunichte gemacht wurden.«[8] In dieser traurigen Schilderung liegt viel Wahres, denn ein einfaches Leben führt Eleonora wahrlich nicht. Sie verfällt wie so viele andere Künstlerinnen, Schauspielerinnen und Sängerinnen ihrer Zeit dem Morphium und kommt nicht mehr davon los.

Große Stars verkehren in Kammer und bringen die internationale Gesellschaft an den Attersee. Die Liste der Berühmtheiten beeindruckt und reicht von Arturo Toscanini bis zu Marlene Dietrich.[9] Fritzi Massary, die große Berliner Operettendiva, findet nach dem Unfalltod ihres Mannes Max Pallenberg in Kammer Zuflucht und Zuspruch. Und trifft hier auf den Komponisten Noël Coward, der ihr 1938 ein Musical mit dem prägnanten Titel *Operette* auf den Leib komponieren wird.

Aber auch der Schriftsteller Carl Zuckmayer kommt oft aus seiner Wiesmühl in Henndorf nach Kammer: »Nach Osten erstreckte sich das Netz unserer nachbarschaftlichen Beziehungen bis zum Schloß Kammer am Attersee, dessen einen Flügel damals die schöne Eleonora von Mendelssohn mit ihrem Gatten Jessenski bewohnte (er saß so prachtvoll zu Pferde, ehemaliger k. und k.

Segler vor Schloss Kammer, 1920er-Jahre

Husarenrittmeister, schlank und jugendlich, mit weißem Haar, in einer rotseidenen Reitbluse!).« Zuckmayer gibt auch Einblick in das Sommerleben: »Was sich dort bei nächtlichen Festen, nach einer Plättenfahrt mit Zitherspiel auf dem grundklaren See, alles zusammenfand – man könnte sagen: ganz Österreich und die halbe Welt. Nie kam man von solchen Einladungen nach Haus, bevor der Morgen dämmerte.«[10]

Doch nicht nur die internationale Crème de la Crème findet sich in Kammer ein, auch einheimische Künstler gehen ein und aus. Die Innviertler Künstlergilde zum Beispiel, in der sich Schriftsteller und Musiker vereinen, veranstaltet Akademien im Schloss, bei denen aufgeführte Werke wie ausführende Künstler ein aufmerksames und wohlwollendes Publikum finden.[11]

1937 klingt dieses Leben nicht nur in Schloss Kammer aus, wie sich Carl Zuckmayer anlässlich einer Abendgesellschaft bei Eleonora Mendelssohn erinnert, bei der das berühmte Streichquartett Arnold Rosés spielt: »Zum Abschluß spielten sie aus dem Kaiser-

Quartett von Haydn jenen Satz, der die Melodie der österreichischen Kaiserhymne schuf, welche dann auch die des Deutschlandliedes wurde. Die Wiener Künstler spielten das so, wie es von Haydn gemeint war, als eine schlichte, fromme Melodie – fast ein Gebet. Den meisten Zuhörern traten die Tränen in die Augen. Und ein halbes Jahr später waren die meisten, von denen hier die Rede war, in alle Winde zerstreut.«[12]

Am 3. September 1937 trifft Eleonora Mendelssohn, vom französischen Hafen Cherbourg kommend, auf dem Schiff *Berengaria* in New York ein. Im April 1939 kehrt sie via Southampton noch einmal nach Europa zurück, um es am 30. September 1939 abermals – diesmal endgültig – in Richtung New York zu verlassen.

Um ihren Besitz in Kammer zu retten, überschreibt sie ihn am 19. Jänner 1939 ihrem geschiedenen Mann Emmerich Jeszenszky, doch ohne Erfolg. Gerade ein so prominentes und repräsentatives Objekt steht bei den Nazis auf der Liste der Begehrlichkeiten ganz oben.[13] Diverse Organisationen interessieren sich für eine Nutzung des Schlosses. Zunächst bringt der Landrat von Vöcklabruck hier wichtige Gäste unter, später übernimmt die Fliegerschule das Haus. Die Gäste müssen nun in Steinbach in der Villa Gütermann untergebracht werden (siehe Kapitel 30). Ein ewiges Hin und Her, Gerangel, Streit und Missgunst der einzelnen Nazi-Behörden prägen die kommenden Jahre.

Eleonora Mendelssohn bekommt davon nichts mit, sie lebt, von ihrer Drogensucht häufig ans Bett gefesselt, in New York und umgibt sich mit den bescheidenen Überbleibseln ihres ehemaligen Lebens. Dazu zählt auch das Ehepaar Zuckmayer, das sich im Exil kaum über Wasser halten kann. Ihnen stellt Eleonora Möbel für eine kleine Wohnung am Hudson River zur Verfügung – Relikte aus einer anderen Welt.

2 Das Vermögen des Branntweiners Simon Marmorek

Seewalchen, öffentliches Strandbad

Ein Branntweiner aus Tarnopol besitzt neun Zinshäuser in Wien, hat zwölf Kinder und wohnt selbst in der Wiener Leopoldstadt, Springergasse 12. Da scheint vieles auf den ersten Blick nicht zusammenzupassen. Simon Marmorek, den seine Todesanzeige in der *Neuen Freien Presse* als *Holz- und Kohlenhändler und Liqueur-Fabrikant* ausweist, stirbt am 30. Juni 1900 in Bad Vöslau und hinterlässt ein gigantisches Vermögen. Es handelt sich um eine klassische »jüdische« Erfolgsgeschichte, wie es sie im 19. Jahrhundert in der österreichisch-ungarischen Monarchie häufig gibt. Doch zumindest in einem Punkt ist dies nicht der Fall: Der übliche Lebensweg eines Aufsteigers, der sich in Wien etabliert, zeichnet sich auch am Wechsel des Wohnortes ab: Von der Leopoldstadt geht es meist in den neunten Bezirk und danach in die Innenstadt – kaum jemand, der zu Geld kommt, bleibt im zweiten Bezirk.

Nicht jedoch Simon Marmorek. Er hält dem zweiten Bezirk die Treue und bringt sein Familienhaus in einen Fonds ein, der allen Familienmitgliedern gleichermaßen zugutekommt und zehn Prozent der Erträge für wohltätige Zwecke widmet. »Im Namen Gottes, der mich und meine ganze Familie bisher gesegnet, beschützt, mit Wohltaten überhäuft hat, soll auch mein gesamt Vermögen an meine geliebten Kinder verteilt werden. Möge auch Euch Gottes Segen in allem, was Ihr tun und beginnen werdet, zu Teil werden, glaubt an Euren väterlichen Gott, seid dankbar jedem, der Euch Gutes getan hat, und seid bescheiden. Mit aufgehobenen Händen segne ich Euch, meine lieben Kinder und wünsche, dass Ihr friedlich in aufrichtiger Treue und Liebe miteinander leben sollt, meine bestehenden Unternehmungen weiterfortzuführen.« So schreibt er in seinem Testament ein Jahr vor seinem Tod.

Am 9. Juli 1922 erwirbt Simons Tochter Elsa, die Cousine des Architekten Oskar Marmorek (siehe Kapitel 10 und 28), mit ihrem

Erbteil ein Haus mit großem Garten in Seewalchen. Ein halbes Jahr später lässt sie sich von ihrem Mann Leopold Andorff scheiden. Gemeinsam mit ihrem zweiten Mann Peter Westen und ihren Kindern Heinrich, einem Rechtsanwalt, und Hildegard, die 1929 den Fabrikanten Otto Schratter heiratet, macht sie ihr Anwesen zu einem fröhlichen und mondänen Zentrum der Seewalchener Sommerfrischegesellschaft.

Sommer bei Familie Andorff-Westen: Marlen Fischer und Marianne »Nandi« Hergesell, verehelichte Schwaighofer, auf der Terrasse des Seepavillons

1924 lässt sie ein neues Haus, die sogenannte Waldvilla, bauen, den Auftrag erhält jedoch nicht ihr Cousin Oskar Marmorek, sondern Architekt Josef Zotti, der in Seewalchen auch für sich selbst ein Haus errichtet hat. Zotti, ein Schüler Josef Hoffmanns, ist heute völlig in Vergessenheit geraten, seine Bauten in Seewalchen existieren nicht mehr.

Das angrenzende Grundstück samt Badehütte und dazugehörigen Rechten kauft am 14. April 1924 die Internationale Industrie und Handels A.G. mit Sitz in Vaduz. Dahinter verbirgt sich bereits der zukünftige Ehemann Peter Westen, ein Großindustrieller, dessen Reputation nicht ganz makellos ist und dem Geschäfte nachgesagt werden, die in den 1920er-Jahren zwar vielleicht üblich, aber nicht immer ganz sauber sein dürften. Ob dies zutrifft oder nicht, bleibt offen – im Jahr 1931 verkauft die Aktiengesellschaft, vertreten durch ihren Präsidenten Peter Westen, das Grundstück jeden-

Innen und außen: Die sogenannte Waldvilla Andorff-Westen von Josef Zotti, 1928

falls an Elsa Andorff weiter. Hier entsteht ein neues Boots- und Badehaus – mehr eine prächtige Seevilla, die mit einer Küche, »einer Liegeterrasse und Verbindungsstiegen mit Balkons« ausgestattet ist, wie in einem Schätzgutachten vom 5. September 1941 zu lesen ist.

Die beiden Grundstücke werden zusammengelegt – eine perfekte Ergänzung, denn die Erlaubnis, eine neue Badehütte zu errichten, ist nicht so leicht zu bekommen. Ein wunderbares Geschäft also, das auch in eine Ehe mündet.

Mehr als eine Badehütte: der Seepavillon, zu Recht auch Seevilla genannt

Peter Westen ist auch an der Aktiengesellschaft der Schroth'schen Kuranstalt in Nieder-Lindewiese beteiligt. Der Ort mit diesem idyllisch klingenden Namen liegt in Böhmen an der tschechisch-polnischen Grenze und zählt zu den bekanntesten Kurorten der Habsburgermonarchie, vor allem wegen der von Johann Schroth entwickelten Kaltwasserkur. Die sogenannte »Schroth-Kur« wird bis heute als Entschlackungs- und Entgiftungskur angeboten – ein Erfolgsrezept.

1938 nimmt die Idylle am Attersee ein abruptes Ende. Am 3. September 1938 landet Elsa Andorff-Westen, von Kuba kommend, auf dem Flughafen von Miami/Florida – in ihrem Ankunftsschein finden sich neben dem Ausgangspunkt ihrer Reise weitere Angaben: Ihre Größe beträgt 1,63 Meter, sie ist blond und blauäugig. Als Beruf gibt sie »Direktor eines Sanatoriums« an – das entspricht den Tatsachen, ist sie doch Vizepräsidentin der Schroth'schen Kuranstalt in Böhmen.

»Nach einer Meldung der Kreisleitung der NSDAP Vöcklabruck besitzt eine Jüdin namens Westen-Andorf[,] die angeblich amerikanische Staatsbürgerin ist, in Seewalchen 134 eine Seevilla und eine Waldvilla in Seewalchen 132.« Das schreibt der Gauwirtschaftsberater am 26. Jänner 1939 an die Vermögensverkehrsstelle mit der Bitte, dem angeblichen Veräußerungswunsch von Elsa Andorff-Westen nachzugehen. Da aber alles seine Ordnung haben muss, versuchen die Behörden herauszufinden, welche Staatsbürgerschaft Elsa tatsächlich besitzt, und kontaktieren daher ihren Anwalt Dr. Franz Balling in Wien. Dieser lässt sich nicht aus der Ruhe bringen und teilt mit, dass auch er dies nicht beantworten könne. Er schlägt jedoch vor: »Im übrigen stelle ich Ihnen anheim, sich auch direkt mit Frau Andorff in Verbindung zu setzen[,] und gebe Ihnen zu diesem Zwecke nachstehend deren Adresse bekannt: Amherst, Great Neck, Long Island, New York.« Die Behörden vertrauen auf diesen direkten Weg aber weniger als auf den ihnen näherliegenden, denn »vielleicht könnte eher der Hausmeister der Genannten, Herr Lothar Werner deren Staatsbürgerschaft erheben.« Wieso der

Hausmeister mehr Erfolg haben soll als eine direkte Kontaktauf-nahme, bleibt offen. Die Sache gerät ins Stocken, Dr. Balling beauf-tragt die Hausverwaltung Franz Schröpfer mit der Betreuung der Liegenschaft. Diese gibt 1941 über deren aktuelle Nutzung Aus-kunft und teilt mit, dass das Seehaus der Dienststelle der Feldpoli-zei Nummer L 30.763, Luftgaupostamt, zur Verfügung gestellt ist und im Waldhaus »Umsiedler aus Südtirol, und zwar ein Ehepaar mit 2 Kindern«[14] wohnen.

»Ich habe viele Kauflustige für das Waldhaus, bis jetzt jedoch unterlassen, in ernste Kaufverhandlungen einzutreten, weil ich noch nicht sicher bin, wer den Kaufvertrag für die Verkäuferin – Elsa Sara Andorff-Westen – fertigen wird, damit dieser auch vom Grundbuchsgerichte anstandslos genehmigt wird«[15], schreibt Franz Schröpfer. Tatsächlich lässt die unklare rechtliche Lage zwar viele »Kauflustige« diverse Eingaben bei den Ämtern machen, doch eine Entscheidung fällt niemand. Es geht sogar so weit, dass das Reichs-innenministerium eingreift – und das alles wegen einer vergleichs-weise unbedeutenden Liegenschaft in Seewalchen.

Dass der Gesamtzustand der Seevilla immer mehr zu wünschen übrig lässt, verwundert nicht, das Haus hat »durch Witterungsein-flüsse und Seewasser sehr gelitten.« Niemand will entscheiden, nie-mand kann entscheiden, und so wird die Liegenschaft nicht ver-kauft. 1942 wird immerhin ein Inventar der Waldvilla angelegt – das gesamte Mobiliar ist noch vorhanden, »ich habe nur die Wäsche, Bettzeug, Matratzen, Silberzeug und Teppiche sicherge-stellt und in 2 Zimmern im Hause Seewalchen Nr. 132 versperrt. Weiters habe ich auch eine wertvolle Bauernstubeneinrichtung sichergestellt«, berichtet der Bürgermeister dem Reichsstatthalter für Oberdonau. Zwei Inventarlisten existieren, eine für die ver-sperrten Gegenstände, die andere für die zugänglichen. Zweitere gibt ein karges Bild einer Sommervillen-Einrichtung mit einigen Schlafzimmern, ausgestattet mit den notwendigen Möbeln und Waschtischen, die wesentlich schöneren Dinge sind tatsächlich ver-sperrt und der einquartierten Familie nicht zugänglich. Dazu zählt alles, was ein Haus wohnlich und komfortabel macht, wie Tischtücher und Servietten oder Handtücher, deren Monogramme Elsas unterschiedliche Lebenssituationen dokumentieren: E. M. für ihren Mädchennamen Elsa Marmorek, E. A. für Elsa Andorff, E. W. für Elsa Westen und E. A. W. für Elsa Andorff-Westen – ein schöner Einblick in die Traditionen eines bürgerlichen Haushaltes. Dazu kommen »rumänisch gestickte« Tischtücher, was wohl bunt bestickt bedeutet, Deckerln und Bettdecken und Draperien. Geschnitzte Sessel, diverse Möbel, eine Laute und ein Schnapskastl, Besteck und Bettzeug lagern alle in den beiden verschlossenen Zimmern.

Auf mehrmalige Nachfrage, ob es denn nun eine Entscheidung zum Verkauf der Liegenschaft gebe, hüllt sich der Reichsinnenminister in Schweigen – so bleibt die Situation über Jahre in Schwebe, und niemand fühlt sich für die Erhaltung der Villa, des Gartens und des villenartigen Bootshauses verantwortlich. Dem Hausmeisterehepaar wird gekündigt, stattdessen wird ein Kriegsblinder in der Wohnung untergebracht, sehr zum Ärger des Hausverwalters Franz Schröpfer, der dem Bürgermeister von Seewalchen erbost schreibt: »Es mutet mich nur sonderbar an, dass Sie auf der einen Seite meine Anschrift kennen, wenn es sich darum handelt, Rechnungen zu bezahlen, hingegen mich vollständig übergehen, wenn Sie, obwohl ich der Verwalter bin, die Vermietung des Grundstückes ohne meine Befragung und ohne meine Zustimmung vornehmen.« Der Hintergrund liegt auf der Hand: Der einquartierte Mieter zahlt keine Miete. Und seine Reputation ist alles andere als gut, daher zieren sich alle Behörden, ihm eine Kaufzusage zu erteilen – doch eine solche bekommt auch niemand anderer. Denn am 20. April 1943 wird Elsas gesamtes Vermögen zugunsten des Deutschen Reiches eingezogen. »Ich weise darauf hin, dass der Herr Reichsminister der Finanzen angeordnet hat, dass der Verkauf von Grundstücken aus eingezogenem und verfallenem Vermögen ausnahmslos einzustellen ist, sodaß der Verkauf des Hauses Seewalchen Nr. 132 an Powischer derzeit nicht in Frage kommt.«[16]

Mit diesem Beschluss setzt der Reichsstatthalter von Oberdonau dem jahrelangen Hin und Her ein Ende – doch was bedeutet dies für die Liegenschaft? Verantwortlich ist nun das »Deutsche Reich«, um Haus und Garten kümmert sich niemand, ihr Zustand wird immer schlechter. Josef Powischer, der Kriegsblinde, verklagt den Bürgermeister von Seewalchen, der ihm die Waldvilla angeblich geschenkt und ihm freie Wohnung zugesagt habe. Die Angelegenheit wird immer komplizierter, ergeben Nachforschungen doch, dass Powischer 1935 und 1936 bereits wegen Betrug und Erpressung zu Gefängnisstrafen verurteilt worden war und sich nun mit großer Dreistigkeit eine freie Wohnmöglichkeit erschleichen möchte. Letztendlich kommen andere Interessenten zum Zug: Ab 1. April 1944 vermietet das Großdeutsche Reich dem Bürgermeister von Seewalchen für 8 Reichsmark Monatsmiete zwei Zimmer der Waldvilla – jene beiden, in denen die sichergestellten Möbel aufbewahrt werden. Und am 29. April 1944 erhält die bereits seit 1939 dort befindliche Flugmelder-Reservekompanie einen Pachtvertrag über das Bootshaus.

Nach dem Ende des Krieges werden Erhebungen angestellt, auch über den Verbleib des sichergestellten Mobiliars, das längst verkauft wurde. Wenig ist im Haus übrig geblieben, die schönen geschnitzten Sessel befinden sich im Finanzamt Vöcklabruck, einige wertvolle Gegenstände sind dem Oberfinanzpräsidenten übergeben, das restliche Inventar dem Kreisamt für Volkswohlfahrt verkauft worden.[17] Mutter und Sohn Powischer wohnen noch immer in der Villa, im Bootshaus ist angeblich eine ungarische Familie untergebracht – ohne Inventar.

1947 bekommt Elsa Andorff-Westen ihren Besitz zurück, das Inventar ist bis auf wenige Stücke in alle Winde zerstreut, Villa, Bootshaus und Grundstück befinden sich in erbärmlichem Zustand. Elsa, die mittlerweile in Kalifornien lebt, verkauft die gesamte Liegenschaft im Jahr 1954 an die Gemeinde Seewalchen. Am 10. September 1978 stirbt sie in Santa Barbara.

3 Die Ringstraße am Attersee. Familie Paulick
Seewalchen, Promenade 12

»Fast in allen Monumentalbauten die den Glanz der Ringstraße ausmachen, hat Paulick die inneren Einrichtungen besorgt oder zumindest hat er daran mitgewirkt. So in der Hofoper, in der neuen Universität, im Rathause, in den beiden Hofmuseen, im neuen Burgtheater, im kaiserlichen Jagdschlosse im Lainzer Tiergarten und im Sühnhause auf dem Schottenring. Unter Hansen war er Bauleiter bei der Erbauung des Arsenals. In der Votivkirche ist die prächtig geschnitzte, mit Intarsien gezierte ›Session‹ das heißt das Gestühle vor dem Hochaltar, ein Geschenk Paulicks. Mit den großen Architekten und Künstlern, die an der Verschönerung Wiens mitwirkten, war Paulick vielfach befreundet.«[18]

Friedrich Paulick prägt das Bild der Ringstraße im Inneren – und trägt den Historismus in seiner intensivsten Ausprägung auch an den Attersee. Es ist kein Zufall, dass sich die Villa Schmidt (siehe Kapitel 4) und die Villa Paulick in nachbarschaftlicher Nähe zueinander befinden, bieten sie doch beide tiefe Einblicke in die Architektur und Innenausstattung ihrer Zeit. Die Villa Paulick sticht sofort ins Auge: der hohe Turm, die asymmetrische Bauweise, die vielen Erker, Balkone und Details, die auf einmal gar nicht zu erfassen sind. Friedrich Paulick, der studierte Architekt, hat für die Planung zwei Kollegen aus seiner Studienzeit bei Siccardsburg und van der Nüll, den Erbauern der Wiener Staatsoper, zu Hilfe geholt, die seit 1874 ein gemeinsames Architekturbüro betreiben: Friedrich König und Rudolf Feldscharek. Unter Mitwirkung des Bauherrn realisieren sie in nur zwei Jahren eine Villa, die ein Muster des Historismus darstellt und in ihrer Unregelmäßigkeit gleichzeitig jede Norm sprengt. »Die ›Verunklärung‹ der ›Ordnung‹ im Grundriß geht so weit, daß das Stiegenhaus nicht nur abseits des Haupteinganges als Wendeltreppe im Turm untergebracht ist, sondern nicht einmal durch alle Stockwerke durchlaufend ist,«[19] versucht Monika

Oberhammer die Verwirrung in Worte zu fassen. Wie oft sich die Besucher wohl verirrt haben?

»Für die Konzeption der Pläne war vor Allem der Punkt massgebend, dem Bauherrn selbst möglichst Gelegenheit zu geben, mit seinen eigenen, trefflichen Arbeiten hervortreten zu können. In Folge dessen wählten die Architekten eine Holzgiebel-Architektur, und die Anlage der Giebel war wieder bestimmend für die Grundriss-Anordnung«, informiert die *Allgemeine Bauzeitung* 1880, drei Jahre nach Fertigstellung.

Die beeindruckende Architektur der Villa Paulick, abgebildet in der *Allgemeinen Bauzeitung*, 1880

Von den Veranden »geniesst man die herrlichste Aussicht über den ganzen See bis Weissenbach«[20]. In diese Richtung blickt häufig Friedrich Paulick junior, denn vis-à-vis verbringt eine junge Dame ebenfalls ihren Sommer: Hedwig Brauner, deren Vater Josef federführend am Aufbau einer der größten und bedeutendsten Wagenfabriken, der späteren »Lohnerwerke«, beteiligt war. Diese gehen mit der Zeit: Prachtvolle Kutschen werden im Sortiment von Pferdewagen abgelöst, später folgen Automobile mit Benzin- oder Elektromotor. Die technische Entwicklung bestimmt das Geschäftsmodell: In den

Ansichtskarte der
Villa Brauner, später
Villa Langer

1920er-Jahren faszinieren Flugzeuge und Motorboote die Menschen – auch am Attersee, wo im Jahr 1930 das erste Motorbootrennen veranstaltet wird. Und am nahe gelegenen Wolfgangsee wird im Jahr 1925 sogar eine Flugverbindung von Wien nach St. Wolfgang eingerichtet – die Technikbegeisterung reicht bis in die Sommerfrische.

Friedrich und Hedwig heiraten, ihre Tochter Hedwig wird der väterlichen Villa später durch ihre Heirat mit Gustav Langer den wohlbekannten Namen Villa Langer verleihen, der auch heute noch in großen Lettern an der Fassade prangt.

Doch nicht nur Friedrich Paulicks Sohn genießt die Sommerfrische, auch seine drei Töchter prägen die Traditionen der Villa in unterschiedlicher Art und Weise. Emmas Mann Paul Bacher übernimmt im Jahr 1904 die angesehene Kunsthandlung und Galerie Miethke im Palais Eskeles in der Wiener Dorotheergasse und ändert deren Ausrichtung der Zeit entsprechend radikal: Statt Verlassenschaften ehrwürdiger Zeitgenossen seines Schwiegervaters zu vermarkten, möchte er als Freund Gustav Klimts der Secession eine Plattform für den Verkauf ihrer Werke bieten – doch das kommt bei seinem Kollegen Josef Engelhart gar nicht gut an. Am Ende der daraus folgenden Auseinandersetzungen steht 1905 Klimts Austritt aus der Secession. Zwei Jahre später stirbt Paul Bacher mit nur 40 Jahren. Emmas zweiter Mann, Richard Teschner, spielt ebenfalls eine sehr spezielle Rolle in der Kunstszene. Er geht als Künstler vielfältige Wege, arbeitet erfolgreich als Maler und Grafiker, stattet eine sensationelle und bahnbrechende Aufführung von *Pelléas et Mélisande* am Neuen Deutschen Theater Prag aus und findet dann seine Berufung: sein Puppentheater eigenwilliger und verzaubernder Prägung, das heute im Österreichischen Theatermuseum nach wie vor seinen speziellen Zauber entfaltet. Seine Figuren werden durch Puppen auf Stäben zum Leben erweckt, die Teschner selbst schafft und auf der von ihm konstruierten und ausgestatteten Bühne in Szene setzt. Seine 1911 mit Emma Bacher geschlossene Ehe bietet dem Künstler die finanzielle Basis für sein künstlerisches Wirken – und auch viele Sommer in Seewalchen, wovon zahlreiche Fotos zeugen. Denn auch Emma ist nicht untätig, sie leitet nach Pauls Tod die Galerie und bannt die Sommergesellschaft in der Villa Paulick auf Fotos – es entstehen wunderbare Aufnahmen, die die Unbeschwertheit und Fröhlichkeit der hier verbrachten Wochen deutlich erkennen lassen.

Richard Teschner erhält 1914 den Auftrag, das Palais des Großindustriellen Josef Kranz auszustatten. Dieser empört die Wiener Gesellschaft zu jener Zeit mit einer Beziehung zur Schriftstellerin Gina Kaus, 30 Jahre jünger als er. Die Situation wird unhaltbar, daher greift Kranz zu einem Trick und adoptiert Gina im Jahr 1916, um die äußere Form zu wahren. Gina bricht jedoch aus dem goldenen Käfig aus, Kranz heiratet 1921 die 40 Jahre jüngere Lilly Geiringer – und dies führt uns wiederum an den Attersee (siehe Kapitel 19). Nach zehn Jahren beendet Richard Teschner seine Tätigkeit für Kranz und wendet sich wieder verstärkt dem Kunsthandwerk zu. Entwürfe für die renommierten und alteingesessenen Wiener Firmen Lobmeyr und Klinkosch zeugen davon.[21]

Eine sehr kunstbeflissene Familie also, die Paulicks. Emmas Schwester Marie heiratet den Hofburgschauspieler Jakob Schreiner, ihre Schwester Therese ehelicht 1906 Hermann Flöge, der als Pro-

Gustav Klimt beobachtet vom Bootshaus der Villa Paulick den Fortschritt einer Regatta, 1904.

kurist in der Wiener Niederlassung der Dornbirner Spinnereifabrik Herrberger & Rhomberg tätig ist – und damit in einem Metier, das auch ihm die Möglichkeit für künstlerische Interessen bietet: Seine Meinung zu Stoff-Designs zählt. Kein Wunder, denn der Modesalon seiner Schwestern erfreut sich großer Wertschätzung.

Doch wie lernen sich Therese und Hermann kennen? Sechs Jahre zuvor, im Jahr 1900, bringt Paul Bacher seinen Freund Gustav Klimt nach Seewalchen – eine auf vielen Ebenen glückliche Fügung. Klimt findet Inspiration in der Landschaft, den Häusern und dem See, in Wiesen und Wäldern – zahlreiche seiner Gemälde sind der wunderbaren Landschaft des Salzkammergutes in den verschiedenen charakteristischen Sommerstimmungen zu verdanken. Er bringt Emilie Flöge samt Familie mit nach Seewalchen, und daraus entwickelt sich eine freundschaftliche, bald familiäre Beziehung zwischen den Paulicks und den Flöges, Gustav Klimt gehört selbstverständlich dazu. Die Sommer plätschern dahin – dieses Gefühl vermitteln jedenfalls viele erhaltene Briefe dieses Kreises. Spaziergänge, Jausen und Bootsfahrten wechseln einander ab, Klimt sucht Ruhe und Inspiration und erfreut sich zugleich an der anregenden Gesellschaft – eine gute Mischung, aus der Bilder entstehen, in denen die Atmosphäre der Attersee-Sommer in unvergleichlicher Weise erhalten bleibt.

4 Pretty Woman. Die Magnaten-Elsa und Max Schmidt

Seewalchen, Atterseestraße 55 und 59

Max Schmidt. Ein Name, der heute wohl wenigen Menschen etwas sagt. Mir ist er seit meiner Kindheit vertraut, blicke ich doch Tag für Tag auf den Pötzleinsdorfer Park, den Max Schmidt 1935 der Gemeinde Wien vermacht hat, samt den schon immer geheimnisvollen Steinfiguren aus dem abgebrannten Ringtheater. Und eine zweite Verbindung gibt es: Auf dem eindrucksvollen Haus Währinger Straße Nr. 29 prangt bis heute in großen Lettern der Name »Friedrich Otto Schmidt« – das war Max' Vater und Begründer der Repliken-Firma. In diesem Haus befand sich noch in den 1970er-Jahren die Turnschule der von uns als »Tante« apostrophierten Etta Neuman. Hierher führte mich meine Großmutter, die mich als Dreijährige von der Bedeutung sportlicher Betätigung zu überzeugen versuchte. Das Balancieren über umgedrehte Bänke zählt zu meinen frühesten Kindheitserinnerungen.

Die imposante
Villa Daheim

Nun begegnet mir Max Schmidt wieder in Seewalchen, wo er zwei Villen besitzt: Die Villa »Daheim«, ererbt von seinem Vater, und die Villa »Schneckenhaus«, wie sie im Grundbuch genannt wird, die er seiner Schwester Auguste Strohschneider 1920 als Gästehaus abgekauft hat. Zwei sehr gediegene, behäbige historistische Anwesen, die auf ein überaus bürgerliches Umfeld schließen lassen. »Die große Villa ist von meinem seeligen Vater F. Otto Schmidt senior unter Mithilfe des Malers Hans Makart und Friedrich Amerling eingerichtet und ist ein interessanter Typus aus den 70er Jahren«, ist Jahrzehnte später in Max' Testament zu lesen. Doch birgt diese Gediegenheit plötzlich neue, pikante Aspekte. In den Zeitungsberichten rund um Max Schmidts Tod taucht plötzlich eine Dame unter dem Namen »Magnaten-Elsa« auf – mein Interesse ist geweckt, denn dieses Prädikat lässt auch mit wenig Phantasie Frivoles erahnen. Und man wird belohnt mit einer Geschichte, die in die Budapester Halbwelt hineinreicht und mit einem tragischen Skandal endet.

Es war einmal ein Mädchen aus der ungarischen Provinz, der Vater Bäckergehilfe und früh verstorben, die Mutter wieder verheiratet mit einem Bauern, der die Stieftochter schlecht behandelt. Die junge Emilie Kocsan macht sich deshalb auf in die weite Welt und geht nach Budapest. Dort verdient sie in Vergnügungslokalen, »wo sich vornehme Herren zu unterhalten pflegen«[22], ihren Lebensunterhalt: »Sie kam rasch in Mode, wurde später im Café des hauptstädtischen Orpheums als Buffetdame engagiert und war stets von einem ganzen Hof jüngerer und älterer Lebemänner umgeben.« Hier trifft sie auch einen österreichisch-ungarischen Großindustriellen namens Max Schmidt, der sich in sie verliebt, ihr eine kostbare Wohnung einrichtet und sie mit Schmuck und Kleidern überhäuft. Doch lebt er nicht mit ihr zusammen, denn er erklärt unter Eid: »Ich war nie kürzere Zeit als eine halbe Stunde und nie länger als eine Stunde bei ihr.«[23]

Emilie geht mit ihrem Freund, aber auch anderen »Lebemännern« aus und ist Stammgast in den verschiedensten Unter-

Das Hauptstädtische Orpheum (Fővárosi Orfeum) in der Nagymező utca, eines der vielen Unterhaltungstheater in Budapest, erbaut von Fellner und Helmer. Heute befindet sich hier das Budapesti Operettszínház.

haltungslokalen, in denen sie »mit dem riesigen Aufwande ihrer Toiletten und ihres auf Hunderttausende geschätzten Schmuckes allseitiges Aufsehen erregt«, wie das *Deutsche Volksblatt* am 13. Jänner 1914 berichtet. Allgemein wird sie nun Magnaten-Elsa genannt und als »grande cocotte« bezeichnet – offenbar hat sie bei den Herren großen Erfolg. Zehn Jahre geht dieses Leben gut, sie begibt sich auf große Vergnügungsreisen, lebt zeitweise auch in Wien und verbringt wohl so manchen Sommer in Seewalchen – in der gediegenen, prachtvollen Villa Daheim. Magnaten-Elsa genießt ihr Leben in vollen Zügen und erfreut sich am Neid ihrer Kolleginnen, wenn sie »in kostbarem Hermelin und schwerer Seide, von haselnußgroßen Diamanten und Perlen behangen, wie eine Königin der Nacht durch die Welt rauschte, in der man sich amüsiert«[24]. Es werden Erinnerungen wach an Pygmalion, My Fair Lady und Pretty Woman. Ein Stoff, der immer wieder fasziniert.

Der Schriftsteller Alexander Nadas schildert das Paar sehr blumig im Stil eines Romans. Wie weit dies der Realität entspricht, bleibe dahingestellt: »Schmidt sah aus wie der feinste russische Fürst. Wie ein Großfürst. Seine Gestalt, sein Gesicht, seine Haarfarbe, seine Haltung ähnelte Schaljapin.«[25] Besagter russischer Starbassist zählte zu den berühmtesten und faszinierendsten Sängern seiner Zeit. Schmidt »zog jeden Abend den Frack an; Elsa erschien jeden Tag in einer anderen Toilette, meist schneeweiß, mit Perlen und königlichen Diademen.« Was für ein Paar! Und Nadas steigert seine Begeisterung noch weiter mit einem grandiosen Vergleich: »Wo die beiden erschienen, wurde es um sie finster, sie glänzten wie eine Hunderter-Glühbirne neben einer Wachskerze.«

Die Firma Friedrich Otto Schmidt stellt Repliken her, jedoch keine billigen, sondern Nachbauten auf höchstem Niveau: Möbel, Gemälde, Kunstgegenstände – alles, was das Herz begehrt, liefert sie an wohlhabende Auftraggeber für deren Schlösser und Stadtpalais, Landhäuser und herrschaftliche Wohnungen. Wohlhabend sind sie, aber die Mittel reichen eben doch nicht für einen originalen Renaissance-Schrank, sondern nur für eine der perfekten Repliken – die eben nicht Fälschungen genannt werden, um den Schein zu wahren. Friedrich Otto Schmidt benennt sein Geschäftsmodell ganz offen, seine Käufer hingegen täuschen ihren Besuchern eine andere, reichere Welt vor.

Max Schmidt, Kunstsammler
und Mäzen

Sein Sohn Max gilt als versierter Kenner und Sammler von Kunstgegenständen aller Art – und das führt wieder nach Seewalchen: In einem Pfahlbau nahe von Kammer lässt er Grabungen anstellen und fördert Erstaunliches zutage: 700 steinerne Flachbeile, 60 Steinhämmer, 70 Feuersteinklingen, die als Messer verwendet wurden, 450 Schlagsteine, 1000 Tongefäße und 50 Bronzen.[26] Max plant, ein Museum in Seewalchen einzurichten, das jedoch nie eröffnet wird, denn 1914 trifft ihn ein harter Schicksalsschlag: Am 10. Jänner 1914 wird in Budapest ein Reisekorb aus der Donau gefischt.

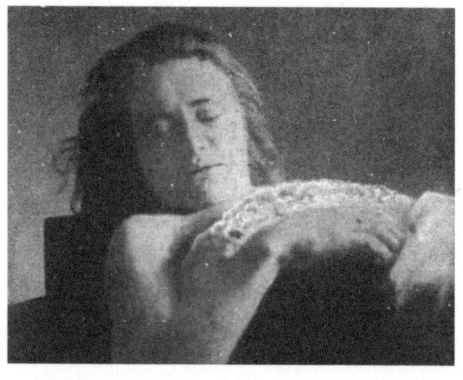

Die »Magnaten-Elsa«: »Die Frauenleiche im Korb: Aufnahme nach der Auffindung am Donauufer in Budapest«, Abbildung in den *Wiener Bildern*, 18.1.1914

Eine grausige Entdeckung, denn der Korb enthält eine erdrosselte weibliche Leiche. Es dauert zwei Tage, bis die Ermordete als Magnaten-Elsa identifiziert wird – was für ein tragisches, unpassendes Ende für diese Frau, die zu den elegantesten »Demimondaines der Hauptstadt«[27] zählte. Was ist passiert? Das neue Dienstmädchen Rosa Kobori neidet ihrer Dienstherrin den Reichtum. Sie selbst hat zwei Liebhaber, und einer davon erscheint ihr als idealer Komplize für ihren Plan: Gustav Nick, ein arbeitsloser Bäckergehilfe, soll Elsa erdrosseln. Dies tut er, danach verpacken sie gemeinsam die Leiche und versenken sie in der Donau. Doch agieren sie dabei sehr dilettantisch: Der Korb geht nicht unter, sondern wird am Ufer angeschwemmt. Und in Elsas Badezimmer findet sich noch das Handtuch, mit dem sie erdrosselt wurde. Wertvoller Schmuck fehlt, ein Mittelsmann wird beim Versuch, einen Teil davon zu versetzen, sofort geschnappt. Rosa Kobori und Gustav Nick werden zum Tode verurteilt, jedoch zu lebenslänglicher Haft begnadigt. 1919 erscheint Nick bereits wieder auf der Bühne der Öffentlichkeit: Im Zuge der revolutionären Ausschreitungen terrorisiert er die Budapester Bevölkerung. Fünf Jahre nur hat er für seine Tat büßen müssen.

Zu Elsas Begräbnis kommen Menschenmassen: 15 000 Menschen »aller Klassen« folgen dem Leichenwagen. »Es kam wiederholt zu heftigen Szenen, so daß Polizei und wiederholt auch die Rettungsgesellschaft intervenieren mußten. Auf dem ganzen Wege stockte der Verkehr der elektrischen Straßenbahn. Man zählte 120 Automobile, 400 andere Wagen, und die Wagen der Elektrischen waren derart überfüllt, daß man stundenlang keinen Platz finden konnte. Der etwa fünf Kilometer lange Weg zum Friedhof konnte erst in mehr als zwei Stunden zurückgelegt werden. Bei der Versenkung des Sarges kam es abermals zu lebhaften Szenen.«[28] Ein völlig außer Kontrolle geratenes Spektakel, das auch keinerlei Respekt vor den Angehörigen zeigt: »Sogar der Gönner der Ermordeten, der Fabrikant Max Schmidt, die Mutter und die Verwandten der Turcsányi[29], die ihr eine kurze Strecke zu Fuß das Geleite geben wollten, wurden rücksichtslos beiseite gestoßen und um den Leichenwagen herum entstand eine abscheuliche Keilerei.«[30]

Am Grab finden sich zehn Kränze mit weißen Blumen, alle mit der Inschrift »Max Schmidt – ewig der Deinige«.[31] Die Farbe Weiß hatte Elsa schon immer für ihre Roben bevorzugt. Und so beschließt sie nun auch ihr Leben in einem weißen Seidenkleid, gebettet in einen weißen Sarg, umkränzt von weißen Blumen. Man ist versucht, an eine prunkvolle Hochzeit zu denken.

Die Zeitungen stürzen sich natürlich auf dieses pikante Thema, in der *Arbeiterinnenzeitung* wird sogar das Verzeichnis von Elsas Wertgegenständen veröffentlicht, darunter eine beeindruckende Fülle an kostbarstem Schmuck, es funkelt geradezu vor Brillanten.

Die »Magnaten-Elsa«, meist in
Weiß gekleidet. Abbildung in
Das interessante Blatt, 22.1.1914

Und die Erben stehen auch gleich bereit und verlangen ungeduldig
vom Gericht, den Nachlass endlich freizugeben. Letztlich stellt sich
allerdings heraus, dass die Firma Schmidt auch in Elsas Wohnung
Großartiges geleistet hat, sind doch die meisten Gemälde nur –
wenn auch meisterhafte – Repliken und dadurch leider wesentlich
weniger wert als Originale von Rubens oder Dürer. Sehr zum Miss-
fallen der Erben, die sich einen noch viel größeren Profit erwartet
hatten. Immerhin 212 000 Kronen können sie für sich beanspru-
chen, in dieser Zeit ein kleines Vermögen.

Max Schmidt lässt neben seinem Besitz in Kiscell nahe Budapest
ein Grabmal für Elsa errichten. Der bereits zu Wort gekommene
Alexander Nadas schildert das weitere Leben des von Elsa »Fabrik-
Bácsi«, also Onkel Fabrikant, genannten Max ebenso romanhaft:
»Er machte aus ihr nach ihrem Tode einen Kult. Aus dem Fabrik-
Bacsi wurde ein trauriger alter Mann; sein Leben war zerbrochen.
Er kam und ging, er arbeitete, er sah aber jeden Tag trauriger aus
dem Fenster des Zeller Schlosses auf das Grabmal. Er verheiratete
sich auch einmal. Auf kurze Zeit. Die Ehe war unglücklich. Er hei-

ratete eine feine Dame. Eine elegante, kultivierte Frau[32]. Sie gefiel Max nicht. Aber die kleine primitive Wilde beweinte er bis zu seinem Tode.«[33]

Das Schloss in Kiscell beherbergt nicht nur eine museale Kapelle für Elsa, feierlich eingeweiht am ersten Jahrestag ihrer Ermordung[34], sondern vor allem Max Schmidts enorme Altertumssammlung: Um Repliken perfekt herstellen zu können, erwirbt er die Originale und schafft auf diese Weise eine beeindruckende Kollektion kostbarster Stücke, die ihn weltweit als Kapazität bekannt machen. Die Schauspielerin Lina Loos erinnerte sich anlässlich von Max Schmidts Tod an ihn, der bei ihrer Hochzeit mit Adolf Loos als Trauzeuge fungiert hatte. Er war eine »große, helle Erscheinung, war liebenswert schrullenhaft«. Und wieder taucht etwas Romanhaftes auf: »Dickens hat in seinen Romanen solche ältere, gütige Herren mit sonderbarem Gebahren meisterhaft geschildert.«[35] Bis heute kann Max Schmidts Vermächtnis in Kiscell bewundert werden.

Ein größerer Gegensatz in künstlerischen Vorstellungen zwischen Max Schmidt und Adolf Loos ist kaum vorstellbar – hier der Vertreter historistischer Repliken, da der Verfechter einer schnörkellosen, »echten« Moderne. Und doch: Schmidt engagiert Loos für seine Firma und weist damit zugleich in die Zukunft: Ein gemeinsames Projekt ist das berühmte Café Gerbeaud in Budapest. Loos vertritt seine radikalen Ansichten, seine völlige Ablehnung aller Ornamente vor allem in der Architektur, der Außen- und Raumwirkung. Doch in Bezug auf Einrichtung und Möbel liegt ihm gediegene Behaglichkeit durchaus am Herzen – so erweist sich die Partnerschaft als ideal, um Alt und Neu miteinander zu verbinden. Auch andere Künstler der Moderne holt Max Schmidt an Bord: Dagobert Peche und Josef Hoffmann entwerfen Tapetenmuster, die F. O. Schmidt erzeugt und auch ausstellt, so bei einer Ausstellung des Werkbundes im Oktober 1916.

Bei einer Ausstellung im k. k. Österreichischen Museum für Kunst und Industrie im März 1914 stellt die Firma F. O. Schmidt komplett eingerichtete Zimmer im Stil des Historismus der 1870er-

Jahre aus, um die Besucher zu beeindrucken. Nach Ende der Ausstellung lässt Max Schmidt diese Zimmer in der Villa Daheim einbauen und bewahrt dadurch den Makart-Stil als Relikt vergangener überladener Zeiten. Nur wenige Monate später bricht der Erste Weltkrieg aus und fegt alles Übertriebene, rein Dekorative hinweg. Nach 1918 ändern sich die Zeiten auch im Hinblick auf Einrichtungsstile – dennoch kann sich das Konzept der Firma F. O. Schmidt halten, denn gerade in Zeiten der Unsicherheit greifen die Menschen auf Wohlvertrautes zurück. Auch wenn es schwieriger wird, ganze Schlösser, Botschaften oder großzügige Wohnungen auszustatten, bleibt die Klientel dem Unternehmen treu. Bei den Textilien wird der Einfluss der Moderne besonders spürbar: Max Schmidt umschifft diese Zeit gekonnt. Ein wenig geometrische Formen und reizende Figuren hier, zarte Pflanzen und kleine Blumenarrangements dort zeigen eine gewisse Zurückhaltung, ohne aber das Dekorative zu vernachlässigen.

1935 stirbt Max Schmidt unter Hinterlassung eines enormen Vermögens – jedoch keiner Kinder. Seine Nichten und Neffen erhoffen sich einen Anteil, doch der Verstorbene überrascht selbst nach seinem Tod: »Seit Jahren hat eine letztwillige Verfügung nicht solches Aufsehen im In- und Ausland hervorgerufen, als das Testament des Möbelfabrikanten Max Schmidt«, berichtet das *Salzburger Volksblatt* am 8. Mai 1935. Doch worin liegt das Aufsehenerregende? Er bedenkt öffentliche Institutionen: Die Stadt Wien erhält wie eingangs erwähnt Schloss Pötzleinsdorf samt Park, mit der Auflage, es der Öffentlichkeit zur Verfügung zu stellen. Der Stadt Budapest schenkt er den Besitz Kiscell mit dem Museum für die Magnaten-Elsa. Und dem Stift Schlägl vermacht er die Villa Daheim in Seewalchen mit sehr genauen, um nicht zu sagen belastenden Vorgaben: »Die museumartige große Villa soll als Museum gezeigt werden, und ordne ich hiemit ausdrücklich an, dass für immerwährende Zeiten, meine Familienmitglieder in der großen und kleinen Villa nicht wohnen dürfen.« Immerwährende Zeiten – was für eine Kränkung muss sich hinter einer solchen Verfügung verbergen? Es drängt sich der Gedanke auf, dass dies mit der Magnaten-Elsa zu tun haben könnte – denn die sehr gediegene, fast ist man versucht zu sagen spießbürgerliche, Familie Schmidt fand wohl keinen großen Gefallen an ihr. Traditionen bedeuten zwar auch Max Schmidt viel, dennoch bricht er mit seiner Familie: »Auf Wunsch meines seeligen Vaters ordne ich hiemit an, dass für immerwährende Zeiten nichts am Hause umgebaut oder umgeändert werden könne. Die Villa Seewalchen wurde mir von meinem seeligen Vater vererbt mit dem ausdrücklichen Befehle, das Haus als ›Pietätshaus‹ für mein ganzes Leben zu pflegen und zu erhalten und auch meinerseits nur in würdige Hände zu vererben.« Welcher Erbe freut sich über solch eine Bürde? Doch Schmidt geht in seinen Forderungen noch weiter: »Es wäre mir sehr erwünscht, wenn der Herr Prälat des Stiftes Schlegl für die Sommermonate in dieser Villa wohnen wollte, für welche Zeit *das Haus für Besuche gesperrt bleibt.*«[36]

Es verwundert nicht, dass das Stift Schlägl eine mit solchen Auflagen verbundene Erbschaft nicht annimmt. Nach einem langen Verfahren geht die Villa letztlich in den Besitz von Max' Neffen über.

5 Eine Insel für die adorierte Primadonna. Eduard Springer

Litzlberg, Insel

Wer sich den Luxus erlaubt, auf einer einsamen Insel im Attersee ein schlossartiges Anwesen zu bauen, muss zumindest ein Baron sein. Das war jedenfalls bis jetzt die vorherrschende Meinung in der Literatur. Weit gefehlt: Man ist zwar versucht, beim Namen Springer an die bekannte und angesehene Bankiersfamilie gleichen Namens zu denken, doch Eduard Springer, Erbauer des Schlosses Litzlberg, hat mit den reichen Bankiers überhaupt nichts zu tun. In seinem Verlassenschaftsakt aus dem Jahr 1917 wird als Adresse Lilienbrunngasse 15 in der Wiener Leopoldstadt angegeben – für einen reichen Bankier wäre dies nicht standesgemäß.

Die Insel
Litzlberg

Doch wer ist Eduard Springer? Abteilungsvorstand der Ersten Österreichischen Sparkasse und Realitätenbesitzer, steht lakonisch in seinem Verlassenschaftsakt. Katholisch und ledig, erfährt man weiter. Und bei der weiteren Lektüre eröffnet sich Erstaunliches: In Wertpapieren hinterlässt er 280 000 Kronen, dazu mehrere Zinshäuser in Wien, meist in der Leopoldstadt, sowie einige Liegenschaften in Zell bei Nussdorf am Attersee. Nur zwei Monate vor seinem Tod hat er seinen Besitz in Litzlberg, der die Insel umfasst, an den Industriellen Erwin Böhler verkauft.

Bei näherer Betrachtung seiner Familienverhältnisse wird klar, woher der große Wohlstand stammt: Eduard ist der Nachkomme einer Familie, deren wirtschaftliche Erfolge bereits in der Zeit Maria Theresias begründet sind: Einer seiner Vorfahren war der Hofoptiker Joseph Hamberger, dessen Brillen und sonstige optische Geräte sich großer Beliebtheit erfreuten und ihm ein beträchtliches Vermögen bescherten. Im Jahr 1820 findet er Eingang in ein wissenschaftliches Schriftstellerlexikon: »K. K. Hofoptiker und der berühmte und geschickte Verfertiger der aus Wien kommenden optischen Gläser und anderer mathematisch-physikalischer Instrumente. Er ist gegenwärtig hier der einzige in diesem Fache.«[37] Seine Tochter Anna heiratet in die Familie Sigl ein, der die Tuchhandlung *Zur weißen Taube* in der Wiener Goldschmiedgasse gehört – ein ebenfalls erfolgreiches Unternehmen. Trotz Wirtschaftskrisen, Kriegen und schwierigen Zeiten hält die Familie das Vermögen zusammen – eine außergewöhnliche Leistung in Jahren der Umbrüche und radikalen Veränderungen. Unterstützt wird dies durch zahlreiche familieninterne Ehen, die in vielen Schichten aus wirtschaftlichen Gründen üblich sind. Eduards Mutter Karoline Sigl bringt also ein beträchtliches Vermögen in ihre Ehe mit dem Kaufmann Eduard Springer ein. Ihr einziger Sohn wird später alles erben und einen Teil des Geldes in seine Attersee-Insel investieren.

Denn er verehrt die Opernsängerin Marie Renard – unwillkürlich muss man an die Operette *Die Fledermaus* denken, in der Gabriel Eisenstein als Marquis Renard vorgestellt wird … Dessen

Marie Renard in ihrer
Paraderolle als Rosalinde
in *Die Fledermaus*, deren
Ehemann sich als »Marquis
Renard« ausgibt.

Ehefrau Rosalinde zählte übrigens zu den Paraderollen der Renard.
Ein Zufall? Eine Geschichte wie aus der Operette.

Doch Marie Renard ist nicht irgendeine Opernsängerin, sondern der größte Star ihrer Zeit, eine Primadonna im wahrsten Sinn
des Wortes, der nur Superlative gerecht werden. Bei ihrem Bühnenabschied im Jahr 1900 lässt sich sogar der sonst immer spitzzüngig-
kritische Eduard Hanslick zu dem Ausruf hinreißen: »Ist es wahr?
Ist es möglich? Die Renard scheidet für immer von der Oper? In
der Vollkraft ihres Talents, ihrer Schönheit? Man strengt seine
Augen an, um durch den Schleier dieses Geheimnisses zu blicken.«[38]
Zu diesem Zeitpunkt gehört Eduard Springer bereits der Vergangenheit an – falls er je eine Gegenwart hatte, geschweige denn eine
Zukunft. Denn die Renard strebt gesellschaftlich nach Höherem:
Ihre Kollegin, die nicht minder beliebte Ilka Palmay, heiratet am
31. August 1892 Eugen Graf Kinsky. Und dieser hat einen Bruder,
Rudolf. Verheiratet. Und verliebt in Marie Renard, die er unbedingt
heiraten möchte – und dies nach jahrelangen Kämpfen 1901 auch
tun wird. Genau während dieser Jahre baut Eduard Springer ein
Schloss für die Primadonna. Ob sie davon überhaupt weiß? Oder
ob sie ihn einfach gewähren lässt – wissend, dass ihre Zukunft

anderswo liegen wird? Einen tieferen Blick hinter die Kulissen des Opernbetriebes gewährt Jahre später der Roman *Bagage!* über eine andere Primadonna des Attersees, Maria Jeritza (siehe Kapitel 17).

Marie Renard erhält an der Wiener Hofoper eine gigantische Gage von 16 000 Kronen pro Jahr, hat es also geschafft. In den Anfangsjahren einer Sängerin, die ihre Bühnenkostüme selbst anschaffen muss, konnte auch sie auf einen reichen Mäzen nicht verzichten. Doch über dieses Stadium ist Marie Renard seit ihrem Engagement an die Wiener Hofoper im Jahr 1888 hinaus, nun winkt die gesellschaftliche Anerkennung. Auch wenn Mesalliancen nicht gern gesehen werden, hat eine Gräfin Kinsky natürlich einen anderen Status als ein Fräulein Marie Pölzl alias Marie Renard. Operette und Realität reichen sich die Hand.

Liest man Berichte über Marie Renards unglaubliche Wirkung, versteht man Eduard Springers glühende Verehrung. Am augenfälligsten manifestiert sich die Begeisterung des Wiener Publikums auf dem Höhepunkt ihrer Karriere: ihrem Abschied von der Bühne. Nach ihrem letzten Auftritt, noch dazu in der von ihr so oft gesungenen Rolle der Carmen, tobt das Publikum im Haus am Ring und ruft die geliebte, verehrte und angebetete Beste aller Sängerinnen mehr als 150 Mal vor den Vorhang – über eine Stunde dauert diese Ovation, die sich auf der Straße fortsetzt. »Wer am 29. Jänner 1900, 11 Uhr abends, in der Nähe des Wiener Opernhauses geweilt haben mochte, ohne zu wissen, was da vor sich ging, der hätte meinen können, eine Revolte sei ausgebrochen oder sonst ein weltbewegendes Ereignis finde gerade hier seinen Niederschlag. Am Ring, rund um die Oper und bis zur Krugerstraße hin, wo die Renard wohnte, gab es ein lebensgefährliches Drängen und Stoßen. Und dies an drei Abenden, an denen Tausende an Marie Renard vorbeidefilierten, ihr den Abschiedsgruß zu entbieten.« Nach der dritten und unwiderruflich letzten dieser Vorstellungen kommt es zu einem noch größeren Tumult: »Was sich dann noch auf der Straße abspielte, gehört zu den turbulentesten Höhepunkten einer losgelassenen Publikumsbegeisterung, wie sie kaum ein zweites Theaterereignis mehr erlebt hat. Kopf an Kopf gedrängt stand die Menge, die Polizei mußte einschreiten, um der Renard den Weg vom Bühnentürl freizumachen.« So erinnert sich die *Bühne* noch im Jahr 1941 – mehr als eine ganze Generation später – an Marie Renards Bühnenabschied, der in der Zeitschrift *Der Floh* mit einem Augenzwinkern in Gedichtform beschrieben wird:

> Aus der Renard-Woche.
> Was kümmert uns der Ausgleichsrummel? Was die
>   Verständ'gungsconferenz?
> Die Burenkriege, Englands Pläne, die sind für uns jetzt nichts
>   als Pflänz!
> Der Kohlestreik und die Vertheuerung der Lebensmittel aller
>   Art,
> Die sind Wurst. Für uns gibt's eine nur und das ist jetzt:
>   Marie Renard!

Und in der weiteren Beschreibung werden 26 Augen gefunden, »die sich jugendliche Schwärmerinnen herausgeweint haben«.[39] Ob Eduard Springer die unfassbare Begeisterung des Publikums an diesem Tag in der Oper auch miterlebt?

Zwei weitere Sommerfrischegäste am Vis-à-vis-Ufer des Schlosses Litzlberg stehen auf unterschiedliche Weise in Verbindung mit Marie Renard. Zum einen Gustav Mahler, unter dessen umstrittener Direktion sie ihren Abschied nimmt. Und zum anderen die große Charlotte Wolter, die das Publikum zu ebensolchen Begeisterungsstürmen bewegt (siehe Kapitel 33 und 29).

Die weiteren Sommer bis zu seinem Tod verbringt Eduard Springer jedenfalls in dem Refugium auf der Insel, kümmert sich um die Fischzucht in Zell bei Nussdorf, stiftet Geld für die Schule in Schörfling, wird Ehrenbürger. Und bleibt unverheiratet. Vielleicht in ewiger Erinnerung an eine unerreichbare Künstlerin, deren Wärme, Geist, Leidenschaft und Zauber der Persönlichkeit ihn bis zu seinem Tod bannen.

6 Zwischen Kieferchirurgie und Yacht-Club. Gustav Wunschheim

Attersee, Mühlbach 16

Wer mit passionierten Seglern spricht, erlebt bei Erwähnung des Attersees immer wieder ein Leuchten in deren Augen: der Rosenwind, die Weite, die großartigen Regatten. Mich als Wolfgangseerin mag das etwas kränken, doch ist die Bedeutung des Attersees in Bezug auf das Segeln unbestritten. Das muss ich neidlos eingestehen.

Doch Segeln ohne die geeignete Infrastruktur bietet nur das halbe Vergnügen. Der Union Yacht-Club Attersee, 1886 unter der Leitung von Eugen Ransonnet (siehe Kapitel 9) gegründet, spielt eine bedeutende Rolle: Sport und Gesellschaftsleben vereinen sich und bestimmen das Leben in der Sommerfrische, finden sich doch als Mitglieder vor allem die Sommergäste, unter anderem die Familien Paulick, Langer, Doderer, Faber und Nemetschke ebenso wie der begeisterte Segler Oskar von Meiss-Teufen und viele andere, darunter Gustav Wunschheim von Lilienthal und sein Sohn Erwin.

Letztere besitzen seit 1907 in Sichtweite des Yacht-Clubs ein Haus direkt am See, wohl erworben mit dem Vermögen von Gustavs Frau Melanie. Deren Vater Alexander Eberan von Eberhorst hatte ebenfalls eine wichtige Rolle bei der Gründung des Yacht-Clubs gespielt, war er doch als Admiral der Seefahrt besonders verbunden. Selbstverständlich sind Gustav Wunschheim und Alexander Eberan Ehrenmitglieder des Clubs.

Gustav Wunschheim, geboren in Linz, studiert in Prag Medizin und interessiert sich schon dort für den Wassersport – er fungiert im Vereinigten Eisclub und Ruderclub »Regatta« Prag als Obmann-Stellvertreter. 1898 übersiedelt er aus Anlass seiner Heirat nach Wien und sattelt auch beruflich um: von der pathologischen Anatomie zur Zahnheilkunde. Ab 1905 leitet er die zahnärztliche Abteilung der Wiener Poliklinik, am 25. Jänner 1914 wird er zum Universitätsprofessor ernannt – und kann noch nicht ahnen, welche

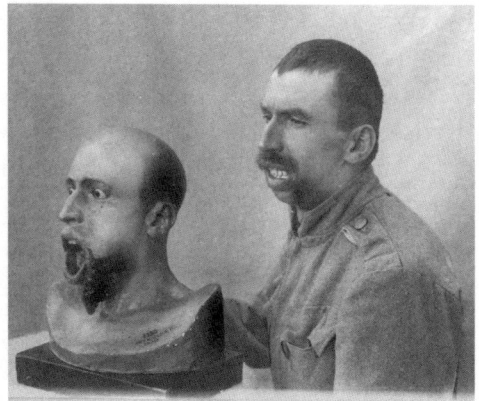

Gustav Wunschheim und die Dokumentation der Kieferchirurgie: Modell der
Verletzung und das Ergebnis der Operation

Herausforderungen sich daraus ergeben werden. Denn der Erste
Weltkrieg bringt auf vielen Ebenen unbeschreibliches Leid über die
Menschen, nicht zuletzt in Form schrecklicher Verletzungen, darunter Kieferdurchschüsse. Daraufhin baut Gustav Wunschheim
seine Abteilung an der Poliklinik zu einem Zentrum für schwere
Kieferverletzungen aus[40]. Er kombiniert Zahn- mit plastischer Chirurgie, um den Patienten eine halbwegs lebenswerte Zukunft zu
bieten. Damit kann er dem Grauen des Krieges wenigstens im Sinn
der Forschung etwas Positives abgewinnen. Auf Abbildungen wird
ersichtlich, welche großartigen Leistungen die Zahnärzte erbrin-
gen – wahre Kunststücke der Medizin.

In einigen Abhandlungen setzt sich Gustav Wunschheim mit
Behandlungsmöglichkeiten und -erfolgen auseinander und bezieht
in bemerkenswerter Weise die Lebensumstände der Patienten mit
ein: Wenn ein Patient keine Möglichkeit hat, an der Front weiche
Kost zu erhalten, gilt er als »zu jedem Dienste ungeeignet« – Offiziere jedoch, die »vermöge ihrer sozialen Stellung in der Lage sind,
sich die entsprechende weiche Kost zu verschaffen«, können
immerhin im Kanzleidienst eingesetzt werden. Und ein weiterer
Aspekt beeinflusst Wunschheims Arbeit: die Wohnorte der Patien-

ten. Was nützt einem Bauern die komplizierteste Zahnprothese, wenn er bei Problemen keinerlei Ansprechpartner in der Nähe hat. Daher setzt Wunschheim einfache Prothesen ein, die leicht repariert werden können: »Man muß da eben auch die sozialen Verhältnisse gar sehr in Betracht ziehen, wenn man dem Invaliden nicht mehr schaden als nützen will.«[41]

»Von der Fechtkonkurrenz der Mittelschüler im Residenz-Fechtclub«: Im Vordergrund fechten Erwin und Hans von Wunschheim. Abbildung in *Sport und Salon*, 11.5.1907

Auch selbst muss Wunschheim während des Krieges einen schweren Schicksalsschlag hinnehmen: Am 16. Juni 1918 fällt sein Sohn Hans mit nur 18 Jahren – im Jahr 1907 hatte er noch gemeinsam mit seinem Bruder Erwin Preise bei einem Fechtturnier gewonnen.

1925 feiert Gustav Wunschheim seinen 60. Geburtstag – ein guter Anlass, seine Verdienste zu würdigen und auch seine private Seite ein wenig zu beleuchten. Schüler und Freunde erweisen ihm Reverenz, ihm, »dem ernsten, stillen, äußerlich strengen und doch so wahrfühlenden, herzensguten Menschen«[42]. Ein gutes Drittel seines Lebens leitet Wunschheim zu diesem Zeitpunkt bereits die zahnärztliche Abteilung der Wiener Poliklinik, die er 1905 nach dem überraschenden Tod seines Lehrers Josef von Metnitz übernommen hat.

Zahnärztliches Ambulatorium an der Poliklinik Wien, Vorstand ist Gustav Wunschheim. Abbildung in der *Wiener Illustrierten Zeitung*, 19.5.1912

Die Idee der Poliklinik ist völlig neu und fast revolutionär, denn das Konzept dieser – privat geführten – Institutionen besteht ursprünglich darin, Asyl für verarmte Kranke ohne Unterschied ihrer Nationalität und Konfession zu bieten, vorerst nur in einem Ambulanzbetrieb, später auch mit stationärem Aufenthalt. Die Behandlung erfolgt gratis, als Gegenleistung stellen sich die Patienten den behandelnden Dozenten für Unterrichtszwecke zur Verfügung.

Und auch im Kreis der Förderer und Mäzene verwirklichen sich an der Poliklinik neue, moderne Ideen, denn Vertreter des aufstrebenden jüdischen Großbürgertums und der Hocharistokratie arbeiten für diesen guten Zweck eng zusammen. Dies ist vorerst auf die Ebene gemeinsamer humanitärer Ziele beschränkt, doch langsam entwickelt sich auch ein gesellschaftlicher Umgang miteinander.

Um 1900 entspricht die Klinik den modernsten hygienischen, diagnostischen und therapeutischen Ansprüchen und genießt großes internationales Ansehen. Dies zeigt sich auch darin, dass in verschiedenen Städten Europas und Amerikas und sogar in Kairo ähnliche Institute nach Wiener Vorbild errichtet werden. Genau in diesen Jahren des Fortschritts und der Modernisierung kommt Gustav Wunschheim an die Klinik, die er erst 1936 verlässt. Er baut seine Abteilung, die anfangs nur von fünf bis sieben Uhr nachmittags geöffnet ist, fortwährend aus und um. »Seine erfolgreiche organisatorische Begabung setzt es in rastloser, zielbewußter Arbeit durch, daß nun der bedeutend vergrößerte Füllsaal 16 komplett eingerichtete Stühle ausweist«[43], heißt es 1925. Und die Abteilung steht ganztägig offen – eine weitere wichtige Verbesserung der Versorgung, in deren Mittelpunkt die Erhaltung der Zähne steht. Ein Punkt, der sich auch in der Weiterentwicklung der Zahn- und plastischen Chirurgie im Zuge des Ersten Weltkrieges als bedeutend erweist. »Die musterhaft geführten Krankengeschichten, die Modellsammlung, das Röntgen- und photographische Archiv der behandelten Fälle bleiben eine wertvolle Fundgrube der Kieferpathologie und -therapie und zeigen von hohem sittlichen Ernst und dem reichen Können Wunschheims.«

Dem Sport ist Gustav Wunschheim in vielfältiger Weise verbunden, gemeinsam mit seiner Frau Melanie ist er Mitglied des Ski-

Die Anfänge des
Union-Yacht-Clubs
Attersee

Segeln und Skifahren, die Passion der Familie Wunschheim. Werbeplakat von Erwin Wunschheim für die Österreich-Werbung 1937

Alpenvereines und engagiert sich Jahr für Jahr im Yacht-Club Attersee. Dieser veranstaltet Regatten, baut immer neue Bootsklassen und richtet auch Motorbootrennen aus, bei denen Gustavs Sohn Erwin im Jahr 1930 mit flotten 50 km/h dabei ist und mit seinem Boot *Hornis I* »das Publikum entzückt«, nachzulesen in der *Linzer Tages-Post* am 22. August 1930. Doch Erwin reicht der kleine Attersee nicht, er unternimmt im selben Jahr eine Motorbootfahrt von Wien nach Budapest.[44] Sie dauert nur sieben Stunden, sehr rasant im Vergleich zu den damaligen Verkehrsschiffen, die 13 Stunden benötigen. Erwin zeichnet sich auch durch andere sportliche Tätigkeiten aus, besitzt ein Auto und nimmt an Motorradrennen und Ballonverfolgungsfahrten teil – ein »Sportsman« in der typischen Attitüde der 1920er- und 1930er-Jahre. Doch er hat noch ein weiteres Talent und gestaltet ab den 1930er-Jahren Plakate für die Österreich-Werbung.

Erwin Wunschheim als Bühnenbildner. Abbildung im Programmheft zu *Die Regimentstochter* an der Wiener Volksoper, November 1938

1938 ergibt sich ein weiteres Aufgabengebiet: Für eine Neuinszenierung der *Regimentstochter* an der Volksoper im November des Jahres – zu dieser Zeit heißt das Haus »Kraft durch Freude-Oper« – entwirft er die Kostüme und gestaltet die Bühne, ebenso wie für Hans Pfitzners Oper *Christ-Elflein*. Die Rezensenten würdigen die Bühnengestaltung besonders wohlwollend – ein Erfolg, den der Vater nicht mehr miterleben kann: Gustav stirbt am 25. Oktober 1938 in Attersee. Seinen Nachlass hatte er in seinem am 22. November 1929 aufgesetzten Testament geregelt: »Zu Gunsten meiner Gattin Melanie Wunschheim, die so lange Jahre Freud und Leid mit mir geteilt und mir durch ihre Sparsamkeit, bescheidenes Leben und gute Führung des Haushaltes getreulich geholfen hat, errichte ich das Vorausvermächtnis des Hausrates und zwar sowohl des Hausrates unserer Wiener wie auch unserer Atterseer Wohnung. Ich bemerke jedoch hiezu, dass fast sämmtliche Einrichtungsgegenstände unserer Wiener Wohnung von meiner Frau in die Ehe mitgebracht wurden und daher auch noch heute ihr Eigentum sind, sowie dass – ich war ja damals vermögens- und einkommenslos – meine Frau von ihrem Gelde den größten Teil der Einrichtung meines Ordinations- und Wartezimmers angeschafft hat und mir nur leihweise zur Verfügung gestellt hat, sodass diese Einrichtungsgegenstände ihr Eigentum sind. Durch die Folgen des unglücklichen Krieges ist auch mein bescheidenes Vermögen, soweit es in Papieren angelegt ist, auf einen geringen Betrag zusammengeschmolzen und dies macht mir bittere Sorgen und das Scheiden schwer.«

Motorboot und Automobil gehen passenderweise an Erwin, der Besitz in Attersee zur Gänze an Melanie – 1948 wird er verkauft.

Erwins Karriere als Bühnenbildner erweist sich als kurz. Er gestaltet Neuproduktionen von *Carmen* und *Tiefland* – hier erweckt seine Bühnenlandschaft »restlos die beabsichtigte Illusion und sei als besonderes Aktivum der Vorstellung vermerkt«[45]. Es folgen Julius Bittners *Bergsee*, *Madame Butterfly* mit Kostümen von Erni Kniepert und als letzte Produktion *Der Barbier von Sevilla* im Dezember 1940: »Ein besonderes Lob gebührt den schönen Bühnenbildern von Erwin von Wunschheim.«[46] Dies setzt den Schlusspunkt, Erwin wird wohl zum Militär eingezogen. Erst nach dem Krieg taucht er wieder auf und gestaltet als Werbegrafiker weiter Plakate für die Österreich-Werbung.

7 Von Spitzen, Tüll und Segelbooten. Familie Faber

Attersee, Aufham 1

Bobinet, Tulle anglaise und Tatting. Diese Begriffe tauchen bei der Beschäftigung mit der Familie Faber auf, und es bedarf einer gründlichen Recherche, was es damit auf sich hat. Die schönsten Spitzen auf feinstem Tüll stecken hinter diesen Begriffen, feines, zartes Gewebe, das zu den prächtigsten und elegantesten Deckerln, Spitzen, Vorhängen und Kleidern weiterverarbeitet wird.

Die Familie Faber zählt zu den Textilpionieren der österreichisch-ungarischen Monarchie. Bereits während der Biedermeierzeit nutzen sie die Gunst der Stunde und der industriellen Revolution in England, um in Böhmen ihren Beitrag zur rasanten Entwicklung der Textilindustrie in diesem Teil der Monarchie zu leisten. Dies führt uns an den Beginn des 19. Jahrhunderts zurück, als 1809 eine Maschine die Textilindustrie revolutioniert. Bis zu diesem Zeitpunkt werden Tüll und Bobinet, das Grundmaterial der Spitzen, per Hand gefertigt, geklöppelt: eine Luxusware, den Fürstenhäusern vorbehalten. Die neue Maschine bringt eine Demokratisierung der Spitze mit sich: Plötzlich kann der Stoff in großen Mengen und zu günstigen Preisen hergestellt werden, und England überschwemmt den Kontinent damit. Dies lässt sofort die Frage aufkommen, ob nicht auch Unternehmer in Österreich oder Deutschland diese Ware produzieren könnten – aber die Engländer wollen ihre Vorherrschaft nicht verlieren und verbieten die Ausfuhr der Maschinen. Per Todesstrafe. Eine drastische Maßnahme, die findige Unternehmer natürlich nicht abhalten kann: Eine Maschine wird zerlegt und in Einzelteilen nach Österreich geschmuggelt. Und einige kundige Arbeiter folgen nach.

Dies ist der Beginn der industriellen Tüll- oder Bobinet-Produktion, geprägt von Daniel Baum in Lettowitz, 50 Kilometer nördlich von Brünn, sowie Josef Damböck und Moritz Faber in Wien. Sie sind bereits in diesem Metier tätig, auch familiär verbunden, und modernisieren ihr Unternehmen nun radikal. Damböck und Faber pachten Baums Fabrik und schaffen so das »größte Etablissement dieser Art in Österreich. Sie war mit der Fabrik des Damböck in Wien, mit einer in Prag und einer in Vorarlberg vereinigt und erzeugte in Verbindung mit ihnen jährlich 130 Ctr. Tullanglais. Der Maschinenbau wurde in der Lettowitzer Fabrik am nachdrücklichsten betrieben, so zwar, daß im vergangenen Jahre vier neue Maschinen in Gang gesetzt wurden. Die Bewegung sämmtlicher Maschinen fand durch Wasserkraft statt. Das Fabrikspersonal bestand aus 256 Individuen. Außer diesen wurden noch in der Umgegend und in Böhmen 1000 bis 1200 Menschen mit dem Sticken des erzeugten Bobbinets beschäftigt.«[47]

Warum gerade hier? Die Antwort ist einfach: Wasser. Besser gesagt: Wasserkraft. An den vielen Flüssen Böhmens siedeln sich zahlreiche Unternehmer an, um die Wasserenergie zu nutzen – heute noch zeugen zahlreiche verfallene Industriebauten von längst vergangenen wirtschaftlichen Glanzzeiten.

So wie andere Industriellenfamilien auch nutzt Familie Faber[48] die Gunst der Stunde, um die vielen noch brachliegenden Ressourcen des Kronlandes Mähren auszuschöpfen. Auffallend ist dabei, dass die meisten mährischen Pioniere nicht katholisch, sondern jüdisch oder, wie die Fabers, protestantisch sind. Heute mag dies wenig relevant erscheinen, doch implizieren diese drei Religionen erhebliche Unterschiede im Arbeitsethos: Verallgemeinert gesagt, vertraut die katholische Mehrheit auf die bestehenden Strukturen der Zünfte und damit auf Organisationsformen, die ins Mittelalter zurückreichen. Alles Neue wird scheel beäugt und vorerst strikt abgelehnt. Juden und Protestanten wiederum eint die Minderheitenstellung, aus der heraus sie sich gegen die skeptisch bis feindlich gesinnte Umwelt durchsetzen und etablieren müssen. Die Juden unterliegen zudem strengen Gesetzen, sie haben kein freies Niederlassungsrecht und dürfen nur wenige Berufe ausüben, auch ist es ihnen bis 1848 nicht gestattet, in den größeren Städten zu wohnen. Die Rechte der Protestanten sind ebenfalls eingeschränkt, doch setzen sie sich mit ihrem strengen Arbeitsethos langsam, aber sicher durch.

Eine interessante Mischung also, die aus Mähren ein blühendes Industrieland macht – von Zuckerraffinerien über Eisenindustrie bis zum Maschinenbau und eben der Textilbranche reicht die Palette der Innovationen.

Das Unternehmen von Josef Damböck und Moritz Faber wächst und wächst, weitere Maschinen werden angeschafft, eine eigene Stickereifabrik kommt hinzu. Namhafte Künstler entwerfen Muster für M. Faber & Co., wie die Firma mittlerweile heißt, und prägen damit die Entwicklung der Mode des 19. Jahrhunderts.

Eine der herausragenden Persönlichkeiten der Firmengeschichte ist Arthur Faber[49], der Mitte des 19. Jahrhunderts in das florierende Familienunternehmen einsteigt und es maßgeblich prägt. Trotzdem findet er Zeit, sich auch gesellschaftlich zu engagieren – und dies hängt mit der Musik und mit dem Attersee zusammen. Arthur und seine Frau Bertha pflegen enge Beziehungen zu Johannes Brahms und dem Geiger Joseph Joachim, Letztere gehören auch zum Freundeskreis von Ignaz Brüll, der seine Sommer in Unterach auf dem Berghof verbringt (siehe Kapitel 21).

Bertha lernt Brahms in Hamburg kennen, wo sie ein Jahr bei ihrer Tante verbringt und in einem Frauenchor singt. Dieser wird von Johannes Brahms geleitet, der sich für die Wienerin besonders interessiert. Bertha kehrt nach Wien zurück und heiratet 1862 Arthur Faber. Auch Brahms übersiedelt bekanntlich nach Wien und zählt in weiterer Folge zu den engsten Freunden des Ehepaares, dem er ein besonderes Geschenk macht: Zur Geburt des zweiten Sohnes Hanns im Jahr 1868 widmet er den jungen Eltern sein wohl berühmtestes Lied, *Guten Abend, gut Nacht,* als Willkommensgruß für den kleinen Buben. Brahms verbindet dies mit einer besonderen Botschaft an Bertha: In der Klavierstimme verarbeitet er ein altes Wienerlied, das ihm Bertha in Hamburg vorgespielt hat – ein wunderbarer Beweis großer Zuneigung und musikalischen Humors. Die Liebe zur Musik veranlasst Arthur Faber auch, Förderer des neuen Wiener Musikvereins zu werden.

Bald zählt ein weiterer Brahms-Vertrauter zu den Freunden der Fabers: der große Chirurg Theodor Billroth, der seine Sommer in St. Gilgen verbringt und dessen größtes Anliegen es ist, ein modernes Spital mit zeitgemäßer Pflegerinnen-Ausbildung zu schaffen. Auch hier, im neu gegründeten Rudolfiner-Haus in Wien-Döbling, engagiert sich Arthur Faber und fungiert als Präsident.

Am Ende des 19. Jahrhunderts beschäftigen sich viele Industrielle mit den Lebensbedingungen ihrer Arbeiter und Angestellten, ganze Städte und Siedlungen entstehen, um eine adäquate Unterbringung zu gewährleisten. Arthur Faber steht dem in nichts nach und publiziert 1889 ein schmales Büchlein mit dem Titel *Arbeitsverhältnisse und Wohlfahrts-Einrichtungen der k. u. k. priv. Heinrichsthaler Bobbinet- und Spitzenfabrik Arthur Faber* als Beitrag zur *Deutschen Allgemeinen Ausstellung für Unfallverhütung in Berlin.* Die von ihm veranlassten Verbesserungen der Lebensbedingungen werfen ein interessantes Licht auf die Zustände, die davor herrschten. Arthur Faber trachtet danach, seinen Arbeitern den Arbeitsweg zu verkürzen, und erbaut daher in der Nähe der Fabrik Häuser – ein Vorteil für alle Seiten, denn die Erkrankungen aufgrund von langen Märschen bei Wind und Wetter, Regen und Schneefall sinken rapide. Eine Krankenkasse und eine Pensionskasse werden eingeführt, ebenso der Anspruch auf Urlaub – eine fast schon revolutionäre Neuerung.

Und es wäre nicht Arthur Faber, wenn ihm die Musik nicht auch hier besonders am Herzen läge: Eine Blaskapelle entsteht, deren Mitglieder den Lehrlingen der Fabrik Unterricht erteilen, jedoch: »Wir sind in der Auswahl der Gelegenheiten, wo diese jugendliche Kapelle öffentlich auftreten darf, sehr streng, da uns dabei nicht als Zweck vorschwebt, sie vielleicht durch ermüdendes Aufspiel zum Tanz einen Nebenverdienst erwerben zu lassen, sondern ihnen in einer guten technischen Grundlage einen Schatz für's spätere Leben mitzugeben.«[50] Musik nicht nur zum Vergnügen, sondern mit ethischem Anspruch.

Dazu passt auch Fabers Engagement für die Erziehung der Kinder seiner Angestellten. Ein Kindergarten kümmert sich um die

Arbeiterkinder, denn deren Situation entsetzt Arthur Faber: »Die Kinder hatten ein trotziges, scheues Wesen und lagen meist schreiend und balgend auf der Straße herum, der Gefahr vorüberfahrender Wagen ausgesetzt.«[51] Der Kindergarten bietet regelmäßige Mahlzeiten, Kleidung, Beschäftigung und Erziehung. Und das alles auf Deutsch in einer rein tschechischen Umgebung, um den Kindern bessere Chancen für die Zukunft zu bieten, denn Deutsch ist die Amtssprache der Monarchie. Ähnliches gilt für die neu errichtete Schule, die sich der weiteren Erziehung annimmt.

In dieser Atmosphäre der Rechtschaffenheit und sozialen Verantwortung wächst Arthur Fabers Sohn Richard auf. 1886 tritt er in die Firma ein und kann noch nicht ahnen, dass schwierigste wirtschaftliche Zeiten auf ihn zukommen. Doch in den ersten Jahrzehnten seiner Tätigkeit läuft alles prächtig, Spitzen, Tüll und Vorhangstoffe finden dank eines umfangreichen Vertriebsnetzes erfolgreich ihren Weg in alle Regionen der großen Monarchie.

1902 erwirbt Richard um 72 000 Kronen einen stattlichen Besitz in Attersee – ganz in der Nähe des Yacht-Clubs, kein unwichtiges Kriterium für einen fanatischen Segler. Wirklich interessant gestaltet sich die Dokumentation der Baugeschichte des dort entstehenden prachtvollen Hauses, wirft sie doch ein bezeichnendes Licht auf den Stellenwert von Archivalien. Denn anhand der Aktenlage kön-

Fensterbehang
für Häuser am See

Besondere Erzeugnisse von
M. FABER & Co.
WIEN

Erhältlich in allen
einschlägigen Geschäften

Werbung für die
Spitzenprodukte
der Firma Faber im
Jahrbuch des Yacht-
Clubs Attersee, 1936

»Kiellinie beim Ansegeln«
lautet die Beschriftung im
Fotoalbum der Familie
Meiss-Teufen (links). Am Boot
darf ein Radio nicht fehlen
(rechts). 1928

nen weder der Architekt noch der Zeitpunkt des Baues eindeutig fixiert werden. Ein erstaunlicher Befund, handelt es sich doch nicht um ein unbedeutendes Haus nach einem gängigen Schema, sondern um eine herrschaftliche Villa mit durchaus eigenständigem Aussehen. Die ältesten Pläne sind mit 1904 datiert[52], als Architekt wird Max Fabiani angenommen – da der Bauherr selbst großes architektonisches Interesse hat, hat er wohl bei der Planung viele seiner eigenen Ideen umsetzen lassen und so ein gemeinsames Projekt geschaffen. Spektakulär ist neben dem aufwendig gestalteten Park vor allem das Bootshaus, 1909 von den Architekten Franz von Krauß und Josef Tölk erbaut, dessen Turm man schon von Weitem sehen kann. Es ist so großzügig dimensioniert, dass man mit aufgetakeltem Boot hineinfahren kann – eine Seltenheit im Salzkammergut, aber für einen passionierten Segler wie Richard Faber völlig passend.

In den 1920er- und 1930er-Jahren entwickelt sich die Villa Faber zu einem gesellschaftlichen »Hotspot«[53]. Anlässlich der vielen Regat-

Der Yacht-Club Attersee in frühen Jahren

ten auf dem See finden regelmäßig Feste statt, zu denen sich die gesamte Atterseer Sommergesellschaft einfindet. 1930 gibt es eine Premiere: Erstmals in Oberösterreich veranstaltet der Yacht-Club eine »Außenbordmotor-Regatta«, wie die erste Motorboot-Regatta etwas umständlich genannt wird. Die Boote erreichen Geschwindigkeiten von bis zu 55 km/h, nur das Boot eines Prinzen Liechtenstein schafft es angeblich auf 75 km/h, wie die *Linzer Tages-Post* am 22. August 1930 begeistert berichtet: »Die spannenden Kämpfe wurden von zahllosen Motorbooten und Ruderbooten beobachtet. Auch auf dem Klubplatz herrschte reges Leben. Das neuartige Rennen bildete damit einen glänzenden Abschluß der diesjährigen Atterseewoche. Mittags fand dann ein Frühstück und Empfang beim Vizepräsidenten des Klubs Generaldirektor Doktor Richard Faber statt.« Zehn Jahre später stirbt Richard Faber und mit ihm eine unwiederbringliche Epoche der Sommerfrische. In der Todesanzeige der Firma M. Faber & Co. werden seine Verdienste zusammengefasst: »Wir verlieren in dem Dahingeschiedenen den langjährigen zielbewußten Führer, der sich durch seine hervorragenden Kenntnisse, seine unermüdliche Arbeitskraft, durch seinen vornehmen Charakter und seine Fürsorge für alle seine Mitarbeiter unvergängliche Verdienste um unser Unternehmen erworben hat. Er wird uns stets ein leuchtendes Vorbild bleiben.«[54]

8 *Die Alraune des Attersees.*
Camillo Belohlawek-Morgan

Attersee, Aufham 9

»Es wird uns aus Attersee geschrieben, daß sich daselbst eine kleine Kolonie von interimistischen Emigranten unserer Kunstwelt zu etablieren im Begriffe ist. Sänger [Georg] Müller wird sich gleichfalls sofort nach Schluß der Oper dahin begeben, um, wie in früheren Jahren, mit dem jungen Morgan, dem jugendlichen Dichter, im Attersee zu fischen. Morgan Vater gesellt sich schon in wenigen Tagen zu seinem Sohne, um in seiner ›einsamen Villa‹ einige Bilder in einem für ihn ganz neuen Genre zu vollenden.«[55]

Das *Neue Wiener Tagblatt* berichtet im Jahr 1877, wie eine Sommerfrische entsteht. Und offenbart damit gleichzeitig, dass die Familie Morgan schon zahlreiche Sommer am Attersee verbracht hat, bevor sie sich dort ankauft: Denn erst 1883, also sechs Jahre nach dem Erscheinen dieses Artikels, erwirbt Camillo Belohlawek-Morgan in Aufham »eines der schönsten Bauerngüter, das sogenannte Mosergut«. Er kauft noch umliegende Grundstücke und schafft so einen Gutsbesitz von beachtlichem Ausmaß. Dieser erhält den Namen Morganhof.

»Außerdem ist auf dem Felde mit herrlicher Rundsicht für nächstes Jahr der Bau eines Schlößchens in burgähnlichem Stile in Aussicht genommen.«[56] Ein Schlösschen entsteht zwar nicht, wie von der *Tages-Post* angekündigt, doch ein großer und beeindruckender Gutshof samt allen üblichen Nebengebäuden: Eine Kegelbahn zählt ebenso zur gängigen Ausstattung wie ein Bade- und Bootshaus, ein aufwendig gestalteter Park und diverse Nebengebäude für die Bewirtschaftung.

Nur drei Jahre kann sich Camillo Morgan an seinem Besitz erfreuen, dann wachsen ihm die Kosten über den Kopf, und er verkauft 1886 an den Wiener Lederhändler Gottfried Abelles, der aber bereits am 19. Dezember 1887 stirbt. In seiner Verlassenschaftsabhandlung wird der Wert des Besitzes mit 26 830 Gulden angegeben, sein Gesamtvermögen beträgt zu diesem Zeitpunkt 148 900 Gulden, ein wohlhabender Mann also. Aus der Verlassenschaft erwirbt Heinrich Linser den Besitz.

Dennoch ist das Anwesen bis heute als Morganhof bekannt. Naheliegend also, sich zu fragen, wer dieser Camillo Morgan eigentlich ist. Die Schwierigkeiten beginnen gleich beim Namen, denn richtig heißt er Camillo Belohlawek-Morgan. Doch Belohlawekhof klingt wohl nicht ganz so mondän wie Morganhof.

Camillos Vater Josef macht sich als Porträtmaler einen Namen und legt wohl die Basis des Vermögens, mit dem Camillo den Besitz in Aufham erwirbt. Josef malt unter anderem die in Weißenbach weilende Charlotte Wolter als Adelheid in *Götz von Berlichingen*, der Journalist Maximilian Huybensz verfasst dazu im *Wiener Salonblatt* eine Lobeshymne: »Als Porträtmaler in den fashionabelsten Kreisen der Hauptstadt ehrenvoll bekannt, darf Morgan ein Aristokrat in der Welt der Künstler genannt werden. Unabhängig durch äußere Verhältnisse, in der Vollkraft des Gebens stehend, jeder Zoll ein Gentleman, verbindet Morgan die Tournure des Cavaliers mit jener des Künstlers.«[57] Sein Atelier beherbergt Gemälde alter Meister italienischer, niederländischer und französischer Schule, wertvolle Möbel und Waffen und selbstverständlich einige Porträts des Künstlers selbst.

In diesem kultivierten Umfeld wächst sein Sohn Camillo heran, »als eine natürliche Folge ergibt es sich somit, daß der Sohn eines Mannes von so feiner Bildung und so hohem Streben schon seit frühester Jugend dem Vater als seinem Vorbilde nachfolgt, zumal Herr Morgan bei der Erziehung seines Kindes das ästhetische Princip obenan gestellt hat.«[58] Das *Salonblatt* hat anscheinend ein Faible für Vater und Sohn. Camillo findet seine Berufung im Schreiben, als Lyriker tritt er bereits mit 14 Jahren an die Öffentlichkeit: 1875 porträtiert das *Salonblatt* seinen »neuesten und jüngsten Mitarbeiter, welcher trotz seiner dreizehn Jahre bereits zu den besten Hoffnungen berechtigt. Unsere geehrten Leser werden sich der im verflossenen Jahre in diesem Blatte veröffentlichten Gedichte von Camillo Belohlawek-Morgan noch erinnern und uns gewiß beistimmen, wenn wir sagen, daß er seine tief angelegte Natur und seine Tüchtigkeit in der lyrischen Poesie ganz besonders durch die zwei Gedichte ›Sonnenaufgang in den Alpen‹ und ›Auf dem Gesimse‹ beurkundet hat.«

Am 2.1.1875 stellt das *Salonblatt* den jungen Lyriker Camillo Belohlawek-Morgan vor.

Die etwas überspannte Lyrik des 14-Jährigen, unter anderem in Pentametern verfasst, kann im *Salonblatt* zuhauf nachgelesen werden, so das Gedicht *Sonnenuntergang in den Alpen* mit den Schlussversen: »Tiefer senkt sich hinab, die Gipfel, dann Wolken beraubend/Goldenen Schmuckes, das Tagesgestirn, und jenseits der Landschaft/Blicket in silbernem Glanze die Scheibe des lächelnden Mondes.«[59] Und so geht es munter weiter, bis April 1875 findet sich in fast jeder Ausgabe des *Salonblattes* ein Gedicht von Camillo. Der Teenager scheint eine beachtliche Produktivität entfaltet zu haben.

1884 setzt Camillo auch seine große Begeisterung für den Attersee literarisch um und verwebt diese in eine etwas eigenwillige und sehr blumige *Erzählung aus Oberösterreich: Die Alraune des Atter-*

sees betitelt er sie. Der Plot ist hochromantisch: Ein Liebespaar aus der Zeit der Römer flüchtet von Wels südwärts, wo sich »ein großer lieblicher See befinden sollte mit überaus einsamen, für zwei Liebende gleichsam wie geschaffenen Ufern. Daß dies der himmelblaue Attersee, Oberösterreichs herrlichste Zierde, möge hier gleich anfangs gesagt sein. In seiner ganzen prächtigen Himmelsbläue lag der gigantische See zu den Füßen der Ankömmlinge, denen sich ungefähr an jener Stelle, wo sich gegenwärtig die freundliche Pfarrkirche von Schörfling erhebt, zum ersten Male der überraschende Ausblick auf den sich weithin erstreckenden Wasserspiegel darbot. Nachdem sie eine Weile das liebliche Panorama betrachtet, ritten sie das östliche Ufer entlang bis zu jener idyllischen Halbinsel, auf welcher heutzutage inmitten eines schattenreichen Haines von Obstbäumen das freundliche Dörfchen Weyregg gelegen ist.«[60] Das Drama nimmt seinen Lauf, das Liebespaar wird von seinen Verfolgern eingeholt, am Ende sind beide tot und werden während eines Sturms aus einem Boot an Land geschleudert. Und nun nimmt Camillo Morgan Anleihen in der deutschen Mythologie – oder vielleicht eher bei Wagners *Ring des Nibelungen*, der acht Jahre zuvor in Bayreuth uraufgeführt wurde und nur fünf Jahre zuvor erstmals in Wien zu sehen war. Denn am Ende der Erzählung taucht eine »blasse junge Frau mit goldigblonden Haaren« auf: Alraune – Brünnhilde lässt grüßen. Sie ergreift das verblichene Paar und trägt es auf einen kleinen Hügel. Dort schichtet sie »dürres Reisig um dasselbe, worauf sie selbes ringsum in Brand setzte«[61]. Im Finale der Götterdämmerung befiehlt Brünnhilde: »Starke Scheite schichtet mir dort am Rande des Rheins zuhauf! Hoch und hell lodre die Glut, die den edlen Leib des hehrsten Helden verzehrt.« Dies wandelt Morgan nur wenig ab und lässt seine Brünnhilden-Alraune mit »weicher wohltönender Stimme« sprechen: »Züngle empor, heilige, reine Flamme, züngle empor und greife um dich, damit diese edlen Leichen bald zu Asche werden, aus der ihre Seelen glücklich aufschweben können nach Wingolfs heiligen Hainen.« In Morgans Phantasie bleibt Wotans Reich also bestehen – er

beschert der *Götterdämmerung* wenigstens am Attersee ein glückliches Ende.

Dieses – nur notdürftig verhüllte – Plagiat beweist, wie stark die Wagner-Begeisterung um sich greift und das gebildete Bürgertum in seinen Bann zieht – Camillo Morgan befindet sich in guter Gesellschaft.

Am 31. Mai 1885 liest man mit den blumigen *Pariser Briefen an eine schöne Wienerin*[62] erneut im *Salonblatt* von ihm, diesmal stolz unter dem Namen Camillo Morgan-Morganshof. 1889 verkürzt er diesen bei der Publikation eines Gedichtes zum Tod von Kronprinz Rudolf »Gott tröste unsern Kaiser, unsern Herrn!«[63] auf Camillo Morgan – sein Besitz ist längst verloren.

Das Schreiben bleibt Camillo Morgans Leidenschaft, ab 1902 gibt er die Zeitschrift *Für's Jagdschloss* heraus und verfasst unermüdlich Artikel zu den verschiedensten Themen. Doch er publiziert unter dem Pseudonym René de la Pré weiterhin auch Gedichte. Seine Zeit am Attersee ist zwar schon lange vorbei, und doch: Die Jagdleidenschaft Kaiser Franz Josephs strahlt von Bad Ischl in das ganze Salzkammergut aus. Und so kann Camillo Morgans Gedicht zum 75. Geburtstag des Monarchen am 18. August 1905 durchaus als Reverenz an den Attersee gelesen werden: »Ein Doppelfest in Österreich begeht die Jägerei; Es feiert's jubelnd Arm und Reich, ob Herr, ob Knecht es sei. Einstimmig tönt ihr Bittgebet zu Gott voll Lieb' und Treu'. Dass lang' noch Seine Majestät sich an der Jagd erfreu'!«[64]

Die Erinnerung an dieses Original, das am 20. Dezember 1928 ohne nennenswertes Vermögen stirbt, lebt einzig im Namen seines einstigen Besitzes weiter, obwohl mehr als 80 Erzählungen aus seiner unermüdlichen Feder erhalten sind. Doch Werke wie *Rapunzel*, *Der Bergwild-Liebling*, *Probst Waidfroh*, der Einakter *Das Waldveilchen*, die komische Oper *König Camille* oder Lieder wie *Mein Betterl* zählen nicht mehr zum Allgemeingut literarischen Wissens.

In den *Literarischen Silhouetten* aus dem Jahr 1907 heißt es: »Würde sich Camillo Morgan dereinst einmal entschliessen, seine Memoiren zu schreiben, so bekäme man in denselben viel Interessantes zu lesen, insbesondere über Begegnungen mit so manchen hohen Fürstlichkeiten Europas. Möge Camillo Morgan noch viele Jahre im Geiste des edlen Waidwerks wirken und schaffen!«

9 In der Taucherglocke. Der außergewöhnliche Forscher und Wohltäter Eugen Ransonnet

Nussdorf, Dorfstraße 65

Ein Ausflug zur Villa Ransonnet führt am See entlang durch einen riesigen Campingplatz hindurch – ein Kultur-Clash. Und doch: Auch an der Villa ist die Zeit nicht spurlos vorübergegangen. Ein angebauter Wintergarten verändert ihr Aussehen stark, im Sommer gesellt sich noch ein überdimensionaler Plastikanbau hinzu, um genügend Platz für größere Feierlichkeiten zu schaffen.

Dies scheint das Schicksal dieses Hauses zu sein. Denn 1929 bricht in der Villa Ransonnet ein Feuer aus – die Vernichtung ist gigantisch: »Unter anderem sind eine sehr wertvolle ethnographische Sammlung von Skizzen und Ölgemälden, ferner ostasiatisches Porzellan, Bronze- und Lackgegenstände von hohem Werte, vernichtet worden«, berichtet das *Salzburger Volksblatt* am 8. März 1929. Der erste Stock und der Dachstuhl werden vernichtet – und die Damen Ransonnet nehmen dies zum Anlass, die Villa zeitgemäß wiederaufzubauen, der Charakter verändert sich zugunsten des Zeitgeistes radikal. Aus einem der ländlichen Bauart angepassten Haus wird eine städtische Villa der 1920er-Jahre.

Die Villa Ransonnet nach dem Brand 1929

Links unten die originale Villa Ransonnet

Jeder Zeit ihren Stil. Er zeigt deutlich die verschiedenen Ansprüche an Architektur im Lauf der Zeit.

Doch gehen wir zurück: Am 28. August 1872 kauft Eugen Baron Ransonnet ein Grundstück am Ufer des Attersees, idyllisch gelegen in Nussdorf. »Ein großer Park umgibt dies Künstlerheim, und geschmückt mit vielen exotischen Bäumen und Pflanzen, die er von seinen Expeditionen mitführte. Hier erblühte ihm eine echte Heimat, in der ihn alt und jung schätzte wegen seiner hervorragenden Persönlichkeit, seiner Bescheidenheit und seines wohltätigen Sinnes. Ihm zu Ehren erhielt ein schöner an der Berglehne sich von Norden gegen Süden erstreckender Weg seinen Namen. Ob seiner vielen Verdienste um den emporstrebenden Ort ernannte man ihn zum Ehrenbürger.«[65]

Auch der Maler Anton von Kenner teilt seine Erinnerungen: »Die Villa Ransonnet war ein vorzüglich eingeteiltes und mit Geschmack ausgestattetes Haus. Sie passte sich der Gegend auf's beste an und richtete sich mit einem breiten Holzgiebel, vor dem in seiner ganzen

Weite eine Laube sich hinspannte, nach Südost gegen Steinbach und das Höllengebirge aus. Wenn jemals Haus und Hausbewohner und örtliche Umgebung in Einklang miteinander standen und sich ergänzten, so war es hier der Fall. Ransonnet hatte selbst die Anlage von Villa und umgebendem Park entworfen und die Ausführung überwacht. Es war ihm kraft einer sicheren Vorstellungskraft gelungen, dem von ihm erträumten Ideal eines festlichen und doch einfachen Hauses nahezukommen, ohne sich mit den Bedingungen örtlicher Gepflogenheiten in Gegensatz zu bringen.«

Ransonnet nutzt die Erfahrungen aus seinen vielen Reisen, um sich diese ideale Umgebung zu schaffen. »Ransonnet hatte hier im relativ beschränkten Raume und mit den einfachsten Mitteln Vielfalt, Abwechslung und Weite erzeugt, eine Kunst, die er in Ostasien erschaut und hier mit ganz andern Mitteln hervorgebracht haben mochte. Und diese Kunst, besondere Anblicke, kleine Landschaftsausschnitte, intime Vegetationsbilder und stimmungsvolle Umgrenzungen zu schaffen, war überall zu bemerken, ob man nun durch ein Fenster gegen das Gebirge über eine Blumenwiese hinweg sah oder am Wasser im stillen Winkel des zugleich dem Aufenthalt dienenden Bootshauses die weißen und gelben Wasserrosen sich prunkvoll entfalten sah.«[66]

Baron Ransonnet ist zu diesem Zeitpunkt längst kein Unbekannter mehr: Als Diplomat und Naturforscher hat er sich einen Namen gemacht, seine – zumeist im Rahmen des diplomatischen Dienstes absolvierten – Reisen führten ihn ans Rote Meer wie auch nach Ceylon und nach Ostasien. Gerade diese Weltgegend scheint ihn besonders fasziniert zu haben, viele Bilder zeugen von seiner Begeisterung für die fremden Landschaften, die dem Europäer so viel Inspiration bieten. Über Japan und San Francisco kehrt er im Jahr 1870 nach Wien zurück, wo er sich eine neue Basis schafft: Er heiratet im selben Jahr Agathe Geymüller und verlässt den Staatsdienst – ein großer Schritt. Ransonnet widmet sich nun ganz den künstlerischen Studien, die er im Rahmen des Staatsdienstes wohl bereits beginnen, aber noch nicht in der gewünschten Intensität verfolgen konnte. Nun findet er endlich die Muße dafür. Dass Eugen so kunstbegeistert ist, mag übrigens daran liegen, dass sein Vater Karl zum Freundeskreis Schuberts zählte und auch selbst komponierte.

Am faszinierendsten erscheint Ransonnets Methode, unter Wasser Bilder anzufertigen: Er bedient sich dazu einer eigens konstruierten Taucherglocke, von der aus er die Unterwasserwelt auf Papier festhalten kann. Damit gewährt der Forscher seinen Zeitgenossen ebenfalls Einblick in die bizarre Welt unterhalb des Seewasserspiegels.

Anlässlich seines Todes am 28. Juni 1926 erscheint am 11. August in der *Reichspost* ein ausführlicher Nachruf mit dem treffenden Titel *Ein Altösterreicher* aus der Feder von Hofrat Dr. Ignaz Wallentin. Dieser geht besonders auf das hervorragende künstlerische Talent Ransonnets ein: »Für sein Wirken als Künstler war sein stark entwickeltes Interesse für die Naturwissenschaften und seine ausgesprochene Liebe zur See und zur Beobachtung der Meereserscheinungen maßgebend. Nicht wenige seiner künstlerischen Schöpfungen haben scharfe und sorgfältige naturwissenschaftliche und geographische Beobachtungen zur Grundlage. In seinen ›Reisebildern aus Ostindien, Siam, China und Japan‹, die im Jahre 1912 veröffentlicht wurden und im hohen Grade der Beachtung wert sind, zeigt sich Ransonnet als ein vorzüglicher Reiseschriftsteller, der plastisch, durchaus sachlich, dabei lebhaft mit gesundem und feinem Humor zu schildern weiß. In allen seinen Lebenslagen kamen Ransonnet zugute sein feines Beobachtungsvermögen, seine tiefe allgemeine Bildung, seine bedeutenden Sprachkenntnisse und ein bis in sein hohes Alter andauerndes Interesse für alles Geschehen in der ihn umgebenden Außenwelt.«

Dieser rege Geist stellte sich auch in den Dienst des großartigen, von Kronprinz Rudolf initiierten Monumentalwerkes *Österreich-Ungarn in Wort und Bild*. Doch nicht nur in Österreich erkannte man Ransonnets Begabung: »Von seinen Landschaftsbildern sind besonders jene geschätzt, die sich auf unterseeische Landschaften beziehen und im Musée Océanographique zu Monaco aufbewahrt sind.«

Auch für die Entwicklung von Nussdorf setzte sich Ransonnet mit viel Eifer und Begeisterung ein. Zum einen lag ihm die Gründung des Yacht-Clubs sehr am Herzen: »Der unermüdlich schöpferische Mann, dem das Wasser geradezu Lebenselement war, der im Segeln reiche theoretische Kenntnisse und praktische Erfahrungen gesammelt hatte, und bei dem jüngere Segler sich stets gute und bewährte Ratschläge holen konnten, ging mit Feuereifer daran, als es sich darum handelte, im Jahre 1886 am Attersee einen Union-Yachtclub zu gründen.«[67]

Zum anderen initiierte er 1892 die Gründung des »Verbandes zur Hebung des Fremdenverkehrs in den Atterseer Sommerfrischen«[68]. Die Verschönerungsvereine der einzelnen Orte agierten nicht mehr allein, sondern gemeinsam, und schlossen sich dem Verband der Curorte und Sommerfrischen des Salzkammergutes an. Die Grundlage der heutigen Fremdenverkehrsvereine ist damit gelegt – und wie in allen Sommerfrischeorten geht die Initiative von den Gästen aus. Sie finanzieren die Anlage von Spazierwegen und Aussichtsplätzen und machen die einzelnen Orte »durch gesellige Unterhaltungen zum angenehmen Aufenthalte für Einheimische und Fremde«[69].

Eugen Ransonnet ging mit gutem Beispiel voran und verlegte seinen Lebensmittelpunkt nach Nussdorf: »Unvollständig wäre das Bild des Barons Eugen Ransonnet, wenn unterlassen würde, anzugeben, daß er – der schöngeistig veranlagte Mann – auch der schönen Literatur seine Liebe entgegenbrachte, wie auch seine bedeutende Bibliothek in der Nußdorfer Villa dartut, daß er eine gute Musik eifrig pflegte. Nach einer feierlichen Audienz am japanischen Hofe veranstaltete er zum Beispiel dem Mikado ein außerordentlich beifällig aufgenommenes Klavierkonzert.«[70]

Von Japan nach Nussdorf – weiter kann ein Weg in dieser Zeit kaum sein. Eugen Ransonnet brachte wertvolle Erfahrungen und einen enormen intellektuellen Horizont nach Nussdorf, jedoch

Interieur der Villa
Ransonnet

nicht mit Überheblichkeit, sondern mit der Idee, dem Ort und der Bevölkerung Gutes zu tun. Und er öffnete sein Haus für seine Freunde, wie Hofrat Wallentin schreibt: »Von der Herzensgüte dieses Mannes, seinem Edelsinn und seiner echt christlichen Nächstenliebe gab er auch mir und meiner Familie einen Beweis, als er mich, der schon aus dem Staatsdienst getreten war und das Bedürfnis fühlte, einige Zeit in den schwierigen Nachkriegsverhältnissen fern von der Großstadt zu verleben, einlud, längere Zeit in seiner reizvollen Villa am Attersee zu verbringen. Über das Grab hinaus bin ich dem hochherzigen Mann für diesen Akt wahrer Freundschaft zu Dank verpflichtet.«[71]

Ransonnets Tochter Gita bedankt sich am 20. August 1926 herzlich für den Nachruf: »Diese schönen Worte werden in der Erinnerung Vieler weiterleben. Der arme Papa hat viele Enttäuschungen erlebt, Neid und Mißgunst haben ihn verfolgt, wie das so oft der Fall. Umso höher schätzt man die Anerkennung.«[72]

Doch dann, drei Jahre nach Ransonnets Tod, bricht der folgenschwere Brand aus. »Wer diesen Ort in der Erinnerung sich wieder vergegenwärtigt, dem ist es schmerzlich zu wissen, dass die Zeit und ein Brand hier so starke Zerstörungen angerichtet haben, dass wenig mehr von dem Geiste des Erbauers übrig geblieben ist.

Bedeutende Werte hat dieser nächtliche Brand verschlungen. Vor allem fiel ihm die auserlesene Sammlung altchinesischer Porzellane, Lackgegenstände und alter Kimonos zum Opfer, aber auch die Bronzen und das mannigfaltige Sammelwerk an Gegenständen kriegerischen und häuslichen Gebrauchs wurde ein Raub der Flammen. Man sagte mir nachher, alles, was im Oberstock an Werten aufgestapelt war, ging zu Grund, und gerade oben befanden sich die besten Stücke. Aus dem Unterstock konnte manches unversehrt geborgen werden, jedoch in dem Wirrwarr, das immer entsteht, wenn viele hilfswillige Hände verständnislos zupacken, ging gleichwohl manches gerade unter den Händen der Retter dem Verderben entgegen. Einiges wurde auch entwendet – gewissermaßen als Andenken einbehalten – und dann später leider beschädigt zustande gebracht. Vieles, was nicht das Feuer und die rettenden Hände verdarben, beschädigte das Wasser, mit dem die Nussdorfer Feuerwehr den Brand löschte.«

Der Wiederaufbau geschieht im Geist der Zeit, wie sich Anton von Kenner erinnert: »Seine Nachkommen hatten sich im Jahre 1930, als ich wieder einmal Nußdorf besuchen konnte, mit dem Geschehnis abgefunden: das Haus war neuaufgebaut und, wie man mich versicherte, nun zum Wohnen praktischer eingerichtet wie vordem. Geist, Geschmack und Grazie aber waren dahin; es stand eben jetzt ein Haus dort wie viele andre auch, mit weißen Mauern und rotem Ziegeldach, ohne rechten Bezug zum Garten und der Umgebung. Ja, als ob dies noch weiter hätte betont werden müssen, hatte der Baumeister nun die aufgemauerten Giebelfronten verlegt, so dass die Stirnseite nicht mehr nach dem See und den Bergen, sondern gegen Felder und Wiesen hinausschaute. Ich habe auch das Innere des neuen Baues ansehen dürfen, es ist mir davon aber nichts in Erinnerung geblieben. Nur die Villa, wie sie mir aus dem Jahr 1921 erinnerlich ist und ein Gefühl der Wehmut über ihre entschwundene Schönheit überdauerte die Zeit.«[73]

Und so spiegelt die heutige Villa Ransonnet die Geschichte der vergangenen 150 Jahre wider – mit all ihren Auf und Abs.

10 Die Familie Goldberger de Buda und der Architekt Oskar Marmorek

Unterach, Jeritzastraße 15

Oskar Marmorek, einer der prominentesten Architekten seiner Zeit[74], ist dem Attersee in mehrfacher Hinsicht eng verbunden. Da ist zuerst der legendäre Berghof der Familie Schwarz in Burgau – zu diesem Besitz hat Oskar Marmorek sogar familiäre Verbindungen, ist er doch mit Nelly Schwarz verheiratet (siehe Kapitel 21). Einen weiteren Anknüpfungspunkt gibt es in Seewalchen, wo die Nichte Oskar Marmoreks, Elsa Andorff-Westen, eine Villa besitzt (siehe Kapitel 2). Doch in diesem Kapitel begeben wir uns nach Unterach, wo Marmorek für die bedeutende Budapester Familie Goldberger de Buda eine Villa errichtet, die später ins Eigentum der nicht weniger prominenten Maria Jeritza übergehen wird. Für Unterach entwirft er auch eine Fleischbank und eine weitere Villa, diese Projekte scheinen aber nicht verwirklicht worden zu sein. Die erklärenden Texte aus Oskar Marmoreks Feder zeichnen ein interessantes Bild seiner Intentionen, gibt er doch ab 1895 die Zeitschrift *Neubauten und Concurrenzen in Österreich und Ungarn* heraus und setzt sich darin sehr kritisch mit den architektonischen Entwicklungen seiner Epoche auseinander. Wäre einem nicht bekannt, zu welcher Zeit Marmoreks Überlegungen publiziert wurden, könnte man sie für einen aktuellen Diskussionsbeitrag halten, geht es doch um einen respektvollen Umgang mit der Tradition und die gleichzeitige Berücksichtigung zeitgemäßer Bauformen und Materialien. Gerade in Bezug auf den Bau von Sommervillen auf dem Land ein spannendes Thema, denn hier stellt sich immer die Frage: »Wie viel Stadt verträgt das Land?«

»Das Interesse an den Schönheiten der Natur – ein Gefühl, das uns Modernen fast selbstverständlich erscheint – war nicht immer und überall vorhanden«, leitet Marmorek seinen Artikel *Moderne Bauten in den Alpengegenden* ein und stellt fest, dass bei der bäuerli-

Oskar Marmorek, inszeniert als Architekt des Vergnügungsparkes »Venedig in Wien«

Venedig in Wien, Oscar Marmoreck. Architekt.

ATELIER DES K.K.HOFPHOTOGRAPHEN FRITZ LUCKHARDT IN WIEN

chen Bauweise von innen heraus gedacht werde und sich das Äußere aus der inneren funktionalen Gliederung ergebe – nicht umgekehrt, wie es in den Städten üblich sei, wo der repräsentativen Außenwirkung eine große Rolle zukommt. Naturgemäß ergibt sich daraus ein Konflikt, wenn nun die Städter auf dem Land prächtige Villen bauen.

Marmorek ist mit seinen Überlegungen nicht allein, reist doch zur selben Zeit Béla Bartók durch Ungarn und zeichnet Volksmelodien auf, um sie zu erhalten. Das Interesse für die Volkskultur wächst also. Dies müsse, argumentiert Marmorek, auch für das Bauernhaus gelten. Initiativen, die besten Bauernhäuser »im Bilde aufzunehmen«, haben seiner Meinung nach viel zu spät eingesetzt, »zu spät für all die herrlichen Objekte, die inzwischen dem Unverstande zum Opfer gefallen sind«.[75] Ein sehr moderner Gedanke. Den Marmorek noch weiterführt, indem er Kritik an den neuen Bauformen übt, die sich vom bäuerlichen Ideal weg entwickeln, hin zu einer braven »Baumeisterarchitektur«: Der Baumeister durchlaufe eine Ausbildung in der Gewerbeschule, wo Formenlehre auf dem Lehrplan stehe – und diese möchte er dann auch anwenden. Doch damit verlasse er »die landschaftliche Tradition und ihn verlässt der natürliche ursprüngliche Schönheitssinn, es entstehen mit Hilfe von in der Regel in den Städten längst verworfenen, veralteten Mustersammlungen und Vorlagenwerken Producte, welche von der volksthümlichen Form des alten Bauernhauses himmelweit entfernt sind: es fehlt ihnen der zarte Hauch des Einfach-Schönen, welcher das alte auszeichnet.«

Doch wie baut Oskar Marmorek selbst? Für die Familie Goldberger de Buda entwirft er eine sehr klassische Sommervilla, ein »Beispiel eines bescheidenen, billigen und dabei comfortablen Landhauses«, wie er erklärt. Eine großzügige Eingangshalle steht im Zentrum, um die sich auf drei Stockwerken zehn weitere Räume gruppieren. Außer einer Stiege für die Herrschaft gibt es zudem eine separate Dienerstiege. »Die Aussenarchitektur ist im landesüblichen Charakter einfach gehalten. Die Baukosten betragen rund 8000 Gulden.«[76] In seinen Erläuterungen zur zweiten für Unterach entworfenen Villa rechnet Marmorek auch noch mit dem Ausdruck »Schweizerstil« ab – dieser habe so wenig mit der Schweiz zu tun wie der Salontiroler mit Tirol, beides seien in Berlin entstandene Ideen jenseits der wahren Verhältnisse.[77]

Doch zurück zur Villa Goldberger de Buda und ihren Bewohnern. 1894 erwerben Jacques und Mali Goldberger de Buda – Letztere ist ebenfalls mit dem Berghof verwandtschaftlich verbunden[78] – das Grundstück, auf dem Oskar Marmorek ihre Villa errichten wird. Die Familie Goldberger fasziniert, nicht nur aufgrund ihrer wirtschaftlichen Bedeutung in Budapest. Sie betreibt eine Fabrik für Indigofärberei, die in kürzester Zeit zu einem der wichtigsten Betriebe des Landes heranwächst. Die Nachfrage nach

»Die Aussenarchitektur ist im landesüblichen Charakter einfach gehalten«:
Villa Goldberger de Buda

indigoblauem Baumwollstoff ist enorm, trägt doch die Landbevöl-
kerung zu dieser Zeit meist Kleidung aus diesem Material, das die
Firma Goldberger in hervorragender Qualität und zugleich wohl-
feil anbietet. Händler vertreiben den Stoff in der ganzen Monarchie,
und so wächst die Fabrik immer weiter.

Eine außergewöhnliche Person ist Jacques' Mutter Elisabeth: Sie
bringt 17 Kinder zur Welt und führt nach dem frühen Tod ihres
Mannes im Jahr 1848 die Fabrik – unterstützt von ihren Söhnen,
aber doch in alleiniger Verantwortung. Kaiser Franz Joseph wür-
digt die Fabrik im Jahr 1858 mit einem Besuch, »am Eingang der
Fabrik erwarteten die Frau Elisabeth Goldberger – Chef der
Anstalt – mit ihren neun Söhnen und Leitern der Fabrik und der
ganzen festlichen geschmückten Familie die Ankunft Sr. Majestät
des Kaisers.« Eine gerechtfertigte Auszeichnung, über die *Der
Humorist* am 13. Mai 1857 berichtet. Elisabeth Goldberger behauptet sich zu einer Zeit, in der es nicht selbstverständlich ist, dass
Frauen in solcher Art öffentlich in Erscheinung treten. Doch nicht
nur in wirtschaftlicher Hinsicht ist sie eine außergewöhnliche Frau,
auch ihre bemerkenswerte Spendenfreudigkeit wird in den Zeitun-

gen immer wieder dokumentiert. Neben vielen anderen Zuwendungen greift sie etwa 1866 besonders großzügig in die Tasche und spendet 20 000 Gulden für die Gründung einer Stiftung zur Hebung des Handels, der Volkswirtschaft und der Gewerbe in Ungarn, weitere 2000 Gulden stellt sie für einen Fonds zum Besten der Witwen und Waisen der Honvéd zur Verfügung.[79] Dies macht sich bezahlt: Ein Jahr später wird sie mit dem Prädikat de Buda in den ungarischen Adelstand erhoben.

Dies passt alles gut ins Klischee des aufstrebenden jüdischen Bürgertums, doch Elisabeth Goldberger de Buda legt zudem außergewöhnlichen Mut an den Tag. Um ihre Geschäfte weiterführen zu können, nimmt sie große Gefahren auf sich: Die Donau zwischen Buda und Pest friert Jahr für Jahr zu und wird unpassierbar, kaum jemand traut sich, den Fluss zu überqueren. Bis auf Elisabeth Goldberger. Ihre »Opferwilligkeit bekundete sich auch dadurch, daß sie während einer langen Reihe von Jahren selbst im Winter, nachdem sich schon Eis auf der Donau gebildet hatte, und der Verkehr auf der Schiffbrücke eingestellt war, zeitlich morgens auf einem großen langen Kahne mit 20 bis 30 anderen Personen über die zwischen Ofen und Pest besonders breite Donau hinüberfuhr. Und nachdem sich diese Fahrten durch stärkeren Eisgang immer gefährlicher gestalteten, ließ sie sich nicht abhalten, dieselben tagtäglich zu unternehmen und das ihrer Obhut übertragene Geschäftslokal pünktlich um 8 Uhr zu öffnen.«[80]

Elisabeth Goldberger verbringt mit ihren Kindern oftmals die Sommerfrische in Bad Ischl, im sommerlichen Zentrum der Macht. 1869 stirbt sie und hinterlässt ihrer großen Kinderschar ein wohlgeführtes Unternehmen in Budapest. Ihr Sohn Jacques führt es höchst erfolgreich weiter, lebt jedoch in Wien und möchte die Sommer im Salzkammergut in einer eigenen Villa verbringen. Näheres zu seiner Person erfahren wir aus den bemerkenswerten Lebenserinnerungen seines Bruders Emmanuel, die eine genaue Beschreibung aller Geschwister und deren Familien enthalten – eine seltene Gelegenheit, in das Innere einer Familie jenseits der trockenen Fakten blicken zu dürfen. Die Einzigartigkeit dieser Erinnerungen erlaubt, Emmanuel etwas ausführlicher zu Wort kommen zu lassen: »Jacques war unter seinen Brüdern vom gottseligen Vater als der geeignetste erachtet worden, ihn neben Bruder Karl zur Leitung der Fabrik heranzuziehen. Er war sehr energisch veranlagt, was aus seinen lebhaften blauen Augen leuchtet, und verstand es sich bald neben Bruder Karl, der die Oberaufsicht in der Fabrik hatte, entsprechenden Einfluss zu erwerben. Und so gelang es Beiden gemeinsam, den Traum des Vaters, die Fabrik auf Dampfbetrieb einzurichten, zu verwirklichen und unter einem von der Peroutine zum Rouleauxdruck überzugehen; ein Verfahren, welches für indigogefärbte Ware in Österreich-Ungarn ganz neu war! Durch alles das wurde der Fabrik erst der rechte Aufschwung verliehen, indem sie nicht allein zugleich größere Mengen von Waren erzeugen, sondern auch durch diesen Walzendruck solch feine und stabile Genres in vollster Korrektheit herstellen konnte, was mittelst Peroutine unmöglich war.

Er war in inniger Liebe mit Amalie, in der Familie Mali genannt, einer Tochter des hochangesehenen Fabrikanten Hollitscher aus Budapest, verheiratet. Wohl selten war ein Ehepaar so ganz und gar für einander geschaffen, wie es bei diesem der Fall war, denn beide besaßen die beneidenswerte Eigenschaft, das Leben neben der ernsten auch – gleichen Sinnes – von der heiteren Seite zu nehmen. Gesellschaftlich war sowohl Bruder Jacques als auch Schwägerin Mali sehr geschätzt und überaus beliebt, wozu nicht am wenigsten der angeborene und unerschöpfliche Humor, dessen beide Gatten sich erfreuten, beigetragen haben mag. Bruder Jacques verstand es ganz einzig, durch unzählige Bonmots und heitere Geschichten bei einer Tafelrunde die Gäste so zu unterhalten, daß es Gelächter ohne Ende gab. Diesem glücklichen Ehepaare sollte es leider nicht beschieden sein, die so nahe bevorstehende goldene Hochzeit zu feiern. Trotz der aufopfernden Pflege, die Schwägerin Mali ihrem Gatten angedeihen ließ, und trotzdem sie während vieler Jahre den Winter im Süden zubrachten, erlag er seinem hartnäckigen Leiden zum Schmerze

Leopold Poppers Lieblingstante Cilli sitzt zu Füßen ihrer Mutter Eveline Rosenthal (rechts) und ihrer Schwester Adele.

seiner hart betroffenen Frau. Sie lebt als Witwe in gottergebener Resignation ob dieses unersetzlichen Verlustes und findet den alleinigen Trost in ihren Kindern und Kindeskindern. Ihre Ehe war mit zwei Kindern – Emmerich und Rosine – gesegnet.«[81]

Acht Sommer kann Jacques in Unterach genießen, 1903 stirbt er. Mali übergibt das Haus 1912 ihrer Tochter Rosina, verheiratet mit dem Bankier David Aub. Diese verkauft das Haus im Jahr 1925, als Käuferin erscheint im Grundbuch Maria Popper-Podhragy, der Familienname ist jedoch rot durchgestrichen. Es handelt sich um Opernstar Maria Jeritza, zu diesem Zeitpunkt gerade die Frau Leopold Popper von Podhragys, dessen Lieblingstante Cilli mit Heinrich Goldberger de Buda verheiratet ist, Jacques' Bruder. So kommen die Verbindung und wohl auch der Verkauf zustande. Zuvor hatte Maria Jeritza die Villa bereits einige Sommer lang gemietet. Doch sie wird der Diva, die hier nun ihre Familie unterbringt, bald zu klein werden (siehe Kapitel 17).

Bis heute birgt die Villa einen Schatz, hat Maria Jeritza doch bei der Übersiedlung in ihre neue Villa ein paar Häuser weiter alle ihre

Sachen hiergelassen. Im Zuge der Vorbereitungen für die Oberösterreichische Landesausstellung im Jahr 2008 durfte ich hier in der legendären Hutsammlung der Jeritza stöbern und auch das eine oder andere Modell in der Ausstellung zeigen.

Während des Zweiten Weltkrieges lebt Maria Jeritza in Amerika, für all ihre Besitzungen wird über »Antrag des Reichskommissärs für die Behandlung feindlichen Vermögens auf Grund der Verordnung von 15.1.1940 und 9.4.1942«[82] die Bestellung eines Verwalters im Grundbuch angemerkt, aber niemals durchgeführt.

Mit der Wahrheit nimmt es die Diva nach dem Krieg übrigens nicht ganz so genau: Bei ihrer Heirat mit dem Fabrikanten Irving Seery im Jahr 1949 muss sie Angaben zu ihren Eltern machen. Und aus Anton Jedlická und Maria Prachovny werden Anton de Jedlicka und Gräfin Maria Prachowny. Papier ist geduldig. Ihren ersten Ehemann Friedrich Wiener lässt sie unter den Tisch fallen und gibt nur den zweiten und dritten an: Leopold Popper-Podhragy und Winfield Sheehan.[83]

»Primadonnen am Attersee« betitelt die *Bühne* am 9.9.1926 ihren Artikel: Maria Jeritza posiert fröhlich auf der Veranda ihrer Villa.

11 Die vergessene Operettensoubrette Olga Bartos

Unterach, Jeritzastraße 22

Olga Bartos. Ein Name, der heute völlig unbekannt ist. »Eine glückliche Übersetzung aus dem Ungarischen ins Wienerische« sei sie, »von einer gewissen pikanten Grazie«. Diese »hinreißendste und faszinierendste aller Tanz- und Gesangssoubretten« begeistert das Wiener Publikum ab 1918 – die 21-Jährige hat große Pläne, die sie von Budapest in die Unterhaltungstheater Wiens führen. Der Krieg ist vorbei, die Menschen stürzen sich voll Lebenshunger ins Vergnügen, voller Hoffnung auf die Zukunft versuchen sie, dem Grauen der Kriegsjahre und wohl auch der Gegenwart zu entfliehen. Soldaten kehren, verletzt an Leib und Seele, zurück und müssen sich nach den oft traumatischen Erfahrungen des Krieges wieder in den Alltag eingliedern, den die Frauen in der Zwischenzeit nolens volens allein bewerkstelligt haben. Angesichts der Tristesse des Alltags ist die Versuchung, in der Operette, den Kabaretts und Theatern die vergangenen Erlebnisse für wenige Stunden zu vergessen, umso größer.

Olgas Bartos mal zwei: links als Budapester Tanzdiva im Theater und Kabarett *Die Hölle* am 5.9.1918 in *Das interessante Blatt*, rechts als Hauptdarstellerin der Leykafilm in *Sport und Salon* am 1.12.1918

Eine der Künstlerinnen, die dazu beitragen, ist Olga Bartos. Die Budapesterin erkennt früh ihre Chancen bei der Operette: Sie singt und tanzt, dass Publikum und Presse jubeln, und avanciert gleich in der ersten Nachkriegssaison zum Star des Theaters und Kabaretts »Die Hölle« im Souterrain des Theaters an der Wien. Unter der Direktion von Herbert Trau startet dieses 1906 begründete Jugendstil-Juwel neu durch – und am Beginn der neuen Blütezeit steht eine Operettenpersiflage: *Das Zuckergoscherl* von Beda, dem großen Fritz Löhner-Beda, der seinen Text mit der Musik Richard Wagners verknüpft. Olga Bartos erhält begeisterte Kritiken. Der Abend muss in der Tat höchst amüsant gewesen sein: »In einem Prolog tritt Richard Wagner auf und spricht die Befürchtung aus, daß sich flinke Finger ebenso wie an Schubert, Mendelssohn und Bach auch an seiner geheiligten Person vergreifen könnten. Diese Befürchtung ist nicht unbegründet, wie die darauffolgende Operette zeigt: Der Wagner-Verehrer kann schaudernd sehen und hören, wie nach den Weisen des Preisliedes und des Pilgerchores getanzt und nach Motiven aus dem ›Fliegenden Holländer‹ lustig hin und her marschiert wird.«[84]

Kabarett vom Feinsten, das Olga alle Möglichkeiten bietet: »Schon sind die Bühnenleiter auf dieses strebsame Talent aufmerksam geworden und es wird nicht lange dauern, daß die entscheidenden Männer der hiesigen Operettenbühnen mit heißem Bemühen um den Gewinn der mit ihren höheren Zielen wachsenden jungen, pikanten und graziösen Künstlerin sich bewerben werden.«[85] Dies kann man ruhig wörtlich nehmen: Der neue Direktor der »Hölle«, Herbert Trau, bemüht sich so »heiß«, dass er seinen Star zwei Jahre später heiratet – ab diesem Zeitpunkt wird das Paar meist im Doppelpack genannt. Und was ist das nicht für ein Paar: Erfolg reiht sich an Erfolg, in Wien am Apollo-Theater ebenso wie am Stadttheater und am Corsotheater in Zürich.

Eine Operette von Ralph Benatzky verhilft Olga Bartos im Dezember 1920 zu einem weiteren großen Erfolg: *Apachen!* heißt das Stück, und hat doch gar nichts mit Indianern zu tun. Es bezieht

Das interessante Blatt berichtet am 19.8.1920 über Herbert Trau, den neuen Direktor des Apollo-Theaters, und seine Frau Olga Trau-Bartos.

sich vielmehr auf die damals überaus beliebten »Apache-Tänze«, in denen Frauen brutal behandelt und als Prostituierte dargestellt werden – ein Genre an der Grenze zur Pornographie. »Die Handlung ist nicht nur spannend, sondern auch amüsant, und sie wird vor allem durch die ausgezeichnete Darstellung der fünf Hauptrollen auf höchstes Niveau gestellt.« Und Olga positioniert sich perfekt: Sie ist als »Soubrette von hinreißendem Temperament mit ihrer neuesten Rolle in die vorderste Reihe getreten.«[86]

Die *Apachen* sind eine »musikalische Sensations- und Spitzbubenkomödie. Den Autoren ist hier ein großer Wurf gelungen, denn die Eigenart des neuen Genres fesselt und amüsiert von der ersten bis zur letzten Szene.«[87] Olga Bartos darf gemeinsam mit dem großen Louis Treumann singen: »Wer weiß, wie oft du mich betrogen«, gefolgt von ihrem Dirnenlied. Und: Sie reüssiert. »In der schönen, jungen Künstlerin ist ein neuer Operettenstern zu begrüßen.«

1922 steht sie in der Operette *Die Siegerin* auf der Bühne des Wiener Stadttheaters – ihre Darstellung reißt den Rezensenten des Blattes *Kikeriki* zu poetischer Begeisterung hin: »Diese Olga Bartos-

Trau streut ihren genialen Paprika in jedes Wort, in jeden Ton, in jede Gebärde. Es geht ein Summen durchs Haus, die Stimmung im Parkett wird zum sturmbewegten Ährenfeld ...« Die Kritik endet mit einem Satz, der im Jahr 1938 tragische Bedeutung erhalten wird: »Man verweigere ihr jede Art von Paß oder Visum ins Ausland. Alle Grenzorgane sind aufmerksam zu machen ...!«[88]

Auch die Gesellschaftsspalten der Zeitungen berichten über Olga Bartos-Trau: Dort ein Modeevent, da ein Artikel über »Künstlerinnen als Mannequins«[89] mit Abbildungen, Zeichnungen und Fotos – ein allseits präsenter und gern gesehener Star.

Auch *Der Humorist* bringt das neue Glamourpaar auf die Titelseite.

Ihre Ehe jedoch erweist sich als schwierig und geht 1929 letztlich in die Brüche, im Scheidungsakt ist zu lesen: »An der Trennung trägt der Antragsteller Herbert Trau allein das Verschulden.« Was war geschehen? »Die Ehe war eine Liebesheirat. Anfangs gestaltete sie sich glücklich, bald jedoch kam Olga Trau ihrem Gatten darauf, dass er es mit der ehelichen Treue nicht sehr genau nahm.« Bereits 1923 überlegt Olga die Scheidung, denn »sie hatte damals ihren Gatten mit einer Dame in flagranti ertappt, was Herbert Trau auch ganz unumwunden vor den Zeugen zugegeben hat.« Was wäre ihm auch anderes übrig geblieben? Die Jahre in Zürich bringen eine weitere Entfremdung mit sich, denn hier »gab er sich wiederholt mit Frauen ab, deren Qualitäten absolut nicht einwandfrei waren«. Doch: Der Direktor braucht seinen Star – und der Star braucht ein Engagement. Daher wartet Olga zu, aber als Trau nach Berlin berufen wird, lehnt sie eine Beschäftigung dort ab, »um nicht in der Nähe ihres Gatten leben zu müssen«.

Nach der Scheidung kehrt Olga nach Wien zurück – zu einer Zeit, die für das Theater nicht gerade die besten Voraussetzungen bietet. Fixe Engagements sind schwer zu ergattern. Zwar erhält sie bei ihren raren Auftritten immer glänzende Kritiken, davon zu leben, erweist sich jedoch als schwierig. Denn die Künstlerinnen müssen für ihre Toiletten und Kostüme meist selbst aufkommen – ohne entsprechende externe Unterstützung ein Ding der Unmöglichkeit.

1931 heiratet Olga Bartos in zweiter Ehe einen wohlhabenden Mann: den um 20 Jahre älteren Leo Czech, Direktor einer Portlandzementfabrik in Mähren. Er erwirbt zwei Jahre später eine Villa in Unterach – und reiht sich damit unter die zahlreichen Unternehmer aus Böhmen und Mähren ein, die seit Jahrzehnten dem Attersee sein Gepräge geben. Olga hat ihre Sommer bis dahin an verschiedenen Orten verbracht, so auch im nahe gelegenen St. Gilgen. Gemeinsam mit Leo ist sie außerdem einige Sommer in Bad Ischl abgestiegen – doch nun ist es Zeit, ein eigenes Sommerrefugium zu beziehen.

Morris Coren,
Olga Bartos'
dritter Ehemann

Ihre Bühnenauftritte werden – so wie ihre Präsenz in den Zeitungen – rarer, dafür wirkt sie immer wieder an Benefizveranstaltungen mit, wie man es von ihr erwartet. 1932 nimmt sie an einem Kabarett zugunsten des Winterhilfswerkes am Semmering teil, 1936 beteiligt sie sich in Bad Ischl an einem Konzertabend zugunsten des Heimatschutzes.

Fünf Sommer verbringen Olga und Leo in Unterach, dann beginnt ihre Odyssee: Sie flüchten über Prag nach Paris und gelangen am 1. November 1939, von Southampton kommend, auf einem Schiff mit dem imposanten Namen *George Washington* nach New York. Doch sie können hier nicht bleiben und stranden in Mexiko. Erst am 4. Dezember 1940 gelangen sie zu Fuß in die USA. Bereits am 29. August 1944 stirbt Leo Czech, der seinen Namen im Jahr 1941 in Kent geändert hatte, in Hollywood, wie der *Aufbau* am 15. September berichtet – nicht ohne darauf hinzuweisen, dass er der »Gatte der bekannten ungarischen Schauspielerin Olga Bartos-Trau« war.

Olga heiratet am 31. März 1945 in Las Vegas Morris Coren, der 1910 aus dem damals polnischen Yanovsky, nahe Lemberg gelegen, nach Amerika eingewandert war.

Die Villa in Unterach war mit Verfügung vom 25. September 1942 als »volks- und staatsfeindliches Vermögen« zugunsten des Großdeutschen Reiches eingezogen worden – im Grundbuch hatte man dies erst per 31. März 1944 vermerkt. 1947 erhält Olga, unter ihrem neuem Namen Coren, das Haus gemeinsam mit Leos Sohn, dem Rechtsanwalt Charles Kent, zurück und verkauft es 1952. Der Kaufvertrag gibt ein trauriges Bild des einst so schönen Besitzes: »Die Käuferin ist in Kenntnis des mangelhaften Zustandes der auf der verkauften Liegenschaft befindlichen Baulichkeiten sowie der Schäden an den Uferschutzmauern.« Käuferin ist die Unteracherin Johanna Speigner, die 1935 von Maria Jeritza als Köchin nach Beverly Hills engagiert worden war[90] und dort mit der ehemaligen Nachbarin Olga Czech wieder zusammentrifft.

12 Von Rosé zu Rose. Oder: Ein Akzent macht den Unterschied

Unterach, Hugo-Wolf-Weg 13

Auf der Wikipedia-Seite zu den Villen in Unterach kann man einen Eintrag zur Villa Rosé/Hopf lesen:»Die Villa war um die Jahrhundertwende im Besitz der Musikerfamilie Rosé. Berühmt war das ›Rosé Quartett‹. Der Cellist Eduard Rosé heiratete 1898 Gustav Mahlers Schwester Emma (1875–1933). Sein Bruder Arnold war Konzertmeister der Wiener Philharmoniker. Später Fremdenpension Hopf; dann Pension Csato; nun im Privatbesitz.«[91]

Doch ein Akzent macht den Unterschied: Denn diese Villa befand sich niemals im Besitz der berühmten Familie Rosé, sondern wurde vom Berliner Theaterdirektor Paul Rose arisiert – kleiner Unterschied, große Wirkung.

Villa Eisler

Und wer waren zuvor die Eigentümer des Besitzes? Für drei Jahre gehört die Villa mit dem wunderschönen Blick über den See Dr. Julius Baum (siehe Kapitel 14), der sie jedoch 1895 gegen eine Villa am Ufer des Sees tauscht. 1902 kommt eine Familie nach Unterach, die mit den Brülls auf dem Berghof in engem beruflichem Kontakt steht: Moses Reitzes, der 1871 gemeinsam mit Eduard Brüll die Wiener Tramway-Gesellschaft gegründet hat, möchte nun für seine Familie ebenfalls eine Sommerresidenz am Attersee erwerben. Seine Tochter Melanie, verheiratet mit dem Wiener Kaufmann Fritz Eisler, wird als Eigentümerin ins Grundbuch eingetragen – für vierzig Jahre.

Fritz Eisler

Ihr Sohn Robert studiert Kunstgeschichte und findet mit einem Vorfall, der sich in Unterach abspielt, Eingang in die Zeitung: »Ein hellenisches Idyll« betitelt die *Linzer Tagespost* den Bericht eines Mitschülers am 15. Juni 1907 und macht damit gleich neugierig: Schon zehn Jahre zuvor als Vierzehnjähriger hat Robert offenbar für die bildende Kunst geschwärmt – eine Leidenschaft, die ihn noch öfter in unangenehme Situationen bringen sollte. Nun, in der Sommerfrische, widmet er sich vor allem der Forschung und »Untersuchungen über die Verhältnisse der Linien der menschlichen Gestalt.

Es gelang ihm, eine junge Dame der Gesellschaft mit der leiden-
schaftlichsten Begeisterung, die ihn ihm glühte, zu erfüllen; sie
gestand ihm eine photographische Aufnahme zu. Als Najade, dem
Schilf entsteigend, bot sie sich dem Objektiv dar. Ungebetene Gäste
störten das hellenische Idyll.« Diese kleine, ein wenig peinliche
Szene ist aber nichts gegen eine Affäre, in die Eisler im Jahr 1907
verwickelt ist. Als bereits promovierter Kunsthistoriker begibt er
sich auf eine Studienreise durch Italien und entwendet in der erzbi-
schöflichen Bibliothek von Udine einen wertvollen Kodex aus dem
15. Jahrhundert, angeblich, um ihn in Wien abfotografieren zu lassen und dann zu retournieren. Die Sache fliegt auf, er wird verhaftet,
seine Mutter eilt nach Udine, doch bleibt er bis zum Prozess in Haft.
Die Berichterstattung in den Zeitungen überschlägt sich: Auf der
einen Seite steigt die liberale *Neue Freie Presse* auf die Barrikaden
und widmet dem Fall sogar einen Leitartikel – eine völlig überzo-
gene Reaktion mit einer detailgetreuen psychologischen Analyse,
die in dem Satz gipfelt: »Dr. Eisler ist kein Verbrecher, sondern nur
verbrecherisch leichtfertig.«[92] Diesen Satz nehmen auf der anderen
Seite antisemitische Blätter wie die *Reichspost,* die *Arbeiter-Zeitung*
oder das *Deutsche Volksblatt* zum Anlass für eine schmutzige Kam-
pagne gegen Eisler und gleich auch gegen die Liberalen: »Für das
alte Österreich war das Interesse von dreißig Adelsfamilien entschei-
dend; will der Wiener Liberalismus wirklich die Interessen von
zweihundert jüdischen Familien für das neue Österreich gelten
lassen?«[93] Und unverhohlen äußert sich das *Deutsche Volksblatt* am
11. Juni 1907: »Eisler ist Jude und darum erklären sich wohl die spal-
tenlangen Berichte, die die Judenpresse heute über den Vorfall veröffentlicht. Wie immer in einem solchen Falle wird bereits mit
Hochdruck an der Reinwaschung Eislers gearbeitet.«

Nach Eislers Verurteilung zu 50 Tagen Haft wird es wieder ruhiger um die Affäre, und er kann nach einer Phase der Abkühlung
seine Karriere unbehindert fortsetzen. Eines seiner großen Interes-
sengebiete ist die Fotografie – und hier schließt sich wie bei dem
Vorfall in Italien der Bogen zu einem sehr aktuellen Thema, dem

Fotografieren in Archiven und Bibliotheken. Der damalige Vorstand der Wiener Universitätsbibliothek, Regierungsrat Dr. Haas, weist darauf hin, dass »in der letzten Zeit die Übung, Handschriften photographieren zu lassen, immer mehr um sich gegriffen hat. Der Grund hiefür ist einleuchtend. Einem Gelehrten, der stark beschäftigt ist mit wissenschaftlichen Arbeiten, gebricht es an der nötigen Zeit, sich selbst eine Abschrift eines Kodex zu machen. Deshalb sind seit einiger Zeit, sowohl im Gebäude der Hofbibliothek als auch des Haus- und Staatsarchives eigene kleine photographische Ateliers eingerichtet, in denen Photographien von Handschriften angefertigt werden.«[94] Am Puls der Zeit – und das im Jahr 1907.

Im Jahr 1914 inserieren Friedrich und Melanie Eisler, um die Villa im Sommer zu vermieten. Die genaue Beschreibung erlaubt einen kleinen Einblick in den damaligen Zustand: Neun Zimmer, eine Küche und zehn Betten bietet die Villa, die mit vier Veranden ausgestattet ist. Ein Gartenhaus gibt es ebenso wie ein Boots- und Badehaus, zu dem sogar ein eigenes Schiff gehört. Nicht zu vergessen den schattigen Garten für heiße Sommertage.[95]

Machen wir einen Sprung ins Jahr 1940. Am 27. Juli dieses Jahres stirbt Melanie Eisler in Wien. Nach Unterach kommt sie in diesem Sommer nicht mehr, jedoch nicht aus gesundheitlichen Gründen: Das Haus befindet sich nicht mehr in ihrem Besitz, am 8. März musste sie es an den Berliner Theaterdirektor Paul Rose verkaufen. Natürlich weit unter dem tatsächlichen Wert. Der Kaufvertrag wird erst im September 1941 genehmigt – sogar die offiziellen Behörden merken an, dass die Liegenschaft auf Veranlassung der Vermögensverkehrsstelle auf 25 000 Reichsmark geschätzt wurde, Rose jedoch nur 21 000 Reichsmark bezahlte, und weisen ihn an, 70 Prozent der Differenz als »Entjudungsauflage«[96] nachzuzahlen. Dies natürlich nicht an die Erben der bereits verstorbenen Melanie, sondern an das Finanzamt Vöcklabruck.[97] Dem Kaufvertrag beigeschlossen ist ein Inventar, das Einblick in die Ausstattung des Sommerdomizils gibt: Im Parterre befinden sich ein getäfeltes Speiszimmer mit eingebauten Bänken und ein kleines Schreibzimmer, im ersten Stock gibt es eine Bibliothek für Regentage ebenso wie eine Glasveranda, einige Schlafzimmer und auch ein Badezimmer. Ein separates Geschirr- und Wäscheinventar lässt auch in die Kästen und den Haushalt der Familie Eisler blicken. Von Geschirr über Bettzeug bis zu Möbeln ist alles vorhanden, nur die Kleidung fehlt, leere Kleiderhaken bleiben in den Kästen zurück.

Nach dem Ende des Krieges stellt Melanies Enkel Kurt Fredericks einen Antrag auf Rückstellung des Unteracher Besitzes – und natürlich behauptet Paul Rose, dass der Verkauf völlig rechtens über die Bühne gegangen sei. Er stützt sich auf das Argument, dass »die Vorbesitzerin die Person des Käufers frei ausgewählt hat, eine angemessene Gegenleistung erhielt und die Vermögensübertragung auch unabhängig von der Machtergreifung des Nationalsozialismus in Österreich erfolgt wäre«[98]. Eine schwierige Situation, beharrt doch Paul Rose darauf, dass er mit Melanie Eisler befreundet gewesen sei, was ihr Enkel eben nicht wissen kann.[99] Doch beweisen lässt sich das ebenso wenig, daher behilft sich Paul Roses Anwalt mit allgemeinen juristischen Ausführungen, um dann zu behaupten, der Enkel würde den »Beweggrund ihrer Auswanderung nach (!) Österreich – der nicht in einer Angst vor politischer Verfolgung bestand«, nicht kennen, denn: »Nicht die drohende Annexion Österreichs durch Hitler-Deutschland war für diese Verkaufsabsicht maßgebend, sondern reine familiäre Gründe, die den Wohnsitzwechsel der Frau Melanie Eisler von Österreich nach England erforderten.«[100] Ihr Sohn Robert habe ja bereits in England gewohnt. Lauter kühne Behauptungen, die sich aber noch steigern lassen: »Vielmehr hätte jede Jüdin in gleicher familiärer Lage, selbst wenn Hitler nie geboren und sein System nie errichtet hätte, genauso gehandelt.«[101] Robert war 1938 in den Konzentrationslagern Dachau und Buchenwald inhaftiert gewesen und hatte nur mit großem Glück nach England emigrieren können. Diese Tatsache macht die Behauptungen seitens Roses Anwalt besonders perfide.

In seinem 1969 verfassten Buch *Berlins große Theaterzeit. Schauspieler-Porträts der zwanziger- und dreißiger Jahre* schimmert im

Kapitel über den Schauspieler Werner Krauß Paul Roses Geistes-haltung durch – mehr oder weniger offensichtlich, geht es doch um eine Relativierung der Vorwürfe gegen Krauß, ein Unterstützer des Nazi-Regimes gewesen zu sein. So heißt es über die Entnazifizie-rung: »Denn erst mußte Krauß vor die Kommission, die über ihn und eine Unmenge anderer Deutscher zu befinden hatte. Auch über viele, die nie in der Partei waren. Praktisch wurde ein ganzes Volk in den Anklagestand erhoben – oder erniedrigt.«[102] Das klingt nicht gerade nach großem Unrechtsbewusstsein, im Gegenteil. Damit erscheint auch die Auseinandersetzung Roses mit der Familie Eisler plötzlich in anderem Licht, und die von seinem Anwalt vorgebrach-ten Argumente bekommen einen neuen, schalen Beigeschmack.

»Frau Melanie Eisler wäre nie in den Sinn gekommen, bei ihrem Alter ins Ausland zu reisen, wenn nicht der Nationalsozialismus die Macht in Österreich ergriffen hätte. Melanie Eisler hätte vielmehr ihren Lebensabend ohne jede Verfolgung ganz zweifellos auf der Liegenschaft in Unterach verbracht.« Melanie Eisler stirbt am 27. Juli 1940 »in einer Kammer in der Reichsrathstraße. Ein typi-sches Schicksal von Juden in damaliger Zeit, die zuerst ihre Liegen-schaft verkaufen mussten, dann noch hofften, auswandern zu kön-nen, um wenigstens ihr Leben zu retten, endlich in Wien Schwierigkeiten für die Ausreise mitmachten, um am Schluss in eine überfüllte Judenwohnung gepfercht zu werden und dortselbst zu sterben, ohne dass die Flucht ins Ausland geglückt wäre und ohne dass die im Ausland lebenden Verwandten helfen konnten.«[103]

Paul Rose versucht zu argumentieren, dass er Melanie Eisler mit dem Kauf einen Freundschaftsdienst erwiesen hätte – doch er kannte sie persönlich gar nicht. Und auch die behauptete enge Bekanntschaft mit ihrem zweiten Sohn Otto wird im Prozess umge-hend widerlegt – was für ein perfides Spiel mit der Wahrheit. Erst 1955 kommt es zu einem Vergleich zwischen Paul Rose und Familie Eisler. Sie erhält die Villa letztlich zurück – doch nach 15 Jahren, in denen sich niemand für Erhaltung und Pflege verantwortlich fühlte, in denkbar schlechtem Zustand.

13 Die prachtvolle Villa des Victor Léon

Unterach, Hugo-Wolf-Weg 15

Victor Léon hat viele Talente. Libretti für Operetten und Opern verfasst er ebenso wie Lustspiele, meist auf französischen Vorlagen beruhend, außerdem führt er Regie und betätigt sich als Theater-Feuilletonist.

Der Erfolgslibrettist
und Schriftsteller
Victor Léon

An den Attersee führt ihn ein für ihn eigentlich atypisches Genre, die Oper. Im August 1891 besucht er auf dem Berghof bei Unterach Ignaz Brüll, einen zu seiner Zeit sehr bekannten und angesehenen Komponisten – eine Zusammenarbeit wäre wünschenswert. Und sie kommt auch zustande: Nur ein Jahr später wird die Oper *Gringoire* in München uraufgeführt, das erste von vielen Werken, die am Attersee das Licht der Welt erblicken werden. Zwei Jahre später erscheint bereits die nächste Oper, *Schach dem König* – für Victor Léon ein Fingerzeig, sich dauerhaft in der produktiven und inspirierenden Attersee-Atmosphäre niederzulassen: 1894 erwirbt er ein Grundstück in Unterach und lässt darauf eine repräsentative Villa errichten, die auch heute noch zu den Schmuckstücken des Ortes zählt. Der Architekt bleibt namenlos,

Die prachtvolle
Villa Léon

doch die Datenbank des Bundesdenkmalamtes bietet eine fast
schon poetische Beschreibung der Villa: »Zweigeschossige Villa in
Hanglage über dem Attersee in der Nachfolge der Cottage-Villen
mit typischer unregelmäßiger Dachlandschaft, geprägt einerseits
vom malerischen Stil der Jahrhundertwende, andererseits von einigen für die 1920er-Jahre charakteristischen Elementen. Im Inneren
zentrales offenes Treppenhaus; im Erdgeschoß secessionistischer
Stuckdekor im Speisezimmer; bauzeitliche Kachelöfen.«[104]

Hier verbringt die Familie ab nun den Sommer, Victors Frau
Ottilie ebenso wie ihre Tochter Lizzy gemeinsam mit ihrem Mann
Hubert Marischka und den Kindern. Am 1. Oktober 1904 lässt sich
Lizzy in der Unteracher Kirche taufen, 1918 kommt ihr jüngster
Sohn Franz hier zur Welt – es gibt also viele Verbindungen zu diesem Ort. Victor arbeitet und schreibt, viele Werke entstehen mit
Blick auf den See und das gegenüberliegende Höllengebirge. Er
reüssiert nicht nur als Librettist und Schriftsteller, sondern ist auch
einer der Ersten, die die Rolle des Regisseurs analysieren, beschrei-
ben und würdigen – sein Buch *Dramaturgisches Brevier. Ein populä-
res Hand- und Nachschlagebuch für Bühnenschriftsteller, Schauspieler,
Kritiker und Laien* erscheint 1894. Drei Jahre später folgt ein weiteres – in Unterach entstandenes – maßgebliches Werk über Regie,

Victor Léons
Tochter Lizzy
Marischka

eine der ersten theoretischen Auseinandersetzungen mit diesem Beruf. Das Vorwort dazu verfasst Hermann Bahr – auch er ist immer wieder auf dem Berghof bei den Brülls zu Gast.

Doch neben der Arbeit gibt es auch gesellschaftliche Verpflichtungen: Wohltätigkeitsveranstaltungen anlässlich des Geburtstages von Kaiser Franz Joseph etwa zählen zu den Fixpunkten des Sommerlebens. Das *Salonblatt* berichtet am 23. August 1896 sehr ausführlich über die zuweilen recht amüsanten Programmpunkte des Wohltätigkeitsfestes: »Das Bauernstück ›A Räuscherl‹ von Karl Morre wurde von Einheimischen unter der Leitung des Schriftstellers Victor Leon vorzüglich aufgeführt. Maler Ethofer versinnbildlichte ›Die vier Jahreszeiten‹ in poetischer Weise durch lebende Bilder, unterstützt von seinem Kunstgenossen, dem Maler Fanto, und von herrlichen Mädchengestalten, von denen besonders die Frl. Risa Strisower, eine ebenso schöne als liebenswürdige und geistvolle junge Dame, Schüller, Höhnel und Schmid durch ihre Anmuth fesselten.«

Auch Victor Léon ist von Risas »herrlicher Mädchengestalt« gefesselt, und ein Jahr später gibt es einen kleinen Skandal in der Unteracher Sommergesellschaft: Victor Léon wird mit Risa Strisower, Ignaz Brülls Nichte, ausgerechnet in der Unteracher Kirche

Eine wahrhaft »herrliche Mädchengestalt«: Risa Horn blickt 1897 sehr selbstbewusst in die Kamera.

»zärtlich erwischt«, wie Arthur Schnitzler in seinem Tagebuch notiert, noch dazu von Léons Frau.

Derlei Episoden können Léon nicht von seiner Arbeit und seinen Verpflichtungen ablenken, er schreibt am laufenden Band: 1898 entsteht die dritte und letzte Oper gemeinsam mit Ignaz Brüll, *Der Husar*. Doch Léon schielt bereits verstärkt auf ein weitaus mehr Erfolg versprechendes Genre, die Operette. Sie befindet sich auf einem ersten Siegeszug und passt in ihrer frühen, noch ganz dem französischen Vorbild verpflichteten Form ideal zu den vielen Lustspielen, die Léon höchst erfolgreich platziert. Mit *Simplicius* hat er hier 1887 auch schon einen ersten Coup gelandet, dessen Musik von keinem Geringeren stammte als Johann Strauß.

Eines der kleinen Lustspiele Léons erfreut auch die Unteracher Sommergesellschaft bei einer der unzähligen Wohltätigkeitsveranstaltungen, die den Gemeinden und der Bevölkerung beachtliche Unterstützung zukommen lassen. Es gehört zum guten Ton, sich als Sommergast zu engagieren und für das Wohl der örtlichen Bevölkerung einzusetzen. So auch 1904. »In diesem Jahr lag das Arrangement einer Festvorstellung am 18. August in den Händen Victor Léons. Die pièce de résistance war diesmal die Première eines niedlichen geistreichen Einacters aus seiner Feder, ›Die grünen Bücher‹ betitelt. Herr Léon selbst spielte mit viel Verve und Humor den Schriftsteller, und seine reizende Tochter Lizzy führte die Rolle seiner Tochter mit frappanter Natürlichkeit durch.«[105]

Ob dieser Einakter wirklich so geistreich ist, bleibe dahingestellt. Es handelt sich eher um ein seichtes Stück, in dem Vater und Tochter besagte »grüne Bücher« voreinander verstecken – man kann sich den ein wenig schlüpfrigen Inhalt schon denken … auch wenn die Formulierungen Wortwitz, aber nichts Anrüchiges an sich haben: »'s ist besser, meine Tochter findet hier nichts – woran sie nichts finden kann, als sie fände etwas, woran sie etwas fände!«[106] Am Schluss stellt sich natürlich heraus, dass der Vater selbst Verfasser der grünen Bücher – und mit diesem »Schund« finanziell wesentlich erfolgreicher ist als mit wissenschaftlichen Werken. Vielleicht auch ein kleiner Hinweis auf Léons eigenes Schaffen. Denn wenn der Verleger den Autor als »raffinierten Erotiker« und »Sinnlichkeitsspekulanten«[107] bezeichnet, meint dieser: »Es ist in gewissem Sinne eine unwürdige Literatur, die ich da unter einem Decknamen betreibe.« Aber Spaß macht es sowohl Léon als auch seinem Alter Ego – und seine emanzipierte, moderne Tochter schwärmt für die »unwürdige Literatur«. Gerade in Unterach findet Victor Léon viele solche modernen, emanzipierten jungen Frauen – sei es auf dem Berghof oder in der nahe gelegenen Villa Eckstein.

Dem Publikum gefällt es jedenfalls: »Rauschender Beifall des aus großstädtischen Elementen zusammengesetzten Publicums wurde dem Schöpfer und seinen Ausführenden zuteil. Fräulein Lizzy Léon producierte sich auch in den jetzt so beliebten plastischen Tänzen à la Duncan und entwickelte dabei eine seltene Grazie der Bewegungen und ausgesprochene Begabung auch für die Tanzkunst.«[108] Auch ein prominenter Gast aus dem nahen Ischl unterstützt die Vorstellung: die große Schauspielerin Hansi Niese, die selbstverständlich zugunsten der Armen von Unterach auf ihr Honorar verzichtet.

Zu Hause bei Léons wird heftig diskutiert und überlegt, welche Stoffe Erfolg versprechen, welche Stücke als Vorlage geeignet sind und welchen Moden gerade entsprochen werden muss. Lizzy Léon ist ihrem Vater in alldem eine wichtige Gesprächspartnerin und wertvolle Beraterin, so auch bei der Überlegung eines neuen Librettos. Die Entstehungsgeschichte der Operette *Die gelbe Jacke* zeigt, dass Léon gute Ideen sofort erkennt und verarbeitet.[109] »Es war in Unterach, wo ich mit meiner Familie gewöhnlich den Sommer verbrachte, als eines Tages bei Tisch – es dürfte im Sommer 1915 gewesen sein – meine Tochter uns sagte, (meine Frau Ottilie und Hubert Marischka waren auch anwesend), sie glaube, eine gute Idee zu einer Operette zu haben.« Lizzy bringt die Idee aufs Tapet: Eine junge Engländerin verliebt sich in einen japanischen Diplomaten – der Rest ist bekannt und mutiert dann in späteren Jahren zu *Das Land des Lächelns*, Umarbeitung der *Gelben Jacke* auf Musik von Franz Lehár. Dieser ist übrigens der Taufpate von Franz Marischka, Léons Enkel.

Das private Leben dieser Unteracher Jahre ist nicht nur von der Geburt der drei Enkel geprägt, sondern auch vom tragischen Tod Lizzys kaum 30-jährig am 27. November 1918. Der Vater verliert mit der fröhlich-exzentrischen Tochter auch eine wichtige Gesprächspartnerin und Ideenlieferantin, ihre drei Kinder bleiben ihm jedoch und verbringen viele Sommer weiterhin in Unterach. 1929 verkaufen Victor und Ottilie Léon ihre wunderschöne Villa. Das Ende einer Ära.

14 Mäzene und ihr Schützling.
Oder: Wie »macht« man einen Star?

Unterach, Jeritzastraße 43

Die Verbindung zwischen Julius Baum und Hermine Kuffner schafft ein familiäres Netzwerk, das von Bielitz über Wien bis nach Unterach reicht und den Begründer der *Neuen Freien Presse* ebenso umfasst wie den Entdecker des Berghofes und Frauenrechtlerin Therese Eckstein-Schlesinger in einer benachbarten Unteracher Villa, die Schriftsteller Hugo von Hofmannsthal und Richard Specht als Gäste auf dem Berghof – und die gefeierte Primadonna Selma Kurz.

Die Geschichte beginnt in Bielitz, heute an der tschechisch-polnischen Grenze gelegen. Dort liegt Max Friedländer, der Begründer der *Neuen Freien Presse*, begraben, dessen Schwester den Textilfabrikanten Gustav Baum heiratet, Sprössling einer angesehenen Familie, die zu den Wohlhabenden zählt und sich karitativ betätigt. Ihr Sohn Julius Baum übernimmt die Fabrik und heiratet in eine der wichtigsten Wiener Industriellenfamilien ein: Hermine Kuffners Familie besitzt nicht nur die Ottakringer Brauerei, sondern errichtet auch die Kuffner-Sternwarte in Wien und engagiert sich stark auf wissenschaftlichem und künstlerischem Gebiet.

Ebenfalls in Bielitz lebt in ärmlichen Verhältnissen ein Mädchen: Selma Kurz. Ihre glockenhelle Stimme fällt dem Kantor Goldmann auf, und er sucht Mäzene für sie. Eine durchaus übliche Vorgehensweise zu einer Zeit, in der es nur wenig staatliche Stipendien und Unterstützung gibt und gerade im Kulturbereich vieles nur dank der Hilfe von Privatpersonen möglich wird. Der Kantor wendet sich an Nikolaus Graf Esterházy, einen bedeutenden Kunstmäzen, der zahlreiche junge Talente ausbilden lässt. Auf seinem Schloss Totis gibt er ihnen nicht nur Unterkunft, sondern vor allem die Möglichkeit, vor aristokratischem Publikum aufzutreten und sich in dieser Gesellschaft ziemlich egalitär zu bewegen – eine große

Chance für Selma Kurz. Doch der Kantor hat nicht nur Graf Esterházy als Förderer gewonnen, er versucht auch Cäcilie Kohn-Holländer, die von Bielitz nach Wien geheiratet hat, von Selmas Talent zu überzeugen. Und auch das mit Erfolg, Frau Kohn-Holländer nimmt sich der jungen Sängerin an und führt sie in die Wiener Gesellschaft ein. Ihr Vater Benjamin Holländer ist der Trauzeuge von erwähntem Julius Baum bei seiner Hochzeit mit Hermine Kuffner. Und auch diese Verbindung gereicht Selma Kurz zum Vorteil. Das Ehepaar Baum unterstützt sie und macht sie förmlich zu einem Familienmitglied, es entsteht eine innige Beziehung zwischen den Mäzenen und dem aufstrebenden Talent. Ein Resultat daraus sind viele gemeinsam verbrachte Sommer in Unterach.

1892 erwirbt Julius Baum hier ein Haus, das er jedoch schon im November 1895 gegen ein Seegrundstück des Ehepaares Franz und Susanne Binder eintauscht. Später wird in dem am Hang gelegenen Anwesen die Familie Eisler ihre Sommer verbringen (siehe Kapitel 12). In Unterach befinden sich Julius und Hermine Baum in bester Gesellschaft: Charlotte Wolter, eine Freundin Hermines, verbringt in diesen Jahren ihre Sommer vis-à-vis in Weißenbach, ebenso wie Gustav Mahler in Steinbach und Hermines Schwägerin Therese Eckstein in Unterach, ganz in der Nähe der Baums. Überhaupt verlegt sich das gesellschaftliche Leben des auslaufenden 19. Jahrhunderts im Sommer ins Salzkammergut, Freunde und Verwandte sorgen da wie dort für anregende Gespräche – und die junge Selma Kurz gehört ganz selbstverständlich dazu. 1893 verbringt sie ihren ersten Sommer in Unterach und lässt ihre Eltern an ihrer Begeisterung teilhaben: »Es ist hier göttlich schön. Ich bin jetzt sehr viel am See. Rudere ganz allein und wie gut, von dem könnt Ihr Euch gar keinen Begriff machen. Auch fühle ich mich hier wie zu Hause.« Selma nimmt am regen gesellschaftlichen Verkehr der Familie Baum teil und lernt auch Ignaz Brüll kennen (siehe Kapitel 21). Auch die Gepflogenheiten in Unterach macht sie sich zu eigen und trägt »die ganze Zeit ein Bauernkostüm, in welchem man sich sehr bequem fühlt. Man verlebt hier die Zeit so angenehm, daß man eigentlich die Pflichten ganz vergißt. Hier ist man nur so schrecklich faul.«

Im Juni 1895 schreibt Selma an die sechs Jahre jüngere Fritzi Baum, Julius' und Hermines Tochter: »Ich habe mich sehr gefreut über Deine Nachricht, liebe Fritzi, daß der Herr Mahler in Unterach war. Ich bitte Dich, wenn er noch dort ist, Deine liebe Mama zu bitten, mich ihm nur sehr zu empfehlen, denn ich habe gehört, daß er ein sehr gewaltiger Mann in Hamburg ist.«[110]

Hermine Baum, die als Wohltäterin von Unterach bezeichnet wird, setzt sich besonders für Selma Kurz ein, doch agiert sie diskret im Hintergrund, und es erfüllt sie mit »namenlosem Stolz, ja bildete einen wesentlichen Bestandteil ihrer Lebensfreude, daß sie dereinst das große Genie der kleinen Selma erkannt und dazu beigetragen hatte, ihr den Weg zu ihrem heutigen europäischen Ruhm zu ebnen«[111]. Dass sich Selma ihr Leben lang dankbar und glücklich ob dieser begeisterten Unterstützung erweist, liegt auf der Hand. Dies sieht auch Selmas Gesangslehrer Johannes Ress so, der Hermine wohl zu Recht als Selmas zweite Mutter bezeichnet: »Selma kann Ihnen nicht genug dankbar sein, denn Sie haben sie mit Liebe überschüttet, waren ihr stets eine materielle und moralische Stütze.«[112]

Und Hermine ist tatsächlich sehr umtriebig bei der Förderung von Selmas Karriere: Sie mobilisiert ihre Freunde und Verwandten, ein Schülerkonzert zu besuchen, in dem auch Selma Kurz auftritt. Selmas Schwester Clara darf teilnehmen und berichtet ihren Eltern: »Also Euch, meine lieben Eltern, kann ich nur zu Eurer Selma gratulieren, da sie wirklich etwas Großes zu werden verspricht.«[113]

Hilfreich ist auch, dass man in den Familien Baum und Kuffner ein großes Haus führt, im Salon von Hermines Schwester Fanny Schlesinger etwa geht alles ein und aus, was Rang und Namen hat. Dieses große Netzwerk nutzt die Familie, um der jungen Selma Kurz zu weiterer finanzieller Unterstützung, unter anderem durch die Kohlemagnaten Gutmann, diversen Auftritten und auch zu einem Engagement zu verhelfen. Selbstverständlich sind sie auch mit dem neuen, nicht unumstrittenen Operndirektor Gustav Mahler bekannt und legen ihm die 25-jährige Sängerin ans Herz. Und er engagiert sie ohne sonst übliches Gastengagement, ein ungewöhnliches Vorgehen, das ihr gleich den Nimbus des »Protektionskindes« einbringt. »Nachdem ich gesungen hatte, war Mahler außer Rand und Band. ›Fräulein, was kann ich Ihnen anbieten? Etwas Champagner?‹«[114] Diese Erinnerung steht am Beginn einer bemerkenswerten Opernkarriere in Wien.

Selma debütiert in einer Oper, die heute fast vergessen ist, in Ambroise Thomas' *Mignon* – ein Affront gegenüber der absoluten Meisterin dieser Rolle, Marie Renard. Ihr zu Ehren wurde das herrschaftliche Haus auf der Insel Litzlberg erbaut (siehe Kapitel 5).

Die Kritiker zeigen sich erfreut und überrascht von Selmas Debüt – da steht tatsächlich ein neues Ausnahmetalent auf der Bühne der Hofoper. Und im Publikum schaffen die Baums und Kuffners mit vielen Freunden die richtige Stimmung – Selmas eigene »Claque« ist am Werk. Noch in ihrem Nachruf erinnert sich der Journalist Ludwig Karpath an seine anfängliche Skepsis: »Indessen hatte ich manches über die talentvolle Anfängerin gehört, weil sie von einer vornehmen Gesellschaftsschicht, die auch für ihre Ausbildung gesorgt hatte, allzu stürmisch auf den Schild gehoben wurde, was mich gegen sie einnahm.«[115] Doch wird er rasch eines Besseren belehrt und findet »sofort großen Gefallen an ihrer mädchenhaft schlanken Erscheinung und an ihrem liebenswürdigen Wesen.«

Auch der große Kritiker Julius Korngold erwähnt das Besondere der Wiener Gesellschaft: »So wurde sie die spezifische Wiener Kunstsängerin. Sie bedurfte auch des Wiener Bodens unter den Füßen, auf dem kultiviertes Kunstempfinden, sinnlich-geistiges Kunstgenießen sie emportrugen. In jenen versunkenen Zeiten, da sich Wiener Musik und Wiener Gesellschaft eng berührten, schlug eine Erscheinung wie Selma Kurz feste Wurzeln in dieser Gesellschaft.«[116]

Am 4. Dezember 1910 heiratet Selma Kurz den – damals noch bürgerlichen – Arzt Dr. Josef Halban. Dieser wird sieben Jahre spä-

Selma Kurz
mit ihrer Familie:
Tochter Dési,
Sohn Georg
und Ehemann
Dr. Josef Halban,
1920

ter in den Adelsstand erhoben, um seine Verdienste für die Geburts-
hilfe als Primarius des Wiedner Spitals zu würdigen. Selma Kurz
zieht sich mit der Heirat aber nicht, wie so manche andere Kollegin,
von der Bühne zurück, sondern tritt weiter auf und erweitert ihr
Repertoire Rolle um Rolle – Novitäten liegen ihr besonders am
Herzen. So wird sie am 8. April 1911 in der Wiener Erstaufführung
von Richard Strauss' *Der Rosenkavalier* als Sophie angekündigt, aufgrund eines läppischen Konfliktes mit Operndirektor Hans Gregor
singt sie jedoch erst die zweite Aufführung. Der Grund dafür wirft
ein bezeichnendes Bild auf die Bedeutung von Selma Kurz' Familie,
entzündet sich der Konflikt doch daran, dass Selmas Schwester
keine Karte für die Generalprobe erhält. Doch Selma ist es gewohnt,
»von meiner Schwester bezüglich der Frisur und Toilette unterstützt und beraten zu werden, wozu es für meine Schwester unum-
gänglich notwendig ist, daß sie sich vom Zuschauerraume aus von
meinem Aussehen überzeugt«[117]. Daher findet die Erstaufführung
des *Rosenkavaliers* ohne den Star statt. Dennoch wird die Sophie zu
einer ihrer Paraderollen – und die Vorstellung zwei Tage später zu
einer Demonstration zugunsten der Kurz: »Das Haus war ausver-
kauft, ein außerordentlich elegantes Publikum war im Parkett und

Über das schwierige Debüt von Selma Kurz als Sophie in *Der Rosenkavalier* berichtet *Das interessante Blatt* am 13.4.1911.

in den Logen zu bemerken.«[118] Es wäre nicht Wien, käme es nicht zu emotionalen Szenen: Beim ersten Erscheinen von Selma Kurz tost Applaus auf, es ertönen Hoch-Rufe, vermischt mit lautem Zischen – die Sängerin ist irritiert, der Dirigent versucht, die Situation unter Kontrolle zu halten. »Als es im Parkett schon längst still geworden war, tönten noch wie fernes Grollen erregt streitende Stimmen von der Galerie in die Musik.« Die Direktion hat wohl damit gerechnet, denn im Parkett und auch beim Bühneneingang befinden sich »viele Detektive, um Zusammenstöße und Demonstrationen zu vereiteln«, wie das *Neue Wiener Journal* am 11. April 1911 berichtet.

Nach der Vorstellung folgt eine typische Wiener Szene: Viele hundert »jugendliche Enthusiasten« warten beim Bühneneingang, begrüßen die Sängerin mit Hoch-Rufen und geleiten sie zu ihrer Wohnung – die zum Glück vis-à-vis liegt. Was für ein Lärm, was für ein Aufsehen! Der Enthusiasmus der Wiener kennt eben keine Grenzen.

Der *Rosenkavalier* führt auch wieder an den Attersee zurück, denn auf dem Berghof hatte Hugo von Hofmannsthal die anwesenden Freunde rund um seinen Verleger Samuel Fischer erstmals mit dem Libretto bekannt gemacht. Auch Selma Kurz kennt den Schriftsteller bereits von den Unteracher Sommern.

1914 gehen die schönen Unteracher Zeiten der Familie Baum zu Ende. Julius war schon 1912 gestorben, Hermine folgt ihm zwei Jahre später. Die Kinder Max und Fritzi trennen sich von der Villa, in die 1922 ein weiterer prominenter Sommergast einzieht: Viktor Kaplan (siehe Kapitel 20).

Der Nachruf auf die große Selma Kurz mit einem beeindruckenden Porträt und der Abbildung ihrer Aufbahrung. Doch an diesem 18.5.1933 steht noch ein weiteres Ereignis im Mittelpunkt: »Der Bücherscheiterhaufen auf dem Berliner Opernplatz«. Selma Kurz muss dies nicht mehr erleben.

15 Franz Tewele, der »urfidelste aller Possenreißer« und »Almanach de Unterach«

Unterach, Jeritzastraße 34

Wie schade, dass der Zauber von Schauspielern aus der Zeit vor Film- und Tonaufnahmen nicht zu ermessen ist. Während ich mich mit Franz Tewele beschäftige, kommt einmal mehr der Wunsch auf, eine Zeitreise machen zu können, um die enorme Wirkung dieses Schauspielers live erleben zu dürfen.

»Der letzte Hanswurst – das war der urfidelste aller Possenreißer, der's sozusagen ›in sich‹ hatte, das war Franz Tewele.« So charakterisiert der wissende Journalist Siegfried Löwy den Volksschauspieler Tewele in seinem lesenswerten Büchlein *Aus Wiens großer Theaterzeit*, das großen Künstlerpersönlichkeiten Leben einhaucht und erahnen lässt, worin ihr Zauber bestanden hat. Franz Tewele »war in der Gesellschaft ebenso übermütig, genauso voller Schnurren, ein förmlicher Witzeakkumulator, dabei von einer wahrhaft entwaffnenden Schlagfertigkeit, von den amüsantesten, überraschendsten Improvisationen übersprudelnd und überfließend, wie auf der Bühne selbst – kurzum ein Schalknarr, der Schelmenstücke aufführte, an denen sich sogar Till Eulenspiegel hätte ein Beispiel nehmen können.«[119]

Doch wer ist dieser Franz Tewele, der offenbar vielen Menschen unzählige fröhliche Stunden bereitet hat? Im Jahr 1913 erscheint ein langer Zeitungsartikel anlässlich seines 70. Geburtstages – und das macht stutzig, denn in diversen Lexika kursieren verschiedene Geburtsdaten, das kennt man eigentlich nur von Künstlerinnen. Doch auch Franz Tewele schummelt ein wenig, feiert er 1913 doch bereits seinen 72. Geburtstag, wie ein Blick in das Taufbuch der Pfarre St. Josef zu Margareten im fünften Bezirk in Wien zeigt: Am 29. Juli 1841 werden die Zwillinge Franz und Karoline Teweles geboren – das »s« verschwindet, und heraus kommt Franz Tewele mit einem vorerst typischen Werdegang: Der Sohn will zum Theater, der Vater ist dagegen, der Sohn studiert vier Semester, doch dann siegt das Theater, und die Ochsentour durch die Provinz beginnt: Brünn, Pressburg, Ödenburg, Lemberg, Wiener Neustadt und Graz sind die Stationen, bevor Tewele nach München engagiert wird. Als jugendlicher Held und tragischer Liebhaber. Endlich ruft Wien, und der 23-Jährige kehrt als Bonvivant zurück in seine Geburtsstadt. Das Carltheater wird seine künstlerische Heimat, zuerst als Darsteller, ab 1878 pachtet er das Haus selbst und fungiert als sein Direktor – und das äußerst erfolgreich.

Seine Frau, die Sopranistin Maria Löscher, erwirbt am 6. April 1895 ein Haus in Unterach, das fortan zum sommerlichen Lebensmittelpunkt wird. Victor Léon hat sich nur wenige Monate früher hier angesiedelt (siehe Kapitel 13) und erinnert sich im Jahr 1933 an das Unteracher Leben 30 Jahre zuvor: »Unterach war nicht nur Teweles Buen Retiro, es war ihm alles. Dort ging er als Bauer verkleidet herum, in späteren Jahren schon mehr als Salonbauer, und sprach jeden Bauer und jede Bäuerin in einem sehr fragwürdigen oberösterreichischen Dialekt an, erkundigte sich nach Familie, Vorfahren, Nachkommen, so daß er der reinste ›Almanach de Unterach‹ wurde, der über die Deszendenz und dergleichen den ausführlichsten Bescheid wußte und sich bei den Pölzleitnerischen ebenso auskannte als bei den Hollerwögerischen und Scherenthanerischen und wie diese rustikalen Dynastien samt noch hießen. Und er wußte nicht nur die Familiennamen nebst sämtlichen Taufnamen, sondern auch die ›Hausnamen‹, mit denen die Bauern zumeist angesprochen werden: ›Die Stirl‹, die ›Schüsseldraxlerischen‹, die ›Batzenlippelischen‹ usw.«[120]

Und so entsteht ein wahres Sommertheaterdorf rund um den beliebten Schauspieler, der in seinem Haus zahlreiche Gäste empfängt und wohl auch so manchen Kollegen animiert, den Sommer in Unterach zu verbringen. Mit seinem etwas drastischen Humor überrascht er das Sommerpublikum immer wieder aufs Neue – ein Schauspieler in allen Lebenslagen. So schildert Victor Léon eine Szene: »In Gesellschaften oder auch am Stammtisch der Sommergäste des Dorfwirtshauses war sein Lieblingsspaß stets der, daß er sich auf einmal zu entkleiden anfing und unter dem Gekreische des femininen Teiles so tat, als ob er wie Adam dastehen wolle. Er machte das, so oft er es auch wiederholte, mit einer so ruhigen Drastik, der das Zwerchfell auch der ernstesten Leute nicht widerstehen konnte.«[121] Ein fideles Leben in Unterach, das Tewele aber auch für wohltätige Zwecke nutzt – wie in allen anderen Sommerfrischeorten auch zählen Sammlungen oder Vorstellungen zugunsten der Armen und der Kinder im Dorf zu den wichtigen Fixpunkten des Sommerlebens. Im Jahr 1903 etwa schafft Tewele Großes: »Diesmal hatte Franz Tewele die Werbetrommel für das Kaiserfest gerührt, und seinem beweglichen Eifer, seiner zwingenden Beredsamkeit, seiner unwiderstehlichen persönlichen Liebenswürdigkeit, gegen die es keinen Widerstand und kein Neinsagen gibt, ist es zu verdanken, daß in Unterach Künstler und Schriftsteller sich ein Stelldichein gaben, die man sicherlich auf dem bescheidenen Brettl eines Gebirgsgasthauses noch nicht nebeneinander gesehen hat. Da war Katharina Schratt aus ihrer Villa Felicitas in Ischl herübergekommen, um uns einige köstliche Wiener Skizzen vorzulesen. Da hatte Ignaz Brüll sein schönes Bergasyl verlassen, um uns nicht bloß durch einen Meistervortrag am Klavier zu erfreuen, sondern uns auch mit einigen neuen Liederkompositionen bekannt zu machen.«[122]

Ungezählte skurrile Geschichten ranken sich um Tewele in den Unteracher Sommermonaten: Er errichtet zwei Badehütten und bittet die verwunderten Besucher nach Böhmen – warum? Die Hütten heißen Franzensbad und Marienbad, benannt nach den Besitzern. Eine große Leidenschaft Teweles ist das Rechen des Kieses, wie Victor Léon launig berichtet: »Zu Hause rechte er mit chronischem Enthusiasmus den Kies seiner Gartenwege; mit noch größerer Leidenschaft half er beim Wäschewaschen und Ausschwaben im See, und das Wäscheaufhängen im Garten behielt er sich vor als ureigenstes Privilegium, als unantastbares Monopol, das durfte nur er tun, niemand sonst. Er war darin Virtuose.«[123] Außerdem liebt es Tewele, die Einkäufe selbst zu erledigen – in auffälliger Adjustierung, woran sich wiederum Siegfried Löwy erinnert: »Tewele bot namentlich in den letzten Jahren einen köstlichen Anblick, als er, nicht salontirolerisch, sondern stilecht angezogen, mit dem roten ›Umbrella‹ und dem großen Einkaufskorb Kommissionen besorgte.«[124]

1909 feiert der große Komiker sein 50-jähriges Bühnenjubiläum – und die Kollegen wissen, womit sie ihn erfreuen können: Als Geschenk erhält er Rohrmöbel für sein Unteracher Gartenhaus. Als Gratulanten stellen sich auch so manche Atterseer Nachbarn ein, darunter Victor Léon und Bertha Schütz (siehe Kapitel 13 und 23).

Am 10. September 1914 stirbt der unverwüstliche, witzesprühende Tewele in Bad Ischl – wo sonst? In der Nähe seines geliebten Unterach, wo er so viel Lebensfreude und Schabernack verbreitet hat und wo er nun auch seine letzte Ruhestätte findet. Meine Lieblingsgeschichte soll die Erinnerung an ihn hochhalten: »Zum Totschießen komisch war es auch, wenn er bei bekannten Sommergästen einen Antrittsbesuch machte. Er erschien im Schwimmgewand (Auch auf der Bühne war er ja ein ausgezeichneter ›Schwimmer‹), außer der Badehose hatte er nichts weiter an als ›Röllchen‹, rote Handschuhe, einen Zylinder auf dem Haupt und über dem Arm pendelte ein lichtbrauner Überzieher …«[125]

Franz Tewele in einer Karikatur von Theodor Zasche

16 Die exzentrische Familie Eckstein

Unterach, Jeritzastraße 36

1888 erwirbt Amalie Eckstein, aus der bedeutenden Prager Familie Wehle stammend und schon lange verwitwet, eine Villa in Unterach, in der sie mit den vier jüngsten ihrer zehn Kinder regelmäßig den Sommer verbringt. Ein näherer Blick auf diese Nachkommen zieht unweigerlich die Frage nach der Persönlichkeit und den Erziehungsprinzipien dieser Dame nach sich, denn ihr ist Außergewöhnliches gelungen: Zwei ihrer Töchter gelten als Pionierinnen des Feminismus, ihr Sohn Friedrich geht als Unikum, Mäzen und Forscher in die Geschichte ein, und der jüngste Sohn Gustav entwickelt sich zu einem großen Kämpfer für die Sozialdemokratie.

Amalies früh verstorbener Mann, ein Chemiker, zählt zu den Pionieren der industriellen Entwicklung der 1860er-Jahre, die so viele faszinierende Erfindungen hervorbringt. So entwickelt Albert Eckstein eine Methode zur Herstellung von wasserdichten Pergamentschläuchen, »die beliebig langes Kochen vertrugen«[126], wie sich sein Sohn Friedrich erinnert. Fragt man sich, wo so ein Produkt Verwendung finden könnte, stößt man rasch auf das Militär, das auch noch von einer weiteren Erfindung Ecksteins profitiert. Es handelt sich dabei um »ein nicht dehnbares, sehr geschmeidiges, dabei aber gegen Nässe wenig empfindliches Druckpapier, das sich für die Herstellung von Generalstabskarten besonders zu eignen schien«. Aber auch in medizinischer Hinsicht schafft Albert Eckstein Neues, so erfindet er Eisbeutel aus Pergamentpapier. Und eine weitere Erfindung fördert die Sicherheit des Postverkehrs, denn Albert Eckstein stellt in seiner Pergamentpapierfabrik Sicherheitskuverts her, »die eine Beraubung von Geldsendungen ohne gänzliche Zerstörung der Briefhülle unmöglich machten«. Praktisch in Zeiten, in denen Geld noch per Post verschickt wird.

Zurück zu den Kindern. Polyhistor – was für ein wunderbares Wort. Als solcher wird Friedrich Eckstein bezeichnet. Doch was bedeutet dieser so altmodisch anmutende Ausdruck tatsächlich? Viel wissend. Oder Universalgelehrter. Etwas, das heute selten geworden ist, doch auf Friedrich Eckstein trifft es zu. Friedrich Torberg beschreibt ihn in seiner *Tante Jolesch*, natürlich in Zusammenhang mit einem Kaffeehaus, dem Café Imperial, dessen Stammgast Friedrich Eckstein ist: »Hochmusikalisch, in seiner Jugend aus reinem, reichem Hobby ein Schüler Anton Bruckners, enorm belesen und enorm gebildet, stand der alte Eckstein im Ruf, einfach alles zu wissen. Es gab keine Frage, die er nicht unverzüglich beantworten konnte, ja manchmal nahm er die Antwort ahnungsvoll und kenntnisreich vorweg, ohne die Frage abzuwarten. Man raunte sich zu, daß der große Brockhaus, wenn er etwas nicht wußte, heimlich aufstand und im alten Eckstein nachschlug.«[127]

Die Schwestern Therese
und Emma Eckstein

Der enorme Stellenwert, den Bildung im Haus Eckstein genossen haben muss, bringt auch zwei außergewöhnliche Frauen hervor: Emma Eckstein und Therese Schlesinger-Eckstein, die beide zu den Pionierinnen der Frauenbewegung zählen. Emma Eckstein gehört zu den ersten Patientinnen Freuds und ist – als seine Schülerin – ebenfalls als Psychoanalytikerin tätig. Zuvor jedoch – man kann es nicht anders ausdrücken – missbraucht Freud sie für ein Experiment: Ganz am Anfang der Psychoanalyse stehend, entscheidet er aus unerfindlichen Gründen, dass die psychischen Beschwerden Emmas durch eine Nasenoperation gelöst werden können. Diese Operation führt sein Freund Wilhelm Fließ durch, vergisst jedoch ein kleines Stück Gaze in der Wunde, und Emma verblutet fast an den Folgen. Freuds Theorie dazu mutet vollends abwegig an, unterstellt er Emma doch, Spontanblutungen herbeiführen zu können, »als unfehlbares Mittel, meine Zärtlichkeit wieder zu wecken«.[128] Die misslungene Operation Emmas ist aber auch in anderer Hinsicht von Bedeutung, denn Freud träumt wenige Tage nach der Operation, dass eine verschmutzte Injektion schuld an den Komplikationen sei. Diese Episode wird unter dem Titel *Irmas Injektion* die Initialzündung für die Traumdeutung.

Therese, die nach nur drei Ehejahren im Jahr 1891 bereits Witwe wird und durch Kindbettfieber zwei Jahre in Bett und Rollstuhl zubringen muss, lernt die Frauenbewegung durch Marie Lang näher kennen, die sich nicht nur für die Rechte der Frauen, sondern auch für den Komponisten Hugo Wolf einsetzt, der oftmals in der Unteracher Villa zu Gast ist. Doch dazu später. Bereits 1909 verfasst Therese eine kleine Broschüre mit dem Titel *Was wollen die Frauen in der Politik?* und beurteilt die Situation sehr realistisch: »›Die Politik ist Sache der Männer und Frauen haben sich nicht darum zu kümmern‹, so hören wir den Spießbürger sagen, so behaupten sogar noch immer viele Arbeiter und dieser Meinung ist heute leider auch noch der größte Teil der Frauen.« Zehn Jahre und einen entsetzlichen Krieg später zieht sie als eine der ersten Frauen und sozialistische Nationalrätin ins Parlament ein.

Zwei Schwestern, die am selben Strang ziehen, sich unermüdlich für die Rechte der Frauen engagieren und dazu beitragen, dass lang verschwiegene Themen auf den Tisch gelegt und offen diskutiert werden. So setzt sich Emma dafür ein, dass Dienstmädchen im Fall einer Schwangerschaft nicht entlassen werden, sondern Unterstützung finden. Man kann sich vorstellen, wie beliebt ein Arbeitsplatz im Haus Eckstein bei Dienstmädchen sein muss. Gleich wandern die Gedanken zur nahe gelegenen Villa Goldberger, denn Elisabeth Goldberger de Buda gestattet allen Ammen ihrer 17 Kinder, die eigenen Kinder mit ins Haus zu bringen – auch sie eine moderne und fortschrittliche Frau!

Die Schwestern Eckstein mögen kämpferisch sein – dies jedoch auf einem reflektierten geistigen Fundament. Das Entstehen der Frauenbewegung erklärt Therese Schlesinger mit wirtschaftlichen und intellektuellen Beweggründen. Ihr geht es nicht darum, die Männer zu bekämpfen, sondern die Vorurteile, »die der Frau ihre Rechte vorenthalten wollen, ob diese Vorurteile nun in Männer- oder Frauenköpfen stecken«[129].

In einem Artikel schildert Therese Schlesinger ihr Elternhaus und gibt Einblick in ein liberales bürgerliches Umfeld. »Die demokratischen und freisinnigen Grundsätze, in denen ich aufgewachsen bin«, schreibt sie im *Gedenkbuch 20 Jahre österreichische Arbeiterinnenbewegung* im Jahr 1912, »sind verbunden mit einem Geschichtsunterricht, der in besonderem Maße die Werte der Französischen Revolution vermittelt, und mit der klassischen deutschen Literatur« – offenbar eine Mischung, die Denken und kritisches Hinterfragen bei den zehn Eckstein-Kindern gefördert hat.

Auch einer der Brüder verbringt seine Sommer in der Unteracher Villa: Gustav Eckstein, der sich ebenfalls bereits als Schüler intensiv für die Sozialdemokratie engagiert und an einer Parteischule in Berlin lehrt, bis er aus Preußen ausgewiesen wird. Therese Schlesinger erlaubt in einer kurzen Lebensskizze über Gustav weitere Einblicke in das Familienleben. Es ist davon geprägt, dass nach dem frühen Tod des Vaters die Mutter das Kommando übernimmt und die Pergamentpapierfabrik mehr als 20 Jahre weiterführt – auch hier eine Parallele zu Elisabeth Goldberger de Buda (siehe Kapitel 10).

Bei der Lektüre dieses Textes wird rasch klar, warum alle Eckstein-Kinder eine so starke Affinität zur Sozialdemokratie haben, denn sie sind »inmitten des Lebens und Treibens der Fabrik aufgewachsen«.[130] Vater Eckstein kümmert sich wie so manch anderer Fabrikant um das Wohlergehen seiner Arbeiter: Die Eltern »hegten großes Interesse für diese Frage und versuchten manches wie die Verkürzung der Arbeitszeit und die Krankenversicherung im Rahmen ihres eigenen Betriebes vorwegzunehmen«, erzählt Therese. »Die Verbesserung der Lage der Arbeiter und deren politische Rechtlosigkeit bildeten häufig das Gesprächsthema am Ecksteinschen Familientisch.« Und beeinflussten Gustav gleichermaßen wie die anderen Kinder. »Diese Jugendeindrücke erweckten in Eckstein sehr frühzeitig warme Anteilnahme an dem Los des Proletariats und den Wunsch, an dessen Verbesserung mittätig zu sein.«

Aufgrund eines Lungenleidens schicken ihn seine Eltern für ein Jahr nach Davos, dort entschließt sich Gustav zu einer Ostasienreise, und die Schwester kann stolz berichten: »Er war der erste Sozialdemokrat, der Japan bereiste.« Seiner Gesundheit war die Reise jedoch nicht zuträglich: »Andere wären vielleicht leiblich gesundet zurückgekehrt. Er nicht. In Gustav Eckstein reckten die sozialistischen Ideen den Kopf empor und sprachen in feurigen Zungen zu ihm, ihn ließen sie nicht ruhen, ihn ließen sie aber nicht Gesundung finden. Vielleicht wäre er gesunden Körpers ein Mastbürger geworden. So blieb er der Mann der armen Leute.«[131]

Er befasst sich mit dem japanischen Familienrecht und publiziert darüber im Jahr 1908 ein Buch. »Japan zog Eckstein mit aller Macht an und seine erste größere Arbeit ist auf japanischem Boden entstanden und hieß ›Das Familienrecht der Japaner‹.« Nach Hause zurückgekehrt, studiert Gustav Rechtswissenschaften. »Hunderte junger Fabrikantensöhne studieren die Rechte und werden zu Doktoren promoviert. Aber dieser eine war so anders, so ganz, ganz anders. Krank von Kindheit an, wurde er eben ganz anders als die anderen, als die gesunden, als die gewöhnlichen, als die normalen Kinder. Er litt – der Fabrikantensohn! – an der Armeleutekrankheit, an der Tuberkulose. Wie wenn ein Fatum ihn hätte kennzeichnen wollen von Kindheit an als einen, der den armen Leuten ein

Führer zu werden berufen war. Als einer der ihren. Als armer Mensch.«

Auch Friedrich Eckstein verkehrt in fortschrittlich-liberalen Kreisen, Künstler und Schriftsteller zählen ebenso dazu wie der Wissenschaftler Sigmund Freud. Friedrichs Frau passt ganz zu seinen Schwestern: Bertha Diener, mit der er einen Sohn namens Percy bekommt. Mutter und Sohn ergreifen die gleiche Profession und machen sich als Schriftsteller einen Namen. Doch die Ehe scheitert bald, denn Bertha lernt bereits zwei Jahre nach der Hochzeit Theodor Beer kennen und lieben. Friedrich und Percy Eckstein bleiben zurück. Bertha schreibt unter dem Pseudonym »Sir Galahad« und berichtet über Reisen und gesellschaftspolitische Entwicklungen – eine einflussreiche, selbstbewusste und eigenständige Frau, genau wie ihre ehemaligen Schwägerinnen. Und sie ist in einen Skandal verwickelt, der auch Karl Kraus berührt: Der Vater ihres zweiten Sohnes Roger ist jener Theodor Beer, der eine Leidenschaft für das Fotografieren junger Knaben entwickelt.

Eine originelle und interessante Verbindung stellt Friedrich Eckstein zwischen dem damals noch sehr ungewöhnlichen Vegetarismus und der jungen Sozialdemokratie her, »die sich dem Vegetarismus vor allem als einem die Völker versöhnenden, auf eine bessere Zukunft hinweisenden Friedensideal zugewandt«[132] hat. Einer, der federführend in dieser Gruppe mitwirkt, heißt Viktor Adler. Er befindet sich noch ganz am Anfang seiner Karriere und ist intensiv mit Diskussionen über die sozialen Probleme befasst. Die Freundschaft Ecksteins mit ihm führt wiederum an den Attersee, wo Viktor Adler im nahe gelegenen Parschallen die Sommer verbringt. Hier finden die lebhaften Gespräche zwischen den Freunden ihre Fortsetzung.

Von besonderer Bedeutung in Friedrichs Leben ist jedoch die Musik. Als glühender Verehrer Anton Bruckners wird er dessen Privatschüler und später auch dessen Privatsekretär und verfasst eine kleine Biographie des verehrten Meisters. Das vegetarische Stammlokal Ecksteins in der Wiener Wallnerstraße entwickelt sich zu einem Treffpunkt für Musiker, auch Gustav Mahler gesellt sich hinzu – eine weitere Verbindung zum Attersee, verbringt er doch drei Sommer sozusagen vis-à-vis von den Ecksteins in Steinbach (siehe Kapitel 33). Ein Studienkollege Mahlers taucht ebenfalls auf: »Er sprach fast nie eine Silbe und seine Äußerungen waren zumeist ein feindselig scheues Knurren.«[133] Der Name des Einsilbigen ist Hugo Wolf. Friedrich freundet sich mit ihm an und ermöglicht die erste Drucklegung seiner Werke. Hugo Wolf wiederum macht Eckstein mit seinen Freunden Dr. Edmund und Marie Lang bekannt – jener Marie Lang, die Therese Schlesinger die Frauenbewegung näherbringt.

Der Komponist
Hugo Wolf

Um Wolf einen ruhigen Ort zum Komponieren zu bieten, stellt Eckstein dem Komponisten die Unteracher Villa zur Verfügung: »Das Gebäude liegt hart am See, der gerade in Unterach seine malerischen Seiten entfaltet. Eingeschlossen vom Höllengebirge, dessen Wände der Seeseite zu steil abfallen, und den Vorbergen des Schafbergs, bietet Unterach ein Bild völliger Abgeschlossenheit.«[134] So beschreibt Hugo Wolf sein Domizil, das ihm die erhoffte Inspiration bringt. Zwölf Eichendorff-Lieder entstehen hier zwischen dem 21. und dem 29. September 1888. »Der Schreckenberger erblickte in der Rettenbachwildnis bei Ischl am 14. September das Licht der Welt, und der Glücksritter im Postwagen auf dem Weg von Ischl nach Weißenbach.«[135]

Auch den Herbst 1890 verbringt Hugo Wolf in Ecksteins Villa in Unterach, zumeist ganz allein. Und tatsächlich scheint die Inspiration für ihn hier besonders stark zu sein, entstehen doch zahlreiche der Mörike-Lieder in der herbstlich-feuchten Kälte, die sich vom See kommend im ganzen Haus breitmacht. »Alle Lieder sind wahrhaft erschütternd komponiert. Mir sind oft genug dabei die Thränen über die Augen gerollt. Sie überragen an Tiefe der Auffassung alles Übrige von Mörike.« Wie herrlich, dass in Unterach so wunderbare Werke entstehen!

1910 errichtet die Liedertafel Vöcklabruck zur Erinnerung an den viel zu jung verstorbenen Komponisten eine Gedenktafel an der ehemaligen Villa Eckstein – schon 1901 war diese an Stefanie Wiedmann verkauft worden und heißt nun, wie die Zeitung berichtet, Villa »Steffi«[136]. Am 14. August 1910 findet dazu ein wahres Volksfest statt, doch wie es im Salzkammergut eben ist: »Strömender Regen rauschte hernieder.« Aber davon lässt sich niemand verdrießen. »Am Landungsplatze in Unterach wurden die Vöcklabrucker mit Musik und Pöllerschüssen festlich empfangen. Dann zogen sie in fröhlichem Marsche, von vielen Einheimischen und Sommergästen begleitet, ›unterm Regendache‹ zur reizenden Villa Steffi Wiedmann.«[137] Frau Wiedmanns Schwiegersohn Friedrich Münzer bittet die »Festgäste zu einem Imbiß und zur Besichtigung der Stätte, an welcher Hugo Wolf gewohnt hat.« Wie schön zu sehen, dass die neuen Eigentümer die Geschichte des Hauses und dessen frühere Bewohner in Ehren halten und sich auch dieser Verantwortung bewusst sind – auch dies erinnert an die Besitzer der Goldberger-Villa und die respektvolle Bewahrung der Jeritza-Schätze (siehe Kapitel 10).

Idyllische Villa

Apropos: Anlässlich des Verkaufs der Villa an Maria Jeritza im Jahr 1926 wird ein Inventar angefertigt, das einen guten Eindruck von der Ausstattung einer Sommerfrischevilla gibt. Im Speiszimmer gibt es neben Möbeln, Goldrandtellern, chinesischen Tellern und Silberbesteck ein Pianino und einen Notenständer – Musik spielt in den meisten Häusern eine wichtige Rolle. Im Salon wird gespielt – ein Spieltisch mit grüner Tuchplatte und ein weiterer zusammenlegbarer Spieltisch zeugen davon. Dazu sorgen diverse Fauteuils, bestickt mit Seide, eine Ottomane, diverse gepolsterte Sessel, kleine Tischerln, Lampen mit Perlfransen, verschiedenste Vasen, ein großer Spiegel und natürlich ein grüner Kamin für Gemütlichkeit.

Im ersten Stock befindet sich das sogenannte »Blaue Zimmer« mit Aussicht auf den See, ausgestattet mit blauen Betten, einem blauen Kasten und einem blauen Tisch, dazu gibt es zwei Ottomanen und einen großen Kasten, der Reserven beinhaltet – das ist bis heute im Salzkammergut üblich: Im Kasten befinden sich 46 Deckerln, Tischtücher, Pölster, Bettdecken und Bettüberwürfe. Und auch ein »Weißes Damenzimmer« gibt es: Wenig erstaunlich sind Betten und Kästen weiß, dazu gibt es ein geblümtes Sofa und ein Toilettetischchen samt Waschschüssel, Seifenschalen und Nachttopf. Auch im zweiten Stock befinden sich Zimmer, eines mit Aussicht auf die Villa Kaldi, ein zweites mit Blick in Richtung Villa Schostal. In einem der Nebenräume erstaunt eine »Kommode mit 222 Bildern« – was mag sich dahinter wohl verbergen? Ein weiteres Zimmer mit Blick auf den See und eines mit Blick zur Straße bieten jeweils einem Gast Platz. Das Mansardenzimmer mit Blick Richtung Villa Schostal ist wohl für das Personal vorgesehen: Es ist mit zwei Holzbetten samt Matratzen, dazu zwei Strohsäcken, einer Kommode und zwei Tischen ausgestattet.

Besondere Bedeutung haben – wie bei allen Sommervillen – die Veranden, die mit Korbsesseln, Tischen, einem Spieltisch, Blumenkisten und Liegestühlen bestückt sind. Im sogenannten »Seelusthaus« findet sich eine Mischung aus Sport und Jagd. Ein Geweihluster bietet den nötigen rustikalen Charme, ein Boot und ein Schwimmring sorgen für den maritimen Charakter. Ja, und auch eine Gartenschneidemaschine befindet sich hier.

Dies alles findet Maria Jeritza vor.

17 *Baron Poldi* und *Bagage!*. Zwei Schlüsselromane rund um Maria Jeritza

Unterach, Jeritzastraße 36

Maria Jeritza erwirbt 1929 die Villa Eckstein und auch gleich das gegenüberliegende Haus für ihre Gäste und lässt daraus ein großzügiges Anwesen entstehen. Sie selbst wird im Kaufvertrag nicht als Opernsängerin, sondern als Gutsbesitzerin bezeichnet. Dieser Kauf ist auch den Zeitungen eine Meldung wert: Der Garten des »Hauses am See« »wird geradezu feenhaft ausgestattet werden, dafür sprechen jetzt schon die raffinierten Anlagen, welche für die elektrische Beleuchtung des Seegartens getroffen worden sind. In ihnen wird manche Sommernacht in magischem Zauber erstrahlen.« Und auch als Tourismusmagnet erhält der Star gleich Vorschusslorbeeren: »Unter den vielen Gästen, die Jeritza – Baronin Popper – auf ihrem Sommersitz in Unterach bewirten wird, werden sich nicht nur ihre Wiener Freunde, sondern auch Ausländer befinden, die von der Schönheit des Erdenwinkels am Attersee sicherlich begeistert sein werden. So trägt die große Sängerin auch bei, mit ihrem Ruf den der herrlichen Berg- und Seenwelt Oberösterreich weit über die Grenzen unserer Heimat hinaus zu tragen.«[138]

Am 17. August 1929 wird Maria Jeritza Ehrenbürgerin Unterachs – und die Straße, an der alle ihre Villen liegen, wird praktischerweise gleich in Maria-Jeritza-Straße umbenannt.

Nicht zu Unrecht. Denn die Jeritza erweist sich – unter anderem – als großzügige Wohltäterin der Unteracher Kinder: 180 davon lädt sie 1930 in ihre Villa zur Jause und beschenkt sie großzügig. Die Zeitungen berichten alle Details: Für die Buben gibt es »Automobile, Raketenwagen, Kegelspiele, Mundharmonikas, Pferde, Reiter, Wagen, für die Mädchen Puppen, Brettspiele, Bälle, Kinderküchen und vieles andere.« Einblick in die Kinderwelt anno 1930. Selbstverständlich lässt auch die Jause keine Wünsche offen: »Da gab es ein Wogen und Drängen der Kinderschar und die Kinder-

1931 lässt sich Maria Jeritza im Garten ihrer Villa fotografieren.

freundin Jeritza, die mit lieben Worten begleitend Schokolade, Kakao sowie Kuchen, anderes Gebäck und Kuchen austeilte.« Ein Event: »Die Ortsmusik spielte zu dieser Kinderjause. Zahlreiche Boote, mit Einheimischen und Sommergästen besetzt, ließen sich auf dem See vor der Villa ›Seegarten‹ hin und her treiben und verfolgten mit lebhaftem Interesse das frohe Treiben der Kinder.«[139] Nicht erst Facebook, Instagram & Co. haben den Voyeurismus salonfähig gemacht …

Und mit gehöriger Sensationslust geht es auch weiter: Warum verlegt ein bekannt antisemitischer Autor einen Schlüsselroman über eine Operndiva und deren jüdischen Mann in einem Verlag, der vor allem Judaica herausgibt?

Diese kuriose Mischung führt zu einem nicht weniger kuriosen Gerichtsprozess der Jahre 1930 und 1931. *Bagage! Reigen um eine Sängerin* aus der Feder Dietrich Arndts, erschienen im Herbst 1930, erregt die Gemüter, denn auch ohne viele Nachforschungen liegt für Zeitgenossen auf der Hand, dass Maria Jeritza im wenig schmeichelhaften Mittelpunkt steht. Der Prospekt des Verlages lässt Schmutziges erwarten: »Dieser Roman ist kein Schlüsselroman, sondern ein Dokument unserer Zeit, das nur ein Mann schaffen konnte, der selbst in dem Morast aller Verderblichkeit lebte, ohne in ihm zu ersticken.«[140] Es erweist sich tatsächlich als etwas mühsam, sich durch die zahllosen Intrigen, verletzten Eitelkeiten, finanziellen Malaisen und Familienstreitigkeiten des Romans zu kämpfen, die – peinlich für alle Beteiligten – auch in der Öffentlichkeit heftig diskutiert werden. Das Pseudonym des Autors wird gelüftet, er entpuppt sich als Roderich Müller-Guttenbrunn, dessen Schwägerin Grete Leihs von Lainburg Jeritzas Sekretärin und Kammerzofe gewesen war. Diese hatte nach anfänglicher Euphorie festgestellt, dass sie ausgenützt wird und für die verehrte Diva lügen muss, um sicherzustellen, dass sich deren verschiedene Liebhaber nicht die Klinke in die Hand geben. Ein sicher anstrengender Job, der aus Sicht des jungen Mädchens zu wenig gewürdigt wird. Außerdem tritt ein neuer Liebhaber in das Leben der Diva, der dem jungen Mädchen äußerst unsympathisch ist.

Einige Jahre zuvor war unter dem leicht zu dechiffrierenden Titel *Baron Poldi* schon ein erstes, wenig erfreuliches Buch über Jeritzas zweiten Ehemann erschienen. Ein Cousin Leopold Poppers namens Robert Schenk verarbeitet darin seine Erfahrungen im Zusammenhang mit undurchsichtigen Finanztransaktionen Poppers, deretwegen er diesen dann auch noch vor Gericht zerrt. Und das ist nicht der einzige Prozess, mit dem das Ehepaar Popper-Jeritza konfrontiert ist: Eine Tante Leopolds, Emma Cahn-Speyer, der es peinlich ist, den Namen Popper in der Öffentlichkeit beschmutzt zu sehen, schließt sich dem Reigen der Kläger an, ein schmieriger Erpresser nutzt die Gunst der Stunde, und die Sekretärin vulgo Kammerzofe verklagt die Jeritza. Sozusagen als Showdown folgt dann die Veröffentlichung von *Bagage!*. Was für eine Blamage, werden doch in dem Prozess, den Maria Jeritza und ihr Mann gegen die Verbreitung des Buches führen, die höchsten Kulturverantwortlichen als Zeugen einvernommen. Der Generalintendant der Wiener Staatsoper, Franz Schneiderhan, muss seine Eindrücke von dem Roman zu Protokoll geben. Auf die Frage, ob er jemanden erkannt habe, erklärt er, er sei nicht unbefangen gewesen, denn »der Überbringer hat mich gefragt, ob ich das Buch über die Jeritza schon gelesen habe. Ich habe den Eindruck gehabt, daß mit der Person der Lavita Frau Jeritza gemeint ist.«[141] Auf Nachfrage, worauf sich dies denn konkret stütze, meint Schneiderhan, »daß der Werdegang und die Entwicklung der Lavita so geschildert werde, daß diese Darstellung nur auf Frau Jeritza passe.« Und auch der umtriebige und einflussreiche Konzertveranstalter Hugo Knepler kommt zu einem ähnlichen Ergebnis. Wenig überraschend, dass die Wiener Gesellschaft sich um Plätze im voll besetzten Verhandlungssaal rauft …

Der Prozessreigen verhilft dem Buch natürlich zu unverhoffter Popularität: Zweimal wird es beschlagnahmt – und 2000 verkaufte Exemplare im ersten Monat zeigen, dass negative Schlagzeilen das beste Mittel für Verkaufssteigerungen sind.

Ein bisschen platt ist es natürlich, Leopold Popper als Graf Schleim zu bezeichnen, und die Jeritza in Lavita umzubenennen – viel Phantasie brauchen die Leser bei diesen Namen wahrlich nicht. Ähnlich geringe Mühe bei der Verschleierung porträtierter Personen macht sich auch ein anderer, weitaus prominenterer Sommergast vis-à-vis in Steinbach: Heimito von Doderer, der seine *Strudlhofstiege* in der Villa seines Onkels skizziert und ebenso wenig Wert darauf legt, die wahren Identitäten seiner Romanfiguren zu verschlüsseln (siehe Kapitel 31).

Der Aufwand, den die Jeritza und ihr Ehemann betreiben, um die Verbreitung des Romans zu verhindern, spricht Bände. Mehrere hundert Seiten umfasst ein Schriftsatz der Anwälte, in dem jede einzelne kompromittierende Stelle des Romans analysiert wird – was das Interesse erst recht anheizt. Kein Wunder, denn der Schriftsatz konzediert, »daß in dem Roman auch wirkliche Begebenheiten aus dem Leben der Jeritza und ihres Gatten geschildert werden, daß Darstellung äußerer Lebensumstände in den Roman eingefügt sind, die in fast sämtlichen nicht beleidigenden Einzelheiten aus dem tatsächlichen Leben der Privatkläger entnommen sind.«[142] Das macht die Lektüre umso interessanter. Sogar Leopold Popper-Podhragy gibt zu Protokoll, dass so manche Episode der Wahrheit entspricht, so die heimliche Hochzeit oder Einzelheiten der Reise nach Amerika. »Die Schilderungen des Romans stimmen auch insofern mit der Wirklichkeit überein, als Jeritza in Amerika zunächst in einer deutschen Rolle in der ›Toten Stadt‹ und dann in einer italienischen Rolle als Tosca aufgetreten sei.«[143]

Auch abseits des eigentlichen Prozessinhalts gibt das Protokoll interessante Einblicke, etwa in die Welt der Adorantinnen: »... das sind Mädchen, zumeist nicht mehr ganz junge ..., die der Sängerin Blumen bringen und sich darum streiten, für sie Wege zu machen. Manchmal gibt es große Eifersuchtsszenen zwischen den Jeritza-Enthusiastinnen«, berichtet Jeritzas Köchin Lucy Samuely, um gleich ihrerseits in Schwärmerei zu verfallen. Auf die Frage des Richters, wer denn die Jeritza als Göttin bezeichnen würde, meint Samuely ganz euphorisch: »Das bin doch ich. Ich spreche immer von Frau Jeritza als meiner Göttin.«

Der Autor Roderich Müller-Guttenbrunn weist zu Beginn des Prozesses noch alle Anschuldigungen von sich. Er beruft sich – so auch zu Beginn seines Romans – auf ein Zitat aus Goethes *Faust*: »Greift nur hinein ins volle Menschenleben! Ein jeder lebt's, nicht vielen ist's bekannt, und wo ihr's packt, da ist's interessant. In bunten Bildern wenig Klarheit, viel Irrtum und ein Fünkchen Wahrheit, so wird der beste Trank gebraut ...«[144] Das kann natürlich auch als anmaßend interpretiert werden. Jedenfalls wird Müller-Guttenbrunn zu einer Geldstrafe von 2000 Schilling verurteilt, die Verlegerin Olga Bauer-Pilecka zu 500 Schilling und Leopold Poppers Cousin Robert Schenk zu einem Monat Arrest.[145] »Der Roman wird für verfallen erklärt.«[146] Wie kann dann das Exemplar von *Bagage!*, das sich in meinem Besitz befindet, im Jahr 1931 erschienen sein? Wahrscheinlich war eine Neuauflage aufgrund der breiten Presseberichterstattung letztlich doch lukrativ ...

Im Zuge des Prozesses wird mehrfach auch der von Leopold Poppers Cousin Robert Schenk verfasste, 1926 erschienene Roman

Verlegerin Olga Bauer-Pilecka, die behauptet, mit der Jeritza nicht bekannt zu sein, in Unterach, *Die Bühne*, 25.7.1925

```
DIETRICH ARNDT          ........... RODERICH MÜLLER - GUTTENBRUNN
FRITZ VON KENNER        ........... ROBERT VON SCHENK (II KENNEDY)
GYMNASIALDIREKTOR VON BUSCHMANN ... MINISTERIALRAT LEISS VON LEINBURG
ANNA VON BUSCHMANN      ........... GRETE VON LEISS
HERR VON LICHT .......... PERBER
DOKTOR TREU ............. von REDLICH
FREUNDIN RESI ........... RISA HADIL
GUSTI LAVENDEL .......... JEDLICKA
PETER VON GÖRNITZKY ..... GRAF POTOCKY
GRAF KARL VON SCHLEIN ... BARON ALEXANDER POPPER mit Söhnen
                               LEOPOLD, FRITZ, ERNST
BIANCA SAVEDRA .......... BLANCHE MARCHESI
BARON TELENY ............ GRAF TELEKY
DIREKTOR RICHARDS ....... STRAUSS
GENERALDIREKTOR WIER .... SIMON KRAUSZ
CAPITAINE ZÖLLNER ....... HAUPTMANN HAUTITH
" CLAQUECHEF " .......... SPIEGLITZ
GRÄFIN ANNA SEBEN - TIELEN ... SEHERR - TOSS
MAX JUDAS ............... DR. MAX BLOCH
JOHN BROWN .............. BRAUN
DIREKTOR HACKEN ......... SCHALK
SIEGMUND KIEL ........... KAHN
SEKRETÄR HÜBNER ......... PAUL LÜFTNER VON ERINNERSTORFF
```

Die Proponenten von *Bagage!*

Baron Poldi erwähnt, der die Grundlage für *Bagage!* geliefert haben soll. Und aus der Ausgabe, die sich in der Österreichischen Nationalbibliothek befindet, flattert beim Durchblättern plötzlich ein alter Zettel heraus: Er liefert die »Auflösung« zu allen handelnden Personen in *Bagage!*. Offenbar wurde dieses Buch auch schon im Jahr 1930 zu Hilfe genommen, um Licht in die Affäre zu bringen.

Natürlich ist auch *Baron Poldi* mit Vorsicht zu genießen, doch neben den detaillierten Schilderungen der Geschäftsmethoden Leopold Poppers lässt sich zwischen den Zeilen auch die Atmosphäre im Hause Popper erahnen. Alexander Popper, Leopolds Vater, hatte seinerzeit Blanche Marchesi de Castrone geheiratet, »ein sehr schönes, blondes, hochgewachsenes Mädchen, voll Geist und Temperament, in Paris, in künstlerischer Atmosphäre erzogen«, beschreibt Robert Schenk wahrheitsgemäß. Und folgert daraus richtig: »Was Wunder, daß sie den reichen Freiherrn Alexander von Proppe [Alexander von Popper ist unschwer zu erkennen] mehr zu fesseln verstand als alle Töchter der in Betracht kommenden Familien, die in der damals hergebrachten, prüden und puritanisch nüchternen Art aufwuchsen, welche als Normalstimmung der wahrhaft vornehmen Gesellschaft galt.«[147] Doch interessiert sich Alexander ausschließlich für seine Geschäfte, jedes gesellschaftliche und kulturelle Leben geht an ihm vorbei – wenig überraschend, dass sich die lebenslustige Pariserin langweilt und eigene Wege geht. Ob die von Schenk geschilderte Situation stimmt oder nicht: Der Vater des dritten Kindes ist ungewiss. Es kommt, wie es kommen muss, das Ehepaar lässt sich scheiden, Blanche kehrt mit ihrem dritten Sohn nach Paris zurück und reüssiert dort als Opernsängerin.

Eigenartigerweise findet das Porträt dieser Blanche Marchesi de Castrone, gemalt von Salomon J. Salomon, im Dezember 2017 den Weg in meinen Haushalt – sie hat für den Attersee nicht nur als Schwiegermutter der Jeritza, sondern auch als Lehrerin von Selma Kurz Bedeutung (siehe Kapitel 14).

Die beiden älteren Söhne von Alexander und Blanche, Leopold und Fritz, verbleiben in der Obhut des Vaters, ihr Leben wird von wechselnden Kindermädchen und Hofmeistern als einzigen Bezugspersonen bestimmt. Und vom übermächtigen Vater, der für seine Arbeit lebt und keinerlei Anteil am Leben zu Hause nimmt, dessen Gesellschaft sich ausschließlich aus Geschäftsfreunden rekrutiert und der keinerlei Interesse an sozialem Leben oder Kultur

Blanche Marchesi
de Castrone, Gemälde
von Salomon J. Salomon,
1902

zeigt. Man kennt diese Schilderungen auch aus anderen Familien, doch hier werden die Folgen eines Elternhauses ohne Liebe besonders deutlich. Manches mag im Roman Schenks übertrieben geschildert sein, doch die Grundaussage entspricht wohl der Realität der damaligen Zeit. Manche Passagen werden wortwörtlich in *Bagage!* übernommen und zeugen vom engen Zusammenhalt zwischen Schenk und Müller-Gutenbrunn.

Dann betritt die Sängerin Anna Maritza die Szene – unschwer ist Maria Jeritza zu erkennen, einmal mehr zweifelt man an der Absicht des Autors, die Vorbilder seiner Figuren überhaupt zu verschleiern. Und auch hier schimmert bei aller Übertreibung des Romans die Realität durch, denn die Schilderung der Beziehung der beiden Hauptfiguren zeigt wohl kein ganz falsches Bild: Hier die berühmte Sängerin, die in aller Welt gefeiert wird und Unsummen verdient, dort der junge Baron, der sich – eloquent, charmant und ein begnadeter Blender – von seiner Frau aushalten lässt und selbst keinerlei wirtschaftliche Erfolge vorweisen kann. Zwei starke

Persönlichkeiten, die sich nichts schuldig bleiben und dennoch nicht voneinander lassen können. Beide erfreuen sich der Bewunderung des anderen Geschlechts, Jeritza wird umschwärmt von Generaldirektoren und anderen Prominenten, und auch Popper feiert Erfolge, wenngleich keine geschäftlichen. Beide bewegen sich in einer Scheinwelt, beherrscht und geblendet von Geld – und alles steht auf tönernen Füßen. Teil dieser gemeinsamen Scheinwelt ist auch das große Anwesen in Unterach, das die Finanz- und Kunstwelt anzieht. Dazu zählt unter anderem Eugen Káldi, Generaldirektor des ungarischen Automobilclubs und Kunstsammler, der die Villa Franz Teweles erwirbt (siehe Kapitel 15) und auf dessen Balkon die Jeritza für das Cover der *Bühne* posiert.

Für den amerikanischen Bankier Otto Kahn veranstaltet Leopold Popper am 18. September 1923 ein großes Diner, an dem die Spitzen der Politik und Industrie teilnehmen – viele von ihnen kennen sich aus dem Salzkammergut: Erwähnter Eugen Káldi ist ebenso dabei wie der Industrielle Wilhelm Kestranek aus dem benachbarten St. Gilgen.

Dieses Diner entfacht ein Jahr später eine antisemitische Hetzkampagne, unter anderem in der Zeitschrift *Die Leuchtrakete* unter dem Titel *Hitlerpredigt*: »Meine sehr verehrten Brüder!/Übt die Fäuste, stählt die Glieder!/Lernet, wie man fromm und bieder/Jud und Sozi knüppelt nieder!/Denn die Zeit ist just gekommen,/Wo der Geist, der nationale,/Neu ist von uns ausgesponnen,/Kommt zum blutgen Bacchanale!/Lernet, wie man schwingt den Knüppel,/Das Turnen pflegt nach Vater Jahn!/Sitzt bei Popper mit Herrn Kahn!/ Hinaus mit die Sozi, hinaus mit dem Jud!/Wir sind die Ritter vom Hakenkreuzblut!/Wir bleiben die Hüter der Nehmerzunft –/Wenn uns der Sozi nicht übertrumpft.« Unterzeichnet von »Elander«.[148]

Die Ehe zwischen der Jeritza und Leopold Popper kann auf Dauer nicht funktionieren, 1935 lassen sie sich scheiden. Im selben Jahr heiratet Maria Jeritza Winnie Sheehan, der in der amerikanischen Filmindustrie eine gewichtige Rolle spielt und ihr neue Türen öffnet.

18 Kaltwasserseife. Das ideale Produkt für den Attersee?

Unterach, Jeritzastraße 38

Sommerfrische bedeutet immer auch Verzicht auf Komfort. Für den Genuss der schönen Landschaft, der herrlichen Seen, der guten Luft nehmen die Sommerfrischler einen gewissen Mangel an Bequemlichkeit in Kauf. Badezimmer finden sich nur in wenigen Sommervillen, in manchen Unterkünften gibt es nicht einmal Fließwasser im Haus. Aber das macht alles nichts, die Schönheiten wiegen die Unannehmlichkeiten bei Weitem auf. Wozu braucht man Badezimmer, wenn vor der Tür ein wunderbarer, türkisblauer, glitzernder See liegt? Und es ist selbstverständlich üblich, dass man sich im See wäscht – doch womit?

Hier kommt eine Familie ins Spiel, die eine komfortable, stattliche Villa ihr Eigen nennt und in Wien eine Seifenfabrik betreibt – mit einer Kaltwasserseife als Hauptartikel. Wer denkt da nicht sofort an die gewöhnungsbedürftigen Temperaturen der Salzkammergutseen? Und was zeichnet eine Kaltwasserseife aus? Sie ist auf

der Basis von Terpentin hergestellt – das klingt nicht gerade appetitlich. Doch auch heute noch ist in allen Drogerie-Märkten die altbewährte Hirsch-Seife zu finden, damals ein Konkurrenzprodukt zu »Bauer's Spezial-Kaltwasser-Seife«, dem Starprodukt der Parfümerie- und Toiletteseifenfabrik Josef Bauer.

Am 24. Jänner 1900 verkündet das *Amtsblatt zur Wiener Zeitung* die Eintragung der Firma Josef Bauer & Co, Fabrik der k. und k. ausschließlich privilegierten Bauer's Special-Kaltwasser-Seife, mit den Gesellschaftern Josef und Rosa Bauer in der Rothenhofgasse 43 in Wien-Favoriten. Zuvor hatte sich die Seifenfabrik in Rudolfsheim bei Wien befunden, bereits am 9. August 1886 mit einem Privileg auf Kaltwasserseife ausgestattet.[149] Mit 13. November 1887 erhält Rosa Bauer auch noch ein Erfindungs-Privileg auf eine Kaltwasserseife.

Der aufwendig gestaltete Briefkopf des Geschäftspapiers

Josef und Rosa Bauer haben vier Kinder, ihre Tochter Jeannette heiratet Ludwig Schostal, der in die Fabrik einsteigt. In erster Ehe war Jeannette mit Rudolf Siebenschein verheiratet, und hier wird die Sache pikant: Jeannettes Schwester Irene heiratet in zweiter Ehe – Rudolf Siebenschein. Die Schwestern haben also den Ehemann getauscht, ein doch etwas ungewöhnlicher Vorgang.

Am 2. September 1919 erwirbt Jeannette Schostal die Villa in Unterach, 20 Jahre später gibt ein Schätzungsprotokoll genauen Einblick: »Das Landhaus ist ein äußerst solider Bau in Massivziegelmauerwerk. Es ist im Alpenstile gehalten, von einem Parke umgeben und hat eine hochwasserfreie Lage. Man genießt von hier aus eine herrliche Aussicht über den oberen Teil des Attersees, das gegenüberliegende Burgau und Weißenbach mit dem Höllengebirge.«

Der Besitz besteht aus der Villa, einem Boots- und Badehaus, einem Gartenhaus, einer Garage mit Waschküche und natürlich einem Garten, teils mit Obstbäumen bepflanzt. Alle Fenster der Villa haben außen Jalousien, auf der Seeseite befinden sich eine Glasveranda und mehrere Balkone, alle Stockwerke verfügen über Fließwasser und elektrisches Licht. Das Haus ist geräumig und komfortabel: Das Wohnzimmer ist mit einer Wandverkleidung aus Lärchenholz ausgestattet, das Herrenzimmer hat einen Holzplafond, seine Wände sind mit Zirbenholz vertäfelt. Hinzu kommen noch ein Speiszimmer und drei Schlafzimmer, alle mit Kachelöfen. Im Boots- und Badehaus befinden sich zwei Badekabinen und Raum für ein Ruderboot und ein Motorboot.

Ein gediegener Besitz also, in dem das Ehepaar Schostal – immer von Juni bis September – geruhsame Sommer in anregender Gesellschaft verbringen kann. Jeden Frühling schreibt Jeannette Schostal an Anna Renner, die das Haus in Unterach betreut, dass sie doch das Haus für den Sommer bereit machen möge. Auch im Frühling 1938 folgt ein solcher Brief mit der Bitte, alles zu putzen, doch müsse diesmal das Gehalt reduziert werden. Frau Renner schließt daraus, dass das Ehepaar »in Geldknappheit«[150] ist. Den Sommer 1938 verbringen Jeannette und Ludwig Schostal jedoch nicht mehr in Unterach. In Wien gibt es genug Probleme mit der Fabrik, und dem Ehepaar steht der Sinn nicht nach Sommerfrische. Es wäre am Attersee wohl auch nicht sehr freundlich begrüßt worden. Jeannette und Ludwig müssen das Land so rasch wie möglich verlassen, doch braucht Jeannette eine Steuerunbedenklichkeitserklärung. Diese bekommt sie jedoch nicht, weil die Unteracher Villa mit einer Summe von 26 121 Reichsmark belastet ist.

Das Ehepaar Radio-Radiis setzt sich mit Jeannette in Verbindung und bietet an, die Villa um den Betrag der Hypothek zu kaufen. Im Rückstellungsakt hört sich das folgendermaßen an: »Um weiterer nazistischen Verfolgungen zu entgehen – der Gatte der Antragstellerin war vom Ariseur seiner Wiener Fabrik und seines Wiener Grundbesitzes den schwersten Verfolgungen und Bedrohungen ausgesetzt – sah sich die Antragstellerin gezwungen, mit den Antragsgegnern einen Kaufvertrag auf dieser vorerwähnten Basis abzuschließen.« Eines der üblichen Argumente in den Rückstellungsverfahren seitens der Beklagten lautet immer, dass der Verkauf der Liegenschaft schon lang vor der Machtergreifung geplant und daher der erfolgte Verkauf rechtens war.

Doch die zuverlässige Hausbetreuerin Anna Renner widerlegt dies: »Von einem Verkauf habe ich bis etwa Juli 1938 nichts gehört. Erst im Juli 1938 erschien ein Zahnarzt von Wien Dr. Bruno Weiss, und ich fragte ihn, ob er die Villa kaufen wolle, weil ich mir schon gedacht habe, dass sie nicht mehr kommen, weil es den Juden damals schon schlecht gegangen ist, und ich gewußt habe, dass das Ehepaar Schostal jüdisch war. Im Jahr 1939 glaub ich im Herbst kamen dann die Antragsgegner und sahen sich die Villa Hlawatsch (Inhaberin Mitzi Hlawatsch, Arierin, deren Gatte Isidor Jude war) an, die ihnen jedoch nicht zusagte. Diese Villa war damals auch zu verkaufen. Hierauf sahen sie sich die Villa der Antragstellerin an und zwar auf meine Empfehlung und schlossen dann tatsächlich den Kauf mit den Antragstellern ab. Die Frau Radio-Radiis hat mir damals gesagt, die Antragsteller seien arme Leute und sie hätten ihnen heimlich noch Geld gegeben, wieviel weiss ich nicht. Damals hatte man den Antragstellern die Fabrik in Wien schon weggenommen. Dies hat mir Frau Schostal damals erzählt. Die Antragsteller waren über den Kauf bzw. Verkauf sehr zufrieden. Dies weiss ich, weil mir das die beiden Schostals geschrieben haben. Es ist dies der

Brief vom 15. April 1939, der mir vorgehalten wurde und beim Akt liegt.«

Erwähnte Briefe liegen tatsächlich dem Rückstellungsakt bei und sprechen eine deutliche Sprache: »Meine liebe Frau Renner! Ich danke Ihnen für das gesandte Packerl und Ihren lieben Brief, der mich wirklich freute. Also heute ist die Villa von reizenden Menschen gekauft worden, und ich wünsche von Herzen, dass dieselben sich in der Villa wohlfühlen mögen. Bitte geben Sie das gelbe Service und den Schaukelsessel in die Villa, denn ich habe es der Dame versprochen. Ihnen schicke ich eine kleine Aufmerksamkeit und grüße Sie herzlichst. Ihre immer an Sie denkende Jeannette Schostal

Liebe Frau Renner! Auch ich kann diese Gelegenheit nicht ungenutzt lassen Ihnen für alles herzlichst zu danken. Sie bekommen für uns bestimmt einen gleichwertigen Ersatz, es sind entzückende feine Menschen, die die Villa gekauft haben. Also nochmals vielen Dank und herzliche Grüße von Ihrem Ludwig Schostal«[151]

Eine schwierige Situation. Die Beklagten Alfred und Emma Radio-Radiis sagen 1947 Folgendes aus: »Da ich die Antragstellerin selbst als einen anständigen Menschen kennengelernt habe und schätze, so können diese lügenhaften Behauptungen, die im Rückstellungsantrag enthalten sind, unmöglich von ihr stammen, dürften vielmehr auf Informationen gewissenloser dritter Personen zurückzuführen sein, auf die der Anwalt der Antragstellerin infolge der Abwesenheit seiner Klientin angewiesen war.«[152]

Die Sachlage erweist sich tatsächlich als diffizil: Das Ehepaar Radio-Radiis bezahlt für die Villa an die Bank jenen Betrag, der der Hypothek entspricht – und ein wenig mehr an das Ehepaar Schostal. Die Schostals hätten die Villa zwar zu diesem Zeitpunkt niemals freiwillig verkauft – doch immerhin bezahlt das Ehepaar Radio-Radiis einen adäquaten Betrag dafür. Aber eben zum falschen Zeitpunkt. Das Ehepaar Radio-Radiis erwirbt nach 1938 noch weitere Liegenschaften rund um den Attersee, doch im Fall des Ehepaars Schostal kann an dem Verkauf – mit Ausnahme des Zeitpunktes –

nichts Unredliches gesehen werden. Sind die Schostals nach dem Krieg wirklich von einem Anwalt ausgenützt worden?

Am Ende des Prozesses kommt es zu einem Vergleich: Die Schostals erhalten den Besitz zurück, müssen aber den Kaufpreis retournieren – kurz gesagt: Sie kaufen ihren eigenen Besitz zurück. Nur wenige Monate später verkaufen sie ihn um einen weitaus höheren Betrag. Ob dies irgendjemanden glücklich macht, sei dahingestellt. Denn ob sie den Erlös nach Amerika ausführen dürfen, bleibt offen. Üblicherweise wird die Ausfuhr verboten, das Geld muss in Österreich bleiben. So manches spricht dafür, denn Jeannette und Ludwig Schostal kehren Jahr für Jahr für einige Monate nach Österreich zurück, zum letzten Mal im Jahr 1956. Zwei Jahre später stirbt Ludwig in New York, Jeannette folgt ihm 1964 nach.

19 Von der Ölindustrie auf die Bühne.
Familie Geiringer

Unterach, Jeritzastraße 42

Die Vernetzung der Unteracher Sommerfrischler entwickelt sich von einem grobmaschigen Gewebe immer mehr zu einem dichten, kompakten und strapazierfähigen Stoff. Schon bei den Geschichten rund um Selma Kurz (siehe Kapitel 14) wird dies augenscheinlich, doch nun kommt ein weiterer Puzzlestein hinzu – eine weitere großartige Sängerin: Hilde Güden. Man fragt sich allmählich, welche Bewandtnis es mit Unterach hat: eine große, bunte, vielfach miteinander verwandte Sommerfrischegesellschaft, die drei der wichtigsten Sängerinnen des 20. Jahrhunderts hervorbringt, fördert und bewundert: Selma Kurz, Maria Jeritza und Hilde Güden.

Beginnen wir bei Hilde Güdens Großvater Max Geiringer. Dessen Cousine Marianne Schlesinger ist das Bindeglied zwischen zwei Unteracher Familien: Der Onkel ihres Mannes heiratet in die nahe gelegene Eckstein-Villa, die Tante ihres Mannes besitzt die ebenso nahe Baum-Villa und ist gemeinsam mit ihrer Schwester Hermine die große Mäzenin von Selma Kurz. Marianne steht also im Zentrum der Unteracher Sommerfrischegesellschaft. Ihr Bruder Ernst und ihr Cousin Max Geiringer bekleiden wichtige Positionen in der Ölindustrie-Gesellschaft, die Speiseöl, meist aus Raps, produziert. Gegründet im Jahr 1872, vereinigt sie Fabriken in Österreich, Ungarn und Triest – ein internationales, äußerst erfolgreiches Unternehmen, dessen Generaldirektor in den 1930er-Jahren Max Geiringer ist. Mit seiner Frau Hulda hat er drei Kinder, Lilly, Heddy und Fritz. Lilly ist Schauspielerin und heiratet 1921 18-jährig den nicht unumstrittenen Industriellen Josef Kranz, der außerdem 40 Jahre älter ist – zehn Jahre später lassen sie sich scheiden.

Zuvor war Kranz bereits durch private und berufliche Skandale in die Schlagzeilen geraten: 1916 hatte er die 30 Jahre jüngere Schriftstellerin Gina Kaus adoptiert, um dem Verhältnis zu ihr einen – wenn auch eigenartigen – offiziellen Touch zu geben. Gleichzeitig geriet er 1917 mit einem Prozess wegen Preistreiberei in die Schlagzeilen. Doch das spielte sich vor Lillys Zeit ab.

1929 beschließt Lilly, zum Theater zu gehen, und tritt am Volkstheater und auf der Renaissancebühne mit einigem Erfolg auf, auch wenn die Zeitungen höfliche Umschreibungen finden: Im Stück *Garten Eden* am Volkstheater »bewies sie nicht nur das Talent, zu spielen, sondern auch das Talent, entzückend auszusehen und sich hervorragend elegant anzuziehen«. So schreibt sich die *Bühne* am 2. Jänner 1930 elegant aus der Affäre, näher auf die schauspielerischen Leistungen eingehen zu müssen. Stattdessen bildet sie drei der Toiletten ab.

Lilly Geiringer – mehr Mannequin als Schauspielerin. *Die Bühne*, 2.1.1930

Eine Woche später schafft es Lilly sogar auf das Cover der *Bühne* – wenn die junge Frau eines windigen Großindustriellen der Fadesse ihres Alltags entfliehen will und auf der Bühne Ablenkung sucht, hat die Gesellschaft endlich ein Gesprächsthema.

Und doch besticht sie: »Das hat Lilly Kranz den Berufsschauspielerinnen voraus«, analysiert die *Wiener Sonn- und Montags-Zeitung* am 5. Mai 1930. »Daß das Publikum mit ihr fühlt und denkt, daß es die Bedeutung des Abends für sie miterlebt und um ihren Erfolg bangt.« Doch dies bleibt unbegründet, denn sie »übt den bestrickenden Charme ihrer kleinen Persönlichkeit auf alle aus, die sie sehen, ihr Erscheinen auf der Bühne ist ein Erfolg, noch bevor sie begonnen hat, in das Spiel einzugreifen.« Darum geht es offenbar auch gar nicht: »Der Abend stand im Zeichen der gesellschaftlichen Sensation, die jedes Auftreten Lilly Kranz' bedeutet. Das Publikum freute sich über den Erfolg der jungen Frau.« Und die Berichterstattung konzentriert sich auf die neuesten Modelle, die Lilly auf der Bühne trägt.

Ein Jahr vor Lilly heiratet ihre Schwester Heddy ebenfalls einen Industriellen: den Seifen- und Glyzerinfabrikanten Silvio Silviani aus Fiume. Der Name wirkt wie aus einer Operette, und tatsächlich: Silvios Vater heißt Ignaz Levi und produziert als türkischer Staatsbürger in Triest Seifen. 1909 appelliert er an die Hohe Pforte, seine in Österreich hergestellten Produkte als türkische zu klassifizieren, um den gerade herrschenden Boykott österreichischer Waren zu umgehen und ins türkische Reich liefern zu können.

Lillys und Heddys Bruder Fritz, 1894 als Italo Fritz Giovanni geboren – auch hier herrscht also Italienliebe – erwirbt 1922 eine Villa in Unterach, die er zwei Jahre später seinem Vater verkauft. Fritz scheint in verschiedener Hinsicht eine zwiespältige, komplexe Persönlichkeit gewesen zu sein – Verwaltungsrat der Ölindustrie-Gesellschaft, gleichzeitig fanatischer Nazi der ersten Stunde und privat oft in schwierigen Situationen. Nach dem Krieg wird er als Vertreter der SPÖ in den Gemeinderat von Unterach einziehen. Seine erste Frau Frida Brammer ist Schauspielerin und die Tochter zweier Schauspieler des Hofburgtheaters – ein Erbe, das in der nächsten Generation wieder durchschlagen wird. Frida war bereits mit sechs Jahren im Jahr 1904 am Hofburgtheater aufgetreten, besticht mit zehn Jahren durch ihre erstaunliche Sprechtechnik und spielt mit 13 Jahren in Linz in der *Puppenfee* und in einem Kinder-Kabarett. 1917 heiratet sie Fritz Geiringer und verschwindet von der Bühne. Zwei Töchter, Stella und Hulda, folgen, 1923 wird die Ehe wieder geschieden, da hat Fritz gerade die Villa in Unterach erworben.

Vier Jahre später geht Fritz mit der Schauspielerin Johanna Raenkler eine neue Beziehung ein, die sich allerdings als sehr schwierig erweist. Fritz übersiedelt ganz nach Unterach, Johanna behält wohlweislich noch einige Jahre ihre Wohnung in Wien – als Fluchtort, denn Fritz nimmt es offenbar mit der Treue nicht sehr genau. 1932 schreibt er an Johanna einen offiziellen Brief: »Ich verpflichte mich, wenn Obige zu mir nach Unterach zurückkehrt, treu bei mir aushält und allen Pflichten, die man billigerweise an eine Frau stellen kann, nachkommt, ihr als Taschengeld ab 1. November 1932 monatlich S 200,--, ferner für den Wohnungszins vierteljährlich S 100,-- zu bezahlen. Außerdem verspreche ich ihr, im Winter während schlechter Witterung einige Zeit in Wien zu verbringen. Sollte ich ihr grundlos das Haus weisen oder aber ihr durch schlechte Behandlung (Gründe, die rechtlich als Scheidungsgründe aus Alleinverschulden gelten) ein Weiterleben zusammen unmöglich machen, habe ich die obige Summe bis zu ihrer anderweitigen Versorgung zu bezahlen. Ferner werde ich nach Maßgabe meines Einkommens für ihren Lebensunterhalt und Bekleidung Sorge tragen.«[153] Johanna gibt nach und lässt ihre Wohnung in Wien auf – trotzdem verbringt sie oft mehrere Wochen fern von Unterach, wo sich Fritz nun in anderer Art und Weise betätigt: Er engagiert sich für die örtlichen Nationalsozialisten und unterstützt viele illegale Aktionen, wie sein ehemaliger Nachbar Robert Eisler (siehe Kapitel 12) bestätigt: »Geiringer organisierte alle die jungen Rowdies des Dorfes zu einer Bande und war natürlich der Führer ihrer Aktio-

Villa Geiringer

nen, wenn sie auf dem Schafberg und auf dem Elferkogel Feuer in
Form von Hakenkreuzen anzündeten, Feuerwerke zur Explosion
brachten und friedliche Leute einschüchterten. Er zahlte für ihre
Verteidigung, wenn sie verhaftet wurden und diente ihnen als Heh-
ler für ihren Schriftwechsel und für ihre lokalen Mittel.«[154]

Doch das Jahr 1938 bringt ein böses Erwachen, denn durch seinen Vater gilt Fritz als Halbjude, nicht unbedingt die beste Voraussetzung für ein starkes Nazi-Engagement. Er wehrt sich mit allen
Mitteln und will seine politische Heimat nicht aufgeben. Robert
Eisler erinnert sich weiter: »Als die Nazis die Macht in Österreich
übernommen hatten, proklamierte sich Geiringer offen als Partei-
mitglied und brüstete sich mit seinen Untergrund- und Finanz-
diensten für die Partei. Er behauptete, Arier zu sein, nicht der Sohn
seines jüdischen Vaters – dem er tatsächlich so ähnlich ist, wie nur
ein Sohn seinem Vater gleichsehen kann – sondern in Folge einer
angeblichen, vollkommen erfundenen ehebrecherischen Verbin-

dung seiner arischen Mutter (welche in Wirklichkeit eine in jeder Beziehung respektable Frau und Mutter mit keinerlei romantischen Neigungen war).« Robert Eisler pflegt keinerlei freundschaftliche Beziehung zu seinem Nachbarn, der ihm das Leben in der Sommerfrische erschwert, ihn als Kommunisten bezeichnet, woraufhin seine Bibliothek durchsucht wird, und – schon vor dem Jahr 1938 – Schießübungen hinter der Villa Eisler organisiert. Nach dem Anschluss verschärft sich die Situation zunehmend, wie Robert Eisler schreibt: »Im April 1938 denunzierte er mich beim Gestapo-Chef in Linz wieder als gefährlichen Bolschewiken und ließ mich verhaften. Der Gestapo-Inquisitor legte mir in seinem Linzer Bureau die geschriebene und unterzeichnete Beschuldigung meines ›Tür-Nachbars‹ Fritz Geiringer vor. Es bestand keinerlei Mystik hinsichtlich der Person, die meine Verhaftung bewirkt hatte.« Und Fritz Geiringer hat letztlich Erfolg mit seinen Aktionen: Die Nazis behelligen ihn nicht, er behält sein Haus – der Dank für das langjährige Engagement.

Im Herbst 1938 kommt es zu einer weiteren Krise mit Johanna – ihre Schwester erwischt Fritz in flagranti mit dem Dienstmädchen, und er fühlt sich bemüßigt, Johanna zu beschwichtigen – der Ton seines Versuches zeigt, dass er sich in einer ungewöhnlichen Situation befindet: »Einen Vorwurf kann ich Dir bei dieser Gelegenheit nicht ersparen, Du hast es nie verstanden, mich richtig zu behandeln. Mit Schroffheit ist bei einem leider zu impulsiven Charakter nichts getan, ich bin ein ziemlicher Widerspruchsgeist, aufbrausend, mitunter jähzornig, aber sofort mein Unrecht einsehend und einem guten Wort wehrlos ausgeliefert.« Nach einer Entschuldigung klingt das nicht. Und auch der handschriftliche Nachsatz in sehr großen Lettern verstärkt diesen Eindruck: »Hebe den Brief gut auf. Es ist der erste und letzte, der in der Art von mir geschrieben wurde.« Sie hebt den Brief gut auf, er wird ihr später als Beweismittel wertvolle Dienste leisten.

1938 verkauft Fritz einen Teil seines Besitzes an Johanna, um sie, wie er später schreibt, abzusichern, 1942 verfasst er noch ein

Testament zu ihren Gunsten und bezeichnet sie darin als seine Verlobte. Doch ein Jahr später folgt die nächste Affäre, und Johanna lässt sich nicht mehr beschwichtigen. Sie trennt sich von Fritz. Das führt im Jahr 1947 zu einem üblen Rückstellungsverfahren, das Fritz gegen Johanna anstrengt – doch in diesem Fall spricht die rechtliche Situation ganz klar für Johanna, die das Vorgehen auch anhand seiner Briefe belegen kann. Im Jahr 1948 kommt es zu einem Vergleich – in diesem Jahr ist Fritz SPÖ-Gemeinderat von Unterach. Er erhält ein Vorkaufsrecht, das er jedoch nie in Anspruch nimmt, und verpflichtet sich, Johanna »zur Abfertigung ihrer Unterhaltsansprüche« 10 000 Schilling in Raten zu bezahlen: 2500 sofort, den Rest quartalsweise – und dies auf bemerkenswerte Weise abgesichert gegen allfällige Währungsschwankungen: »Im Falle einer Währungs- oder Kaufkraftänderung wird der gegenwärtige Schwarzbrotpreis als Bemessungsgrundlage für die noch nicht geleisteten Zahlungen vereinbart. Preisänderungen bis zu 10% finden keine Berücksichtigung. Es wird einverständlich festgestellt, dass 1 kg Schwarzbrot derzeit in Vöcklabruck S 1.90 kostet. Sohin sind für S 2.500,-- 1316 kg Schwarzbrot zu erhalten.«[155]

Fritz' Tochter aus der Ehe mit Frida Brammer, die große Opernsängerin Hilde Güden, debütiert 1937 als Hulda Gerin an der Volksoper in der Benatzky-Operette *Herzen im Schnee*, 1939 singt sie in der Zürcher Oper. Der Dirigent Clemens Krauss besteht 1941 darauf, sie an die Münchner Staatsoper zu engagieren, obwohl sie den »rassischen« Voraussetzungen der Nazis in keiner Weise entspricht. 1942 wird die Situation zu gefährlich und Hulda Gerin geht nach Rom. 1947 startet sie ihre große Karriere als Hilde Güden an der Wiener Staatsoper und gehört zu den Mitgliedern des legendären Mozart-Ensembles.

Mit ihrem Vater und seiner zweiten Frau Hildegard steht sie in gutem Kontakt und verbringt gemeinsam mit ihrem Sohn viele Sommer in Unterach. Seine Erinnerungen an den Großvater sind liebevoll und voller Respekt – ein versöhnlicher Schlusspunkt.

20 Turbinen und Affen. Der große Erfinder Viktor Kaplan

Unterach, Kaplanstraße 31

Beim Durchstöbern des Grundbuches Unterach findet sich die Ein-antwortungsurkunde nach dem Tod Viktor Kaplans im Jahr 1934, und sie macht auf einen Blick bewusst, dass hier ein großer Erfinder, ein reger Geist und ein fleißiger Mensch sein Leben beendet hat. Drei Seiten, einzeilig beschrieben, listen alle Patente auf, die Kaplan im Lauf seines Lebens angemeldet hat – von Kanada und den Vereinigten Staaten über alle europäischen Länder bis nach Japan.

Mit nur 58 Jahren stirbt Kaplan in Unterach an den Folgen eines Schlaganfalles, ein früherer hatte ihn bereits zwölf Jahre zuvor gezwungen, etwas kürzerzutreten. Er war damals nach Unterach übersiedelt, nicht ohne sich dort einen Maschinensaal einzurichten, um weiterforschen zu können.

Ihren Anfang nimmt Kaplans Erfinderlaufbahn 1901 in der Leobersdorfer Maschinenfabrik, die Pionierarbeit in Bezug auf Dieselmotoren und Wasserturbinen leistet – das ideale Arbeitsumfeld für einen jungen, aufstrebenden Techniker. Er möchte aber noch mehr lernen und wechselt daher nach zwei Jahren Praxis an die Technische Hochschule in Brünn. Hier erwartet ihn ein anregender wissenschaftlicher Austausch ebenso wie ein bestens ausgestatteter Maschinenraum. Und er nutzt diese Ressourcen konsequent: Eine effiziente Wasserturbine, besonders für große Wassermengen geeignet, will er entwickeln. In unermüdlicher Forschung verbessert er zunächst bestehende Modelle, ersinnt am Ende aber doch seine ganz eigene, neue Turbine, die er 1912 zum Patent anmeldet. Doch noch ist alles Theorie, erst 1922 erblickt die perfekte Propellerturbine das Licht der Welt und revolutioniert die Industrie, die durch den Ersten Weltkrieg sehr in Mitleidenschaft gezogen wurde. Vor allem Energiequellen wie Kohle und Holz sind durch den Krieg teils nicht mehr zugänglich, teils fast völlig aufgebraucht. Die Wasserkraft jedoch bleibt erhalten und bietet eine Alternative – sofern sie effizient genutzt werden kann. Kaplan erreicht mit seiner Entwicklung eine Verdreifachung der Umdrehungen gegenüber der bisher üblichen Francis-Turbine. Außerdem verringert er die Anzahl der Schaufeln und vergrößert deren Abstand – damit können sich Äste oder Steine nicht mehr so leicht verfangen. Die höhere Drehzahl verkleinert die Turbine zudem – sie ist leichter und daher auch billiger und kann rascher produziert werden.

Brünn bleibt Kaplans Heimat, wissenschaftlich und privat. Und sein Ruhm nimmt zu, auch außerhalb wissenschaftlicher Zirkel: 1917 lädt ihn die Wiener Urania, eine der wichtigsten Institutionen der Volksbildung, zu einem Vortrag über das Thema »Das Wesen und Werden der Erfindungen« ein. Nach seinem Tod hält sein Kollege Alfred Lechner einen Vortrag über den viel zu jung verstorbenen »Erfinder der modernen, schnelllaufenden Niederdruckturbine«, selbstverständlich mit Lichtbildern für das bessere Verständnis.[156]

»Über 3 Millionen PS beträgt die Gesamtleistung der in aller Welt heute aufgestellten Kaplan-Turbinen, die stärkste Turbine dieser Bauart leistet 75.000 PS«, schreibt stolz das Lexikon *Österreichische Naturforscher und Techniker* im Jahr 1951.

Doch der zermürbende Kampf um die Anerkennung des Patents und zahlreiche gerichtliche Auseinandersetzungen fordern ihren Tribut: 1922 erleidet Viktor Kaplan einen Schlaganfall, von dem er sich nie mehr vollständig erholen wird – trotzdem forscht er unverdrossen weiter. Die Zeitung *Arbeiterwille* bringt die Situation auf den Punkt und prangert den Kampf an, »der mit dem körperlichen Zusammenbruch des Erfinders Kaplan endete«[157].

1920, zwei Jahre vor seinem ersten Schlaganfall, erwirbt Viktor Kaplan sein über Unterach gelegenes Anwesen mit dem Namen »Rochuspoint«. Dessen Besitzer hatten zwischen 1881 und 1920 fast alle zwei Jahre gewechselt – nur zwischen 1896 und 1912 war ein wenig Kontinuität unter einer Familie eingetreten. An die Grunderwerbskommission schreibt Viktor Kaplan: »Ich bin Universitätsprofessor, gedenke jedoch, in nächster Zeit meine Lehr-

Die Villa Orient am Rochuspoint

stelle aufzugeben und mich in das Privatleben zurück zu ziehen. Ich habe eine Erfindung – den Kaplan-Motor – gemacht. Aufgabe meines restlichen Lebens ist der Ausbau und die Verwertung meiner Erfindung. Zu diesem Behufe gedenke ich mich in die gekaufte Villa zurück zu ziehen und daselbst meiner Aufgabe zu leben. Meine freien Stunden werden der Landwirtschaft gewidmet sein. Derzeit wird mein Vater dem Gute vorstehen, bis es mir möglich ist, dauernd hierher zu übersiedeln.«[158]

Kaplan verbringt viel Zeit in Unterach und forscht hier unermüdlich weiter – die Einträge in seinem Gästebuch[159] zeigen erstaunlicherweise nur vereinzelte Kontakte zu den Sommerfrischlern rund um den Attersee. Dafür empfängt er das Who is Who der Elektrotechniker und Forscher seiner Zeit, die im Maschinensaal und dem eigenen Kraftwerk im Park Entwicklungen, Verbesserungen und Neuerungen diskutieren und auch ausprobieren können. In der Ruhe und Abgeschiedenheit des prächtigen Besitzes kann sich der Geist besonders wirkungsvoll entfalten: Unterach als Eldorado für die Forschung.

Auch Industrielle dürften zu den Besuchern Kaplans gehört haben. Der am Ufer vis-à-vis ansässige Prager Industrielle Emil Kolben (siehe Kapitel 24) etwa erzeugt in seinem Betrieb Kaplan-Turbinen – die Herren kennen einander aus der Sommerfrische am Attersee, in der eben auch wichtige Kontakte geknüpft werden.

Seine Bekanntheit rund um den Attersee verdankt Kaplan jedoch nicht nur seinen bahnbrechenden Erfindungen, sondern vielmehr einer Attraktion auf völlig anderem Gebiet: einem Affenpärchen, das es 1933 auch in die Zeitungen schafft. Ausgebrochen aus dem Käfig, verwüstet es Kaplans Arbeitszimmer und delektiert sich an Banknoten im Wert von 1000 Schilling – ein gefundenes Fressen für die Medien. Was heute sehr ungewöhnlich anmutet, nämlich Affen als Haustiere zu halten, ist in Kaplans Tagen keineswegs unüblich, wie unzählige Inserate in Tageszeitungen schon ab den 1870er-Jahren belegen. 1873 hält auch der berühmte Zoologe Gustav Brehm in Wien einen Vortrag und bringt »zahlreiche überraschende Züge aus dem Gemüths- und Geistesleben dieses Thieres zur Kenntniß«[160]. In den 1920er- und 1930er-Jahren kommt es sogar zu einer regelrechten Affen-Mode, die Tiere spielen Hauptrollen in Filmen und zählen zu den Stars der europäischen Revuen und Kabaretts.

Das Schicksal von Kaplans Affen nach dessen Tod beschäftigt einmal mehr die Zeitungen: Die Tiere »wurden im Auto nach Wien gebracht und befinden sich bei der bekannten Tierfreundin Frau Direktionsrat Spitzer in Neuwaldegg. Dort warten die beiden Tierchen auf einen neuen Herrn.«[161] Begleitet wird der Bericht von einer rührenden Zeichnung der offenbar verzweifelten Tiere.

Heute erinnert die Gemeinde Unterach mit einem Weg und mehreren Gedenktafeln an Viktor Kaplan – ein Angedenken, das vielleicht auch andere bedeutende Sommergäste verdient hätten.

»Zwei Affen suchen ein neues ›Herrl‹«, verkündet die *Illustrierte Kronen-Zeitung* am 21.12.1934.

21 Entfesselter Neid tötet gebildete Kultiviertheit.
   Der Berghof

Unterach, Unterburgau 1

Im Jahr 1876 erwerben die »Schöpfer« des Semmerings einige große Grundstücke in Unterburgau, einer Art Enklave am Attersee, gehört dieses Areal rein verwaltungstechnisch doch zur jenseits des Berges gelegenen Gemeinde St. Gilgen am Wolfgangsee. Die drei Herren Leo Herzel von Hertberg, Nikola Ceruta und Eduard Louis Todesco planen, hier eine neue Gartenstadt zu schaffen, ähnlich jener in Reichenau. Doch aus diesem Plan wird nichts, und 1891 kaufen drei weitere Herren den umfangreichen Besitz: Eduard Brüll, Julius Schwarz und Bernhard Strisower. Ihr Vermögen haben sie mit einem Großhandlungshaus erwirtschaftet, nun begründen sie ein Netzwerk aus Familien und Freunden, das den ganzen Attersee umspannen und eine vielfältige, bunte und in verschiedenster Hinsicht faszinierende Sommerfrischegesellschaft bilden wird.

Bernhard Strisower, einer der
Erwerber des Berghofes

Der Besitz umfasst mehrere Gebäude, jedes von einer der drei Familien bewohnt – und über allem schweben Musik und Literatur, Künstler gehen ein und aus, zahlreiche Werke haben hier ihren Ursprung. An Inspirationsquellen mangelt es auch wirklich nicht: der Blick über den weiten See, die Berge im Hintergrund, einsame Spaziergänge und lebhafte Diskussionen, Musizieren und Schwimmen, Tennispartien und Tarock, Feste in der Sonne und gemütliche Regennachmittage auf den Veranden – Sommerfrische in ihrer perfekten Ausformung.

Musik ist ein integrativer Bestandteil der Sommerfrische – in keiner der Villen rund um den Attersee fehlt ein Klavier, es wird vierhändig gespielt, man macht Kammermusik und singt – jeder trägt nach seinem Können bei. Und das Können der meisten ist beachtlich. Auch Gäste, die nur für einige Tage bleiben, reihen sich in den künstlerischen Alltag ein. Auf dem Berghof steht der Komponist Ignaz Brüll im Zentrum, der vielen Kollegen freundschaftlich verbunden ist: Karl Goldmark, der Komponist der Oper *Die Königin von Saba*, verbringt von 1891 bis 1914 jeden Sommer auf dem Berghof, wie der Besitz nach einer der Villen genannt wird. Er reist per Kutsche an, »das war stets ein Jubel, wenn die Köpfe der zwei Schimmel am Tor auftauchten«[162], erinnert sich Ignaz' Schwester Hermine, die mit Julius Schwarz verheiratet ist. Beim abendlichen Musizieren hört Goldmark zu, blickt aus dem Fenster des Musikzimmers, raucht und lässt »den schönen, milden Abend auf sich wirken, der durch die Musik noch erhöhten Eindruck machte«. Was für eine verzauberte, friedliche Atmosphäre.

Johannes Brahms, der den Sommer in Ischl und Gmunden verbringt, zählt ebenfalls zu Ignaz Brülls engstem Freundeskreis. Und natürlich Gustav Mahler im etwas näher gelegenen Steinbach (siehe Kapitel 33). Er radelt auf den Berghof, um seine neueste Symphonie mit dem Kollegen und Freund zu spielen. »Ignaz spielte sie mit Mahler prima vista, so, als ob er die Symphonie schon gekannt hätte; ich sang das Urlicht«, schreibt Hermine Schwarz in ihren Erinnerungen an den Bruder. Es ist Sommer 1895, zahlreiche lange

Ignaz und Friederike Brüll. Zu beachten: Ignaz hält bereits ein Notenheft in Händen (links). Ignaz Brüll widmet diese Fotografie seiner Nichte Risa Horn (rechts).

Besprechungen mit Brüll folgen, denn Mahler steuert auf sein nächstes Karriereziel zu: die Direktion der Hofoper, die er 1897 tatsächlich erhält. »Mahler kam nach Wien und wurde bejubelt, gefeiert, geliebt, aber auch angefeindet.« Hermine Schwarz bringt die schwierigen Jahre auf den Punkt. Aber auch Brüll selbst ist nicht untätig und komponiert – »nur die Amseln in den hohen Tannen hörten ihn und wetteiferten im Gesang mit seinem Spiel.«

Am Abend rudert man auf den See hinaus oder spaziert auf den Wiesen und genießt den Sonnenuntergang und die Stille der anbrechenden Sommernacht. Radfahren ist große Mode, und so stehen immer wieder auch Radpartien auf dem Programm, manchmal führen sie sogar bis nach Bad Ischl.

1907 stirbt Ignaz Brüll viel zu jung und hinterlässt eine große Lücke. »Immer seh' ich ihn vor mir mit seinen lieben blauen Augen, in denen ein ganzes Himmelreich lag«, schreibt Hermine Schwarz am Ende ihres Büchleins. Karl Goldmark kommt auch nach dem Tod des Freundes jeden Sommer wieder, spielt mit Hermine

Schwarz weiter vierhändig oder lauscht Hermines Tochter Hansi, die ihm Lieder vorsingt. »Wenn Hansi, wie es ihre Art ist, am Klavier saß, sich selbst begleitete und auswendig ein Lied nach dem anderen mehr vor sich hinsang, versammelte sich der ganze Berghof bei uns.« Hansis Schwester Clara besitzt ein anderes Talent: Sie karikiert das Berghofleben und porträtiert liebe Freunde wie Karl Goldmark. Dieses Bild hängt später in Hermines Zimmer – wo es sich heute befindet, bleibt offen.

Diese Zeichnung von Clara Schwarz zeigt Ignaz Brüll am Klavier im Kreise aller großen Komponisten, die deutlich zu erkennen sind. Ganz rechts sitzt Karl Goldmark.

In den Sommern 1910 bis 1912 mietet einer der wichtigsten und einflussreichsten Verleger eines der Häuser des Berghofes: Samuel Fischer, der von seinem Autor Felix Salten, einem Freund des Hauses, dort eingeführt wird. Fischers Tochter wird später zauberhafte Lebenserinnerungen verfassen – meine Ausgabe davon, ein Geschenk meiner Großmutter aus den 1990er-Jahren, nehme ich oft zur Hand, denn die Schilderungen treffen wohl auch ihr eigenes

Empfinden dieses Lebens. Brigitte Fischer, genannt Tutti, führt direkt hinein in diese Welt: »Unser Landhaus war bewachsen mit wildem Wein, an grünen Spaliergittern rankten sich die Äste der Aprikosenbäume empor. Von dem hölzernen Balkon, der um das erste Stockwerk herumlief und mit Jugendstilschnitzereien verziert war, hatte man einen herrlichen Blick auf den Attersee und auf die Berge ringsum.«[163] Und auch in diesem Bericht sind die Häuser mit Musik erfüllt. Ignaz' Witwe Marie lässt die junge Brigitte an ihren eigenen Erinnerungen teilhaben – und erzählt von den Besuchen Johannes Brahms'. »Überall hingen Photos von ihm und Manuskripte lagen auf dem Flügel, auf dem er selbst viel musiziert hatte. Sie erzählte von Brahms' Besuchen und wie sehr ihn alle geliebt hatten trotz seiner schwierigen Gewohnheiten.«

Brigitte selbst erlebt noch Karl Goldmark in seinen letzten Berghof-Sommern – sein Zimmer liegt neben dem Spielplatz: »Wenn wir Kinder dort herumtollten, steckte er seinen weißhaarig-ehrwür-

Karl Goldmark, gern gesehener Gast am Berghof

digen Kopf, der von einem schwarzen runden Käppchen bedeckt war, aus dem Fenster.«

Auch Hugo von Hofmannsthal zählt zu den Gästen des Berghofes. 1910 liest er hier die ersten beiden Akte des *Rosenkavaliers* vor. »Wir hatten einen großen Eindruck von diesem Werk voller Poesie, Geist und Humor«, zitiert Brigitte Fischer ihre Mutter. »Mir blieben immer die Verse der Marschallin im Gedächtnis: ›Die Zeit, die ist ein sonderbar[es] Ding.‹« Das Gedenkbuch für Hofmannsthals Sohn Raimund, der 25 Jahre später seine Sommer in Schloss Kammer am oberen Ende des Sees verbringen wird, tragen den englischen Titel *A Rosenkavalier*.

Die Töchter von Julius und Hermine Schwarz: Clara, Hansi und Nelly. Daneben Hansi und Clara, ordentlich adjustiert im Dirndl, 1885

Die nächste Generation wächst heran und erfüllt den Berghof mit Leben: Hermines Töchter Clara, verheiratet mit Paul von Sonnenthal, dem Sohn des verehrten Hofschauspielers; Hansi, verheiratet mit Julius von Landesberger, Präsident der Anglo-österreichischen Bank;

und Nelly, verheiratet mit dem Architekten Oskar Marmorek, der rund um den See einige Villen erbaut (siehe Kapitel 10). Drei Töchter – drei ganz unterschiedliche Männer. Und doch kommen alle mit ihren Familien Sommer für Sommer auf dem Berghof zusammen, bringen Freunde mit und erleben unbeschwerte Wochen gemeinsam mit ihren Cousinen Hanna Breuer und Minni Hupka, Risa Strisower-Horn und Anna Strisower-Pantz. Auch kleine Skandale beschäftigen die Sommergesellschaft: Risa Strisower etwa wird mit dem 20 Jahre älteren Librettisten Victor Léon in der Unteracher Kirche erwischt – in einer wenig andächtigen Situation (siehe Kapitel 13).

Risa Horn, ganz im Geiste des Jugendstils gemalt von Victor Scharf

Doch dies erweckt vor allem Amüsement und lenkt nicht weiter vom Segeln, Schwimmen, Tennisspielen, von Bergtouren und Kartenrunden, vom Lesen und Schreiben, vom Musizieren und Festefeiern ab. Die Bewohner des Berghofes stellen sich auch gern und oft wohltätigen Initiativen zugunsten des Ortes zur Verfügung. Zur Zeit der Monarchie begehen alle gemeinsam Kaisers Geburtstag am 18. August, immer mit einer Wohltätigkeitsveranstaltung verbunden, von den Sommergästen selbst gestaltet. Da singt Hansi Schwarz, begleitet von ihrem Onkel Ignaz Brüll, Victor Léon dichtet einen herzergreifenden Prolog, und alle, die nicht persönlich mitwirken, kommen als Zuschauer, spenden Beifall – und Geld. Sie sorgen dafür, dass die Ärmsten des Ortes besser versorgt werden, die Schulkinder Kleidung erhalten und nicht auf Weihnachtsgeschenke verzichten müssen. Ein selbstverständliches Engagement zu Zeiten, in denen der Staat nicht für alle einspringt.

Dies setzt sich auch in der Zwischenkriegszeit fort, die Spenden fließen weiter – und die Sommergesellschaft freut sich, helfen zu können, verbunden mit einer amüsanten künstlerischen Darbietung, die allen Freude bereitet.

Die nächste Generation führt die traditionelle Sommerfrische fort – ein Foto von Hansi Landesbergers Kindern Hanni und Susi, aufgenommen Mitte der 1930er-Jahre, vermittelt Fröhlichkeit und liebevolle Zuneigung ebenso wie Stil und Eleganz inmitten eines sorgsam gepflegten parkartigen Gartens am Ufer des Sees im sogenannten »Waldschlössl«. Hansi Landesberger hat nach dem frühen Tod ihres Mannes Rudolf Nemetschke geheiratet, der vor allem

Die eleganten Schwestern Anni Pantz und Risa Horn, 1930er-Jahre

durch seine Segelleidenschaft auffällt und dem das Waldschlössl und die Villa Friedl gehören, am Ufer des Sees Richtung Weißenbach gelegen.

Plötzlich, im Jahr 1938, ist alles anders. All diese Menschen, kultiviert, gebildet und sozial denkend, gelten als Feinde. Sie sind vogelfrei, den Quälereien eines Terrorregimes ausgeliefert. Was macht sie so hassenswert? Was geht in Menschen vor, die andere drangsalieren, foltern, vertreiben und töten?

Genau dies erfahren die Bewohner des Berghofes, ihre Familien und Freunde. Barbarische Horden bestimmen, dass kultivierte Menschen plötzlich keine Rechte mehr haben – Besitz, Kultur, ja Leben gelten nichts mehr. Wieso? Neid und Missgunst fördern die niedrigsten Instinkte zutage. Und zerstören Werte, Würde, Menschenleben – eine ganze Kultur, die Mitteleuropa geprägt hat. Eine Kultur des Respekts, des liberalen Denkens, der Offenheit. Mit einem Handstreich wird all dies zunichtegemacht – und der Mob übernimmt die Macht. Nun folgt die Zeit des primitiven Kleingeistes – der Besitz wird zerstört, die Eigentümerinnen, die fest an ein offenes und demokratisches Österreich geglaubt hatten, werden entwürdigt. Der Pöbel siegt über die Kultur. Zwei der drei Schwestern werden es nicht überleben. Clara Sonnenthal erträgt die Erniedrigung nicht und vergiftet sich im Pariser Exil. Ihre Schwester Nelly Marmorek stirbt 64-jährig in Cannes. Allein ihre Schwester Hansi Nemetschke überlebt als Juana in Buenos Aires. Ihre Cousine Risa Horn setzt ihrem Leben 1939 in Paris ein Ende. Eine weitere Cousine, Minni Hupka, flüchtet nach Holland und gerät in die Fänge der Nazis. Am 7. April 1944 wird sie von Westerbork aus nach Theresienstadt deportiert, von dort am 9. Oktober 1944 weiter nach Auschwitz, wo man sie am 11. Oktober 1944 ermordet. Sie hat keinem Menschen etwas zuleide getan. Warum dürfen all diese älteren Damen nicht in Frieden zu Hause, umhegt von der Familie sterben?

In der Zwischenzeit streiten die Nazi-Behörden um den Besitz – seine wahre Bedeutung bleibt ihnen jedoch völlig fremd. Bonzen gegen Allgemeinheit, so lautet das Match – alles muss verstaatlicht

Risa Horn, gemalt von
Clemens Pausinger

werden. Bauern und Südtiroler Aussiedler erhalten den Zuschlag. Aus den von Musik und Kultur geprägten Räumen werden Massenquartiere, die Möbel verschwinden, werden gestohlen und abtransportiert – niemand weiß, warum und wohin.

Die eigentlichen Eigentümer müssen sich auch nach dem Krieg mit Niedertracht, Neid und Böswilligkeit auseinandersetzen – die Zweite Republik bietet alle zur Verfügung stehenden bürokratischen Hürden auf. Ein entwürdigendes Szenario. Nach vielen Streitigkeiten erhalten die Eigentümer ihren Besitz zurück – doch ihre Zeit ist vorbei. Sie verkaufen – aber mit welchen Gefühlen? Trauer, Wut und Verletzung über unmenschliche Demütigungen und Mord überschatten die wunderbaren Jahrzehnte voller Kultur, Musik, Freude und unbeschwerter Freundschaft. Und doch: Unserer Generation wurde dieser längst vergangene Geist noch vermittelt und vorgelebt – was für eine Leistung nach all dem Grauen. Mit unendlicher Dankbarkeit gedenken wir all derer, die unser Leben und Denken im Sinn von Offenheit, Liberalität und Kultur geprägt haben.

Heute herrscht auf dem liebevoll renovierten Berghof wieder Interesse für die Vergangenheit und all die Menschen, die das Leben an diesem wunderbaren Ort geprägt haben. Ein positiver Blick in die Zukunft.

22 »Darf ich Ihnen meine Briefmarkensammlung zeigen?« Der reiche Sammler und sein Berater

Burgau, Unterburgau 3

Sigmund Friedls Geschäft beginnt ganz klein. Mit seiner verwitweten Mutter übersiedelt er aus dem mährischen Leipnik, einem der Zentren der aufstrebenden Zuckerindustrie, nach Wien und eröffnet dort ein Papiergeschäft samt Druckerei. Nicht sehr bemerkenswert. Doch er hat ein ungewöhnliches Interesse: Briefmarken. Noch sind die Sammler rar, aber Friedls Begeisterung bringt den Markt in Schwung. Mit seinem Briefmarkenhandel »macht« er ein neues Produkt. Die Rechnung geht auf, Papiergeschäft und Druckerei gehören bald der Vergangenheit an, und er kann sich ausschließlich seinen geliebten Briefmarken widmen. Um ihnen noch mehr Aufmerksamkeit zu verschaffen und die Philatelisten zudem umfassend zu informieren, gründet er 1876 die *Wiener Illustrierte Briefmarken-Zeitung*, »deren Zweck die Verbreitung der Briefmarkenkunde ist und das zugleich ein Organ für Sammler und Händler von Briefmarken werden soll. Da ähnliche Organe bereits in Deutschland, Frankreich, Belgien und Amerika erscheinen, mag man diesem neuen Fachblatt, das übrigens nur einmal im Monate erscheint, immerhin eine Berechtigung zugestehen.« Etwas skeptisch wirkt der Bericht in der *Presse* am 15. Jänner 1876. Positiver fällt das Urteil der *Neuen Freien Presse* aus: »Der reiche, für Jedermann interessante Inhalt, sowie die hübsch ausgeführten Illustrationen, welche für den Sammler von besonderem Werthe sind, bürgen dem jungen Unternehmen für eine freundliche Aufnahme im In- und Auslande.«[164]

Und noch eine weitere Zeitschrift gibt Sigmund Friedl von 1880 bis 1896 heraus: Die *Weltpost. Illustrirtes Philatelistisches Organ für Post- und Verkehrswesen* als Organ des Wiener Philatelisten-Clubs. Ein rühriger Mann also. Er springt auf einen Zug auf, der sich international bereits in voller Fahrt befindet – und bald kommt er auch mit internationalen Sammlern in Kontakt: an der Spitze Philipp von

Ferrary, der in Sigmunds Leben eine wichtige Rolle spielen wird. Mütterlicherseits aus der italienischen Hocharistokratie stammend, spielt Geld für ihn keine Rolle, und er führt auch kein konventionelles Leben. Er überwirft sich mit seiner Familie, gilt als Enfant terrible der französischen Gesellschaft, lebt offen seine Homosexualität und hasst Frankreich, dem er nach dem Tod der Mutter überhaupt den Rücken kehrt. 1889 adoptiert ihn der österreichische Offizier Emanuel de La Renotière, der Gerüchten zufolge auch sein außerehelicher Vater ist. Philipp erhält die österreichische Staatsbürgerschaft und reist durch die Welt, immer auf der Suche nach neuen, seltenen Briefmarken, Kunstgegenständen und Möbeln. Oft scheint in den diversen Fremdenlisten Sigmund Friedl als sein Begleiter auf – ob Ischl oder Budapest, sie unternehmen offenbar viel gemeinsam.

Philipps Briefmarkensammlung kann sich sehen lassen – noch heute gilt sie als die bedeutendste und wertvollste, die weltweit je bestanden hat. Gemeinsam mit dem von Sigmund Friedl 1883 in dessen Villa in Unterdöbling, Herrengasse 28–29, eröffneten »Internationalen Postwerthzeichen-Museum« genießt sie in der Welt der Philatelisten höchste Anerkennung. Anlässlich des 40-jährigen Regierungsjubiläums von Kaiser Franz Joseph 1888 erweist Friedl seine Reverenz mit einer Jubiläumsausstellung, zwei Jahre später folgt die nächste: Denn 1850 führte Franz Joseph die Frankierung mit Briefmarken ein. Die »Erste Internationale Postwerthzeichen-Ausstellung« findet im Museum für Kunst und Industrie statt, als Gestalter der Schau fungiert Friedl selbst. Die Exponate beeindrucken, Kästen voller internationaler Marken erfreuen die Philatelisten, ein Exponat erscheint für die Wiener Geschichte jedoch besonders bemerkenswert: Sigmunds Bruder Rudolf – er ist auch längst in das einträgliche Briefmarkenunternehmen eingestiegen und betreibt ein eigenes Geschäft in der Herrengasse – stellt österreichische Stempelmarken aus, »darunter ein Unikum, auf einem Theaterzettel des Carl-Theaters unter Nestroy ein ›Einkreuzer-Ankündigungsstempel‹«.[165]

Am 24. Mai 1891 übersiedelt das Museum von Unterdöbling auf den Neuen Markt, Ecke Plankengasse – eine exklusivere Lage als in

Inserat in *Sport und Salon*, 13.12.1900

der Vorstadt und ein beredtes Zeichen für das wachsende Interesse an Briefmarken.

Neben der eigentlichen Schausammlung, die ohne Tageslicht elektrisch beleuchtet wird, um die wertvollen Exponate zu schützen, umfasst das Museum auch einen »Shop«, einen Leseraum, in dem die internationalen Fachjournale aufliegen sowie eine 4000 Bücher umfassende Fachbibliothek. Im Museum selbst eröffnet sich in mehreren Räumen die Wunderwelt der internationalen Briefmarken, einer der Räume wird sogar als »Friedls Schatzkammer«[166] bezeichnet, für die Philatelisten eine besondere Sensation. Im Herbst 1892 übersiedelt das Museum allerdings wieder zurück nach Unterdöbling, diesmal in die Gemeindegasse[167] 22 – der Standort in der Innenstadt erweist sich offenbar als zu teuer.

»Ein weiteres Tableau zeigt uns eine Serie gelungener Postwerthzeichen-Fälschungen zur Täuschung der Anfänger in der Kunst des Sammelns, Marken mit falschem Poststempelaufdruck, mit falschen Prägungen, chemische Fälschungen echter Marken zur Erzeugung neuer Farben (man sieht, die philatelistischen Spitzbuben sind nicht verlegen in der Wahl ihrer Mittel, um naive philatelistische Gemüther zu täuschen!).«[168] Die Beschäftigung mit Fälschungen inspiriert Sigmund – und er probiert dies auch selbst aus.

1892 erwirbt Philipp von Ferrary das Gut Burgbachau am Attersee und lässt eine bequeme, geräumige und repräsentative Villa ganz im Stil der Zeit errichten, auf einer Halbinsel gelegen, mit einem kleinen Turm und herrlichem Blick über den See. Doch nicht für ihn selbst ist die Villa gedacht, sondern für seinen Freund Sigmund Friedl. Die Unteracher wissen, was sie Ferrary zu verdanken haben, und bereiten ihm im September 1892 einen großen Empfang, der fast an einen Staatsempfang gemahnt: »Der als Philanthrop und Patriot gleich hochgeachtete Herr Philipp La Renotière von Ferrary weilt in Begleitung seines Bruders Herrn Eduard La Renotière und seines Freundes, des in Wien als Inhaber des Postwerthzeichen-Museum bekannten Herrn Sigmund Friedl, in unserer Mitte. Unterach hat zu Ehren der Gäste Flaggenschmuck angelegt, Triumphpforten errichtet und Klein und Groß zum festlichsten Empfange aufgeboten.« Alle Vereine treten an, und »die Gemeinde verlieh den beiden letztgenannten Herren das Ehrenbürgerrecht, eine Auszeichnung die Herr Philipp La Renotière in Würdigung seiner vielen patriotischen Spenden schon im Vorjahre empfing.«

Der glühende österreichische Patriot Ferrary widmet dem österreichischen Feldherrn Joseph Radetzky in Unterach eine Aussichtswarte – doch warum gerade ihm? Auch hier steht der Hass Ferrarys gegen sein Geburtsland Pate: Radetzky hatte eine bedeutende Rolle in den Kämpfen gegen die napoleonischen Truppen gespielt – Ferrary setzt also ein weiteres Zeichen gegen Frankreich und für Österreich. Architekt Friedrich Schön erhält den Auftrag für die Warte, diese soll zu einer neuen Attraktion »für alle Touristen und Sommergäste am herrlichen Atter-See« werden. Eine Attraktion bildet sicher auch ihre Eröffnung: »Am Abend fand ein Feuerwerk am See und nachher ein von allen Honoratioren des Ortes besuchtes Banket statt, in dessen Verlaufe stimmungsvolle patriotische Toaste gewechselt wurden.«[169] Sogar das Prager Tagblatt berichtet über die Geschehnisse in Unterach.

Sigmund Friedl verbringt regelmäßig die Sommermonate in der neuen Villa, 1904 zieht er sogar ganz nach Burgau – ein Jahr zuvor

ist die Villa in seinen Besitz übergegangen. Hier bewahrt er auch Teile seiner wertvollen Sammlungen auf – doch das wird ihm zum Verhängnis: 1906 brennt die Villa bis auf die Grundmauern ab. Sigmund und seine Frau Emilie können »nur das nackte Leben retten«, berichtet das Neue Wiener Journal am 4. Jänner in bestürztem Ton. »Die Eheleute, die zur Zeit des Ausbruches des Brandes schon im Schlafe lagen, mußten sich in Nachttoilette flüchten. Friedl besaß eine schöne Stocksammlung und allerlei Kuriositäten, die ein Raub der Flammen wurden.«

Und wieder kommt Philipp von Ferrary zu Hilfe: Er baut das Haus von Grund auf neu auf – seinen Freund lässt er nicht im Stich. Am 7. April 1914 stirbt Sigmund Friedl und wird auf dem jüdischen Teil des Wiener Zentralfriedhofes bestattet. Den Ausbruch des Ersten Weltkrieges muss er nicht mehr erleben – sein Freund Philipp von Ferrary bekommt dessen Auswirkungen jedoch bitter zu spüren: Als Österreicher kann er nicht mehr nach Frankreich einreisen, seine Güter und Besitzungen werden beschlagnahmt – der aufkeimende Nationalismus trifft auch den weitgereisten Europäer. Er lässt sich in der Schweiz nieder und stirbt 1917 in Lausanne – seine letzte Ruhestätte findet er jedoch in Steinbach, nahe der Villa, die er einst für Sigmund erbaut hat.

23 Liberalismus, Frauenrechte, Nobelpreis. Die Familien Schütz und Pauli

Weißenbach, Ischler Straße 5

Die Recherche zu einer Villa führt oft auf ganz andere Pfade, als ursprünglich erwartet. So ist es auch bei der Villa von Emil und Malvine Kolben – doch zu ihnen später (siehe Kapitel 24). Zunächst wecken die Vorbesitzer das Interesse. Das Grundbuch besagt, dass die Kolbens die Villa im Jahr 1911 von einer gewissen Bertha Schütz erwerben. Bertha Schütz. Ein Name, der keinerlei Assoziationen auslöst. Umso mehr möchte ich wissen, wer sich dahinter verbirgt. Und was für eine großartige Geschichte eröffnet sich! Eine

Villa Schütz und später Kolben

Geschichte, die auch zu so vielen anderen Villenbesitzerfamilien rund um den See passen könnte: Ein Schriftsteller und Journalist, der sich den Idealen des Liberalismus verschreibt. Eine Sängerin, die an der Hofoper große Erfolge feiert. Eine Tochter, die als Frauenrechtlerin mit den Damen Eckstein von vis-à-vis (siehe Kapitel 16) eng verbunden ist. Deren Tochter wiederum, die eine der berührendsten Autobiographien verfasst – ein Buch, das mich seit mehr als 20 Jahren begleitet. Und deren Bruder ein berühmter Nobelpreisträger ist. Aber zurück zum Anfang.

1904 erwerben Friedrich und Bertha Schütz eine Villa in Weißenbach, die sie liebevoll ausstatten. Sieben Jahre später verkauft Bertha nach dem Tod ihres Mannes den Besitz wieder und beschreibt ihn in einem Inserat im Detail: Das Haus verfügt über eine reichhaltige antike Einrichtung, acht Zimmer und zwei Balkone, zwei Glasveranden, hinzu kommen ein Garten mit alten Nadelbäumen und, besonders erwähnt, vorzügliches Wasser.[170] Doch wer sind Friedrich und Bertha Schütz? Friedrich, geboren 1845 in Prag, ist ein glühender Verfechter des Liberalismus und stellt sein Talent zu schreiben ganz in den Dienst dieser Sache. Auf vielen Ebenen, als Lustspielautor ebenso wie als Journalist und Theaterkritiker, verficht er den Liberalismus und steht in Kontakt mit maßgeblichen Politikern; er will mit den ihm zu Gebote stehenden Mitteln etwas bewegen. Die Bestrebungen und Pläne seiner politischen Freunde kann er als Korrespondent der *Neuen Freien Presse* der interessierten Öffentlichkeit präsentieren, »mit spitzer Feder, in formvollendeter Weise geführt, die ihm allgemeine Anerkennung erwarben«, wie »seine« Zeitung in einem Nachruf am 23. Dezember 1908 schreiben wird. Auch seine Theaterstücke mit sprechenden Titeln wie *Täuschung um Täuschung* oder *Cabale* rechnen mit den antiliberalen und nationalistischen Prager Politikern ab. Die tschechischen Nationalisten rächen sich auf ihre Weise. Sie verfassen Spottlieder auf Schütz – und verhelfen ihm dadurch nur zu umso größerer Bekanntheit. An der Prager Oper ist zu dieser Zeit eine junge Sopranistin engagiert: Bertha von Dillner. Und wie

Bertha von Dillner und ihr Mann Friedrich Schütz

es der Zufall so will, wird sie zur selben Zeit an die Wiener Hofoper engagiert, zu der Friedrich Schütz nach Wien geht. Zufall? Natürlich nicht. Die beiden heiraten 1875 und bekommen zwei Töchter. Eine Besonderheit zeigt sich dabei sofort: Bertha gibt, anders als so viele andere Künstlerinnen, ihren Beruf nicht auf – ein wichtiges Signal auch für ihre Töchter.

Friedrich bleibt in all seinen unterschiedlichen Genres ein politischer Schriftsteller, »seine scharfe Beobachtungsgabe, sein gerechtes Urteil gab all seinen Berichten über Vorgänge der inneren und äußeren Politik große Bedeutung«[171]. Und er gilt als einer der besten und genauesten Bühnenkenner Wiens. »Strenge Sachlichkeit, bedeutendes literaturhistorisches Wissen, liebevolles Eingehen in die Eigenart der Autoren und der darstellenden Künstler sprach aus seinen Theaterkritiken.« Ein Schauspieler, der in Schütz' Lustspiel *Gegenseitig* im Jahr 1866 im Carltheater auftritt, heißt Franz Tewele. Dieser erheitert während des Sommers ganz Unterach (siehe Kapitel 15) – und zehn Jahre nach ihm erwirbt

Friedrich Schütz vis-à-vis in Steinbach eine Villa. Wohl wieder kein Zufall.

In dieser Atmosphäre von Kunst, Literatur, Liberalismus und kritischem Denken wachsen die Töchter Bertha und Rika auf. Bertha tritt in die Fußstapfen ihres Vaters: Sie engagiert sich politisch für liberale Ideen ihrer Generation: für das Frauenwahlrecht, für die Ausbildung von Mädchen, für die adäquate Behandlung von Dienstmädchen, für die Selbstständigkeit der Frauen und ihre neu errungene Position in der Gesellschaft. So beklagt sie etwa, dass die Zulassung zum Studium »auf Wesen und Art der Frauen« wenig Einfluss ausgeübt hat: »Die bebrillte, unmodische Akademikerin taucht nicht einmal mehr in Witzblättern auf. Auch die ernstesten, fleißigsten Studentinnen kleiden sich gefällig und meiden sorgfältig jeden äußeren Anschein von Unweiblichkeit.«[172]

Parallel dazu verfasst sie historische Essays, wiederum über starke und einflussreiche Frauen: über verschiedene Heldinnen der Französischen Revolution ebenso wie über deren »Widersacherin« Marie Antoinette, über die umstrittene schwedische Königin Christina oder über Lady Byron. Belesen, intelligent und kritisch beleuchtet Bertha diese Persönlichkeiten aus einem modernen und liberalen Blickwinkel. »Die Frauenbewegung tangiert nicht nur die Privilegien einer Klasse, sie bekämpft nicht die Vorherrschaft einer Korporation, sie erschüttert die Grundlagen der ›Oberhoheit‹ des ganzen männlichen Geschlechts, und die Erfüllung ihrer Forderungen schneidet tief ein in das Privatleben des einzelnen.«[173] Wir können uns heute kaum mehr vorstellen, dass Frauen vor 100 Jahren nicht wählen und ungestraft von Männern in folgender Weise charakterisiert werden durften: »Ich will nicht, daß sie in politischen Versammlungen mitreden. Ich glaube, es sähe traurig aus um unseren preußischen Staat, wenn die leichte Erregbarkeit der Frauen gerade in öffentlichen Versammlungen das Volk erregen sollte. Davor müssen wir uns hüten, es soll der Polizei immer die Befugnis bleiben, und sie soll scharf eintreten, sobald die Frauen versuchen, auch politisch tätig zu sein.«[174] Gegen diese Aussage des preußischen Ministers Hammerstein bezieht Bertha schärfstens Stellung. Doch endet ihr Plädoyer positiv: »Das Symbol der Wissenschaft ist die strahlende, licht- und lebenzeugende Sonne; die Frauenbewegung kann sie getrost auf ihre Panier setzen, mit der verheißungsvollen Devise: In diesem Zeichen wirst du siegen!«

Auch in die Welt der Sommerfrische am Attersee gibt Bertha mit einem Artikel über die Villen zweier großer Schauspielerinnen Einblick: Charlotte Wolter und Hedwig Bleibtreu. »Die Wolter in Weißenbach war eine Treibhausblume, eine prangende Orchidee, vorübergehend in ländlichen Boden verpflanzt«, zieht Bertha einen Vergleich. »Hedwig Bleibtreu paßt in ihr sonnenbestrahltes Landhaus, das vom Hügel einladend in den See hinausschimmert. Wenn die Wolter eine Königin schien, mahnt die Bleibtreu – zumal in der ländlichen Steinbacher Umgebung – an eine verwandelte Fee, die in dürftiger Verkleidung ihr Wesen treibt und nur wenn die rechte Stunde schlägt, kraft ihrer überirdischen Macht den Menschen ein magisches Reich erschließt: das Wunderreich der Illusion.«[175]

Bertha heiratet Wolfgang Pauli, einen angesehenen Arzt. Und sie bekommen zwei außergewöhnliche Kinder: Wolfgang wird den Nobelpreis für Physik erhalten, Hertha tritt in die schriftstellerischen Fußstapfen des Großvaters und der Mutter – ihre Autobiographie *Der Riss der Zeit geht durch mein Herz* zählt seit Jahrzehnten zu meinen Lieblingsbüchern.

Einen Nobelpreisträger und seinen Hintergrund näher zu beleuchten, ist offenbar von allgemeinem Interesse – ein Artikel, der sich mit den Vorfahren Wolfgang Paulis auseinandersetzt, um die Bedeutung des familiären Umfeldes darzulegen, kommt zu einem wenig überraschenden Ergebnis: Das offene, intellektuelle und kritische Denken in den Familien Schütz und Pauli spielte eine große Rolle in der Entwicklung des jungen Wolfgang Pauli, der zu den bedeutendsten Physikern des 20. Jahrhunderts zählen sollte. Seine Neugier, sein Wille, neue Wege zu beschreiten und neue Erkenntnisse zu gewinnen, fußen ohne Zweifel auf der weltoffenen Geisteshaltung seiner Eltern und Großeltern.[176] 1945 machen sich diese Einflüsse bezahlt: Wolfgang Pauli erhält den Nobelpreis für Physik.

Wolfgangs Schwester Hertha hat eine eigene Beziehung zum Attersee: Früh entdeckt sie ihre Liebe zur Sprache und beginnt zu schreiben, doch ist ihr diese Ausdrucksform nicht genug, sie will zum Theater. Und was liegt näher, als den Rat der großen Hedwig Bleibtreu einzuholen, die nur wenige Kilometer entfernt zur selben Zeit wie Friedrich und Bertha Schütz ihre Sommer in Steinbach verbringt (siehe Kapitel 32). Die Familien kennen einander schon sehr lange, war doch Wolfgang Pauli der Arzt von Hedwig Bleibtreus 1909 verstorbenem Mann Alexander Römpler. Die Bleibtreu ermutigt Hertha Pauli und unterrichtet sie mit großem Erfolg: 1927 holt Max Reinhardt die 21-jährige Hertha nach Berlin.

Friedrich und Bertha Schütz' Enkelkinder können nach 1938 nicht mehr nach Österreich zurückkehren. Wolfgang lebt in der Schweiz, Hertha setzt ihre schriftstellerische Karriere in Amerika fort. Doch wie drückt es Hertha wehmütig aus: *Der Riss der Zeit geht durch mein Herz.*

24 Pionier der Elektrotechnik. Oder: Ein Hoch auf den Wechselstrom! Emil Kolben

Weißenbach, Ischler Straße 5 und Friedrich-Gulda-Weg 10

1911 verkauft Bertha Schütz ihren Besitz in Weißenbach an Emil und Malvine Kolben (siehe Kapitel 23). Der interessante Zufall dabei: Berthas Enkel Wolfgang Pauli erhält 1945 den Nobelpreis für Physik, Emil Kolben arbeitet eine Generation zuvor als Elektrotechniker in Amerika mit Edison und Tesla zusammen. Kolben, geboren 1862 im böhmischen Stranschitz und Student der Technischen Hochschule in Prag, entscheidet sich für den Wechselstrom – und damit gegen Edison und für Tesla. Mit dem Wissen aus seiner Zeit in den USA ist der 30-Jährige in Europa gefragt und kann weitere Erfahrung sammeln. Dies zunächst in der Schweiz bei der Maschinenfabrik Oerlikon, die gerade dringend einen findigen Kopf braucht. Denn soeben hat sich ein weiterer Pionier der Elektrotechnik mit dem schönen Namen Charles Eugene Lancelot Brown von hier aus selbstständig gemacht und 1891 seine neue Firma Brown, Boveri und Cie. etabliert. Vier Jahre bleibt Emil Kolben in der Schweiz, wo auch sein Sohn Hans auf die Welt kommt. Doch 1896 zieht es ihn zurück nach Prag: Die Zeit ist reif, ebenfalls eine eigene Firma zu gründen. Mit 25 Arbeitern startet der Erfinder sein erstes Werk, das bereits ein Jahr später in eine Aktiengesellschaft mit einem Kapital von vier Millionen Kronen umgewandelt wird. Zehn Jahre nach Gründung beschäftigt Emil Kolben bereits 500 Arbeiter. Nun beginnt er, mit den anderen großen Maschinenfabriken Prags zusammenzuarbeiten: Zuerst mit Familie Ringhoffer, 1927 auch mit Familie Daněk, deren verwandtschaftliche Beziehungen nach Strobl führen – ebenfalls eine Verbindung zum Salzkammergut. Das Unternehmen hat nun enorme Dimensionen angenommen: 12 000 Menschen finden hier Arbeit. Hergestellt werden Autos, Autobusse und – Kaplanturbinen.

Blick auf Weißenbach

Dass die ganze Familie Kolben in das Unternehmen involviert ist, liegt nahe: Emils Sohn Hans studiert Maschinenbau, die beiden Töchter heiraten ebenfalls einschlägig interessierte Männer: Ignaz Schück und Wilhelm Lieder, die beide den Mädchennamen ihrer Frau dem ihren hinzufügen – der Name Kolben bürgt eben für Qualität.

Und wohin zieht es diese Familie im Sommer? Natürlich ins Salzkammergut, so wie viele andere Prager Industrielle auch: Wenige Jahre nach Kolben lässt sich Wilhelm von Doderer in Steinbach nieder, in Ischl verbringt der Stahlbau-Pionier Alfred Sonnenschein seine Sommer, in St. Gilgen ist die Prager Eisenindustrie Gesellschaft in Person von Wilhelm Kestranek, Hans Blaschczik und Eugen Herz zu Hause. Auch Familie Nebrich besitzt hier eine imposante Villa, in Strobl residieren die Familie Petschek auf dem Bürgl und die Familie Gečmen im Schlössl. 1928 erwirbt Emil Kolben im Namen seiner Kinder Hans, Grete und Lily noch die repräsentative Villa »Capriée«, auch »Park«- oder »Turm«-Villa genannt, die zu Fuß wenige Minuten von seiner eigenen entfernt liegt.

Kolben setzt sich für ein europäisches Großkraftnetz ein – er will staatliche Grenzen überwinden, um den Strom effektiver in größeren Räumen einzusetzen: »Von einer internationalen Regelung und Normung solcher Verträge sind wir heute noch weit entfernt«, schreibt er am 3. März 1933 im *Prager Tagblatt*. Ein Visionär ganz im Sinn der Europäischen Union – doch diese liegt damals noch in weiter Ferne.

Links: die Parkvilla Kolben, 1930er-Jahre. Rechts: Aus dem Fotoalbum der Familie Kolben: links Familie Schück-Kolben, rechts Familie Lieder-Kolben, in der Mitte sitzend Emil und Malvine Kolben. Vorne sitzen Gerdi, Heinz, Harry und Hans-Werner.

1937 verbringt die Familie zum letzten Mal die Sommermonate in den beiden Villen in Weißenbach. In Prag geht das Leben noch ein wenig länger in vermeintlicher Normalität weiter als in Österreich, wie sich ein Freund von Hans Werner Kolben, Hans' Sohn, erinnert: »Die Kolbens waren jüdischer Abstammung und sie lebten nach wie vor in einer schloßartigen Villa mit Türmchen, als wäre nichts geschehen. Sie können weiter ihren Geschäften nachgehen und müssen auch keinen Judenstern tragen. Warum? Es stellte sich heraus, daß die Familie Kolben zu den wenigen zählte, die, ermutigt durch die gesetzgeberische Absicht der tschechischen Regierung, um Freistellung von den antijüdischen Gesetzen angesucht hatten – bis Heydrich auftauchte und alle Regierungsgespräche über Freistellungen für null und nichtig erklärte.«[177] Reinhard Heydrich kommt am 27. September 1941 als stellvertretender Reichsprotektor in Böhmen und Mähren nach Prag, und dies ändert die Lage der jüdischen Bevölkerung drastisch.

Im Jahr 1939 versucht Emil Kolben, eine der beiden Villen in Weißenbach zu retten, und greift zu einer unkonventionellen Methode: Seine Schwiegertochter Anna, die nicht jüdisch ist, hat ein Kind aus erster Ehe – ebenfalls nicht jüdisch. Dieser Sigrid Kirschner, zu diesem Zeitpunkt gerade einmal 13 Jahre alt, schenken Emil und Malvine ihre Villa. Nach einer erstaunlich unkomplizierten Korrespondenz geben die Behörden tatsächlich grünes Licht: Am 29. August 1939 tritt der Schenkungsvertrag in Kraft, Sigrid Kirschner wird als neue Eigentümerin ins Grundbuch eingetragen.

Um die Gebühren für den Schenkungsvertrag bemessen zu können, greift das Finanzamt auf eine »Schätzung für Zwecke der Arisierungsauflagebemessung«[178] zurück, die bereits am 27. Juli 1939 erstellt worden ist. Der Gesamtwert beträgt demnach 19 820 Reichsmark, die Beschreibung gibt ein genaues Bild: »Der Besitz liegt am Ortsausgange Weissenbach hart an der verkehrsreichen Straße nach Ischl. Links von der Straße befindet sich an die Berglehne angebaut das Landhaus sowie der Gartengrund und die Autogarage, während rechtsseitig der später dazugekaufte Wiesengrund liegt. Eine wesentliche Entwertung des Besitzes als Erholungsstätte tritt infolge der unmittelbaren Nähe der Durchzugsstraße ein, welche nur durch ein niedriges Eisengeländer, 1,50 m vom Landhaus entfernt, begrenzt ist.«

Die Ausstattung der Villa ist einfach und zweckmäßig und lässt auf keinen großen Luxus schließen. Holzböden und Holzplafonds, teilweise bemalte Zimmertüren, ein Badezimmer in einem Holzanbau, fünf Schlafzimmer und – was immer als Erstes betont wird – eine Glasveranda und Balkone.

Die Besitzverhältnisse der Turm-Villa bleiben indessen bestehen. Erstaunlich, bietet sich diese doch geradezu an, Begehrlichkeiten zu wecken: ein weitläufiges Grundstück, direkt am See, eine repräsentative Villa – die heute allerdings kaum mehr zu erkennen ist.

Ob in Weißenbach unbekannt bleibt, dass die Kolbens für die Nazis als Juden gelten? Unglaublich, aber offenbar wahr. Erst 1941 geraten Ignaz, Grete und ihr Sohn Gerhard Schück-Kolben in das Visier der Behörden und werden beschuldigt, »reichsfeindliche Bestrebungen gefördert (zu) haben«[179]. Daraufhin wird »ihr Drittelanteil der Liegenschaft Villa Nr. 96 in Weissenbach, EZ 139 sowie das sonstige innerhalb der Grenzen des früheren Landes Österreich befindliche Vermögen der genannten sowie ihres Gatten und des Sohnes zu Gunsten des Deutschen Reiches, vertreten durch den Reichsminister der Finanzen, beschlagnahmt und eingezogen.« Dass besagter Drittelanteil nur Grete gehört, interessiert nicht weiter. Aber nun beginnt die Behörde zu überlegen, wie es denn um die anderen beiden Drittel bestellt ist, und kommt am 24. März 1942 zu dem Schluss: »Nach dem mir vorliegenden Grundbuchsauszug sind weitere Eigentümer von je 1/3 Ing. Hans Kolben und Lilly Lieder, vermutlich ebenfalls Juden.«[180] Im März 1942 hat das noch niemand gewusst? Die Durchführung der Beschlagnahme dauert immerhin noch bis 5. November 1942: Die Villa samt Einrichtungs- und Gebrauchsgegenständen, ein Motorboot und ein Ruderboot gehören nun dem Deutschen Reich. Und auch diese Villa wird geschätzt: »Das Wohngebäude ist 1896 erbaut. Es macht mit seinem runden, hohen Eckturm einen sehr gefälligen Eindruck, hat 1 Stockwerk, darüber noch 2 kleine Mansardenzimmer. Der Bauzustand ist gut, nur der nordwärts gelegene kleine offene Balkon ist schon sehr baufällig. Doppelfenster sind nirgends vorhanden. Die Wasserleitung wird durch eine elektrische automatische Pumpe gespeist, selbstverständlich ist auch elektrisches Licht in alle Räume eingeleitet.«[181]

Auch hier findet sich die obligate Glasveranda Richtung See, ein herrlicher Aufenthaltsort bei Regen, um die so spezielle Atmosphäre des Salzkammergutes bei kühlerem Wetter zu genießen. Doch das gilt nicht mehr für die Familie Kolben. Sie kann ihren Sommer nicht mehr in den komfortabel ausgestatteten Räumen verbringen, im Speiszimmer mit dem schönen Parkettboden und einem Mignonflügel der Firma Gaveau, Paris. Der Spieltisch bleibt unbenutzt, ebenfalls 30 Gläser und 99 Stück Porzellangeschirr – die Inventur ist, wie in anderen Fällen, akribisch. Durchgeführt hat sie das Ehepaar Köppl, das als Hausmeister gemeinsam mit Emil und Malvine die Sommer in der anderen Villa verbracht – und damit wohl deren Vertrauen genossen – hat. Doch auch das scheint nicht bekannt zu sein:»Hausmeister ist angeblich seit 12 Jahren Herr Alois Köppl, der in einer in der Nähe liegenden Villa wohnt. Er erklärte, diesen Posten gegen eine Bezahlung von 50 RM monatlich weiter beibehalten zu wollen. Herr Köppl erklärt auch, daß alle Steuern laufend bezahlt seien. Die bisherigen Besitzer, die Juden Kolben, Schück und Lieder seien in Prag bzw. auch von dort schon, unbekannt wohin, ausgewandert. Seit 2 Jahren steht die Villa leer, nur im Vorjahr war sie 1 Monat an einen gewissen Friedrich Hofbauer aus Wien vermietet.« Diesen etwas ahnungslosen Bericht gibt der Vorsteher des Finanzamts Vöcklabruck dem Oberfinanzpräsidenten von Oberdonau. Und er versucht auch gleich, die Villa jemandem zuzuschanzen, doch dieses Vorhaben scheitert. Denn eine Tischlerei als Rüstungsbetrieb zu qualifizieren, ist mehr als kühn.[182]

So bleibt also die weitere Nutzung in Schwebe, doch wundert sich der Oberfinanzpräsident von Oberdonau und findet es merkwürdig, »daß jetzt noch, nachdem das Grundstück in den Besitz des Reiches und damit in die Verwaltung der Reichsfinanzverwaltung übergeben wurde, Einrichtungsgegenstände von der Gestapo wegbefördert werden.«[183] Einmal mehr stellt sich die Frage, warum alle Beteiligten so naiv sind.

Die Gestapo bedient sich also und geht noch einen Schritt weiter: Sie möchte die Villa als Erholungsheim betreiben: »Der besondere Wert der Villa als Erholungsheim liegt in ihrer ruhigen und sonnigen Lage am See abseits der Strasse, wodurch den Besuchern ein ungestörter Urlaubsaufenthalt, wirkliche Erholung und die beste Gelegenheit zur Ausübung aller Wassersportarten geboten wird, sowie in der günstigen geographischen Lage an den Ausläufern des Höllengebirges, durch welche die Ansprüche der Berg- und Wintersportler vollauf befriedigt werden können.«[184]

Doch ein weiterer Interessent tritt auf den Plan: Die Stiftung »Nordhav«, die einen engen Bezug zu Prag aufweist, heißt ihr Gründer doch Reinhard Heydrich. Offizieller Zweck der Stiftung ist der Betrieb von Erholungsheimen, tatsächlich dient sie dazu, ihre Stiftungsdirektoren gut zu versorgen – ein lukratives Geschäft. Die Turm-Villa in Weißenbach müsste die Stiftung vom Deutschen Reich mieten, doch geht das nicht so rasch. Mittlerweile befinden wir uns im Juli 1943, das Haus steht seit sechs Jahren leer. Die Gestapo möchte ihre ersten Erholungsbedürftigen am 17. Juli 1943 einweisen und wird dafür durch den Oberfinanzpräsidenten Oberdonau Dr. Thonn mit Übergabevertrag an die Gestapo Linz zur Nutzung berechtigt. Im Gegenzug muss sie für alle Kosten der Liegenschaft aufkommen, auch für bauliche Maßnahmen. Am 5. Oktober 1943 überlässt der Oberfinanzpräsident die Liegenschaft samt Inventar dann um 480 Reichsmark jährlich der Stiftung Nordhav zur Miete ab 1. Dezember. Auf dem Briefpapier ist vermerkt: »Siegel Erholungsheim der Staatspolizeistelle Linz/Donau ›Haus am Attersee‹.«[185]

Um Platz zu schaffen und die Finanzen aufzubessern, werden im Juni 1944 die auf dem Dachboden gelagerten »ausgesonderten Gegenstände« an die Bevölkerung von Weißenbach verkauft – und es wären nicht die Nazis, entstünde dabei nicht auch eine detailreiche Liste mit Beschreibung aller Objekte und dem erzielten Erlös. Dieser ist nicht gerade hoch: Gerade einmal 317 Reichsmark werden eingenommen.

Ein Jahr später sind Gestapo und Stiftung Nordhav Geschichte – und die Villa wird von der Militärregierung beschlagnahmt, was zu entsprechender Verunsicherung führt. Das Finanzamt Vöcklabruck schreibt am 13. August 1945 an die Finanzdirektion in Linz: »Laut Mitteilung des Bürgermeisters von Steinbach am Attersee vom 1.8.1945 wurde der Judenbesitz in Steinbach am Attersee No. 96 auf Grund des Erlasses Nr. 3 der Militärregierung in Oberösterreich beschlagnahmt.«[186] In »Judenbesitz« befindet sich die Villa schon lange nicht mehr, doch es macht klar, was im Gedächtnis der Menschen haften bleibt. Außerdem ist zu diesem Zeitpunkt offenbar noch nicht klar, dass diese Diktion nicht mehr opportun ist …

In der Frage, wie es nun weitergehen soll, bleibt man pragmatisch. Denn es heißt weiter: »Ich bitte um Mitteilung, welche Maßnahmen von Ihrer Dienststelle anlässlich der Beschlagnahme getroffen bzw. angeordnet wurden. Meine Dienststelle ist an der Angelegenheit insofern interessiert, als es sich hier um seinerzeit enteignetes Vermögen handelt, das voraussichtlich an die vormaligen Eigentümer zurückzugeben sein wird und ich halte es aus diesem Grund für zweckmäßig, die Liegenschaft in meiner Verwaltung zu behalten.«[187] Vollkommen verloren gegangen ist das Rechtsbewusstsein offenbar doch nicht.

In der Zwischenzeit quartiert die Gemeinde Weißenbach zahlreiche Menschen in der Villa ein, die Wohnungsnot ist groß. 31 Personen drängen sich im Haus zusammen. Und der verlässliche Hausmeister Köppl erstattet weiterhin ausführlich Bericht und erstellt eine Liste der »fehlenden Einrichtungsgegenstände der Villa in Weissenbach. Laut Angabe des Herrn Alois Köppl, Hausmeister in der Villa, sind die fehlenden Einrichtungsgegenstände teils von der Gestapo verkauft, teils von Zivilpersonen fortgeschafft worden.«[188]

Die Familie Kolben stellt im Dezember 1945 einen Rückstellungsantrag. Hans Kolbens Frau Anna schildert in kurzen und trockenen Worten die Tragödie der einzelnen Familienmitglieder: »In zweiter Ehe war ich mit dem Ing. Hans Kolben, Prag verheiratet. Mein zweiter Ehegatte wurde von der Gestapo ebenso wie mein Stiefsohn Heinz Kolben in das Konzentrationslager Auschwitz geschafft. Mein Gatte ist etwa 1944 in Auschwitz vergast worden, mein Stiefsohn ist diesem Schicksal entgangen und lebt zur Zeit in

Die Parkvilla Kolben heute

Prag. Da der zweite Sohn meines Mannes aus erster Ehe, Hans Werner Kolben, ebenfalls gestorben ist, so sind wir, das ist mein Stiefsohn Heinz Kolben und ich, die gesetzlichen Erben und Rechtsnachfolger meines Gatten.« Dürre Worte für entsetzliche Schicksale. »Am 5. April 1944 wurde die Liegenschaft EZ 139 von der geheimen Staatspolizei Linz enteignet und der Reichsfinanzverwaltung zur Verfügung gestellt. Bis zu diesem Zeitpunkt waren Eigentümer dieser Liegenschaft mein verstorbener Ehegatte Ing. Hans Kolben, Frau Grete Schück und Frau Lilli Lieder. Die Erben meines Gatten sind, wie bereits erwähnt, sein Sohn aus erster Ehe Heinz Kolben, geboren am 30.10.1926, derzeit wohnhaft in Prag und ich. Frau Lilli Lieder lebt ebenfalls in Prag, Frau Grete Schück in Sydney in Australien. Sie dürfte die australische Staatsbürgerschaft erworben haben. Im Namen dieser Personen, von denen zur Zeit infolge der Verhältnisse keine Vollmacht beigebracht werden kann, und im eigenen Namen stelle ich den Antrag auf Rückgabe der enteigneten Liegenschaft. Linz, 11.12.1945«[189] Doch zu diesem Zeitpunkt existiert noch gar keine rechtliche Grundlage für die Rückgabe, Anna Kolben wird daher vertröstet. 1948 wird der Besitz rückgestellt.

In Prag war die Familie Kolben in der Falle gesessen und den Nationalsozialisten hilflos ausgeliefert. Emil Kolben nimmt ein grauenhaftes Ende: In seinen hohen 80ern wird er nach Theresienstadt deportiert, wo er eine Woche später stirbt – angeblich hat er in diesen Tagen kein einziges Wort mehr gesprochen. Sein Sohn Hans findet, wie von seiner Frau Anna geschildert, in Auschwitz sein Ende, die Verhaftung von dessen Sohn Hans Werner schildert dessen Freund Peter Demetz: Hans Werner wird von einem Schulkollegen ohne Judenstern entdeckt und bei der Gestapo denunziert. Daraufhin wird er 1942 nach Theresienstadt und weiter nach Auschwitz deportiert und stirbt am 23. März 1945 im Außenlager Kauffering bei Dachau. Er verarbeitet sein Schicksal literarisch – einige seiner Gedichte werden gerettet und sind von einem unglaublichen Optimismus geprägt, der sich leider nicht bewahrheitet:

Denn wir wissen: das Schwere wird verschwinden,
Einst singen alle Geigen in dem Saal,
Die sich an diesem hohen Klang entzünden,
Und tausend helle Bogenstriche münden
Zu einem großen jubelnden Choral.[190]

Emils Tochter Lilly überlebt Theresienstadt zwei lange Jahre gemeinsam mit Mann und Sohn, nach dem Krieg verlassen sie Europa und finden 1947 in Australien eine neue Heimat. Dort werden sie von Grete und Ignaz Schück-Kolben erwartet, die am 10. April 1940 in Sydney eintreffen, gemeinsam mit ihren Söhnen Gerhard und Robert.

Hans' Sohn Heinrich, genannt Heinz, gelingt die Flucht aus Auschwitz – ihm begegne ich im Jänner 2018. Sein Sohn Martin, zu dem mich meine Recherchen ebenfalls führen, schickt mir einen Ausschnitt aus den Lebenserinnerungen seines Vaters mit Schilderungen einer unbeschwerten Jugend in Prag und Weißenbach, illustriert mit wunderbaren Fotos und Gemälden. Was für ein Geschenk, so unvermittelt in das Leben dieser Familie Einblick nehmen und dies weitergeben zu dürfen.

25 Unbeschwerte Sommer in Weißenbach

Aus den Erinnerungen Heinrich Kolbens

Diese unveröffentlichten Erinnerungen, die mir Heinrich Kolbens Sohn Martin zu meiner großen Freude zur Verfügung gestellt hat, erlauben einen authentischen Einblick in den Alltag der Attersee-Sommerfrische in den 1930er-Jahren – ein seltenes Zeugnis, das unkommentiert für sich spricht.

Heinrich Kolben, geboren 1926 in Prag, verbringt seine großen Ferien immer in Weißenbach,

»wo wir an der Ischlerstraße, immer bei den Großeltern wohnten. Unsere Mitbewohner im Hause waren zwei Chauffeure aus Prag, die österreichische Köchin und das ebenfalls einheimische Hausmeisterehepaar Köppel. Herr Köppel war hauptberuflich als Waldarbeiter tätig.

Zur Villa gehörte ein kleines Seegrundstück, wo wir eine kleine Holzhütte und ein Holzplateau zum Sonnen hatten. Außerdem ein kleiner ebener Garten gegenüber der Villa, begrenzt einerseits von der Ischlerstraße andererseits von einem glasklaren Bach und der

Emil Kolbens Motorboot (links), Bootshütte und Badesteg der Parkvilla (rechts)

ziemlich frequentierten Ischlerstraße. Ein zweites Gartengrundstück neben dem Haus war ein steiler Abhang mit Bäumen und vielen Alpenveilchen. Unsere Nachmittagsschläfchen verbrachten wir in Hängematten.

Die Parkvilla mit herrschaftlichem Garten samt großem Seegrund, eigenem Badeplatz und einem Bootshaus für zwei Boote (einem für damalige Zeiten schicken Motorboot und einem Ruderboot) war durch ihre Lage, insbesonders aber durch den Zugang zum Attersee viel attraktiver als die Villa an der Ischlerstraße.

Nach meinem Dafürhalten hat mein Großvater die Weissenbacher Villen irgendwann nach der erfolgreichen Inbetriebnahme der Elektromaschinenfabrik Kolben & Co in Prag d.h. am Anfang des 20. Jahrhunderts noch vor Beginn des 1. Weltkrieges gekauft.[191] Damit wollte er seine Familie an seinen Erfolgen teilhaben lassen, indem er ihr ein standesgemäßes Feriendomizil schaffte, das einerseits in nächster Umgebung wichtiger Leute des k. und k. Hofes gelegen war (19 km von Bad Ischl, dem Urlaubsort des Kaisers Franz Josef und seines Hofstaats), andererseits nach dem damaligen Verständnis einen hohen Freizeitwert hatte und die Möglichkeit bot, nützliche Privatbeziehungen anzuknüpfen.

Wir Jungen, Hans Werner und ich, hatten ein Zimmer im Dachgeschoß, Sisschen[192] im Nachbarzimmer und die Eltern hatten sich im ersten Stock ein Wohnschlafzimmer im Bauernstil mit großem Balkon und benachbarter Veranda zur eigenen Verwendung eingerichtet. Im Gang im Erdgeschoß hatten wir unsere Fahrräder stehen, außerdem befand sich dort auch Vaters Dunkelkammer, in welcher er seine Filme entwickelte und Bilder kopierte.

Wir frühstückten in den großen Ferien gemeinsam mit den Eltern in der Veranda neben dem Elternschlafzimmer. Zum Frühstück gab es immer frische Semmeln mit Butter, Marmelade und Tee, serviert in dem anheimelnden grüngestreiften Keramikservice. Das Mittagessen – drei Gänge, zubereitet von der obenerwähnten österreichischen Köchin – war besonders gut. Vor allem wußte man schon einen Tag im Vorhinein, was es geben würde, weil das Fleisch,

Hans-Werner und Heinz Kolben,
1929

von Tag zu Tag vorbestellt, vom Steinbacher Metzger in einem flotten, leichten Pferdewagen direkt ans Haus geliefert wurde. Auch
andere gute Sachen wurden direkt an der Haustüre angeboten, z. B.
eine Zigeunersfrau kam mit einem Korb voller Laubfroschschenkel,
einer damals sehr beliebten Spezialität, die dann zum Nachtmahl
paniert auf den Tisch kamen. Häufig gab es auch Walderdbeeren,
Himbeeren und Blaubeeren bei ihnen zu kaufen.

Mittags und abends aßen wir zusammen mit den Großeltern im
Speisezimmer im Erdgeschoß. Ein im Bauernstil möblierter, kühler
Raum – im Sommer besonders angenehm – mit einer Kuckucksuhr,
immer duftend nach irgendwelchen guten Sachen z. B. nach Wald-
beeren oder so ähnlich. Als Tischgetränk wurde köstliches, glasklar-
res und schön kühles Wasser serviert, das wir Kinder, vor der jeweiligen Mahlzeit, per Radl direkt von der Wolterquelle holten. Die
Quelle besteht heute leider nicht mehr, sie ist versiegt.

Nach Tisch legte sich Großpapa in sein kleines Arbeitszimmer
auf die Couch nieder und Omama Malvine zog sich mit Ama[193] in
die ebenerdig an das Speisezimmer anschließende Veranda zu einer
Tasse Kaffee zurück und nachher unternahmen sie zu zweit einen
kurzen Spaziergang ins Ischlertal.

Wir Kinder mußten nach Tisch immer eine Stunde ruhen, was für mich als Quälerei empfunden worden war. Zwar hatten wir jeder seine Hängematte im Garten am Steilhang hinter dem Haus an den Bäumen hängen, wo wir bei gutem Wetter logierten aber wenn es regnete, mußten wir ins Bett gehen – eine abscheuliche Vorstellung, nicht wahr.

Die Ischlerstraße war inzwischen auf Kosten der Anwohner asphaltiert worden, früher hatte jedes vorbeifahrende Auto, insbesonders der Linienbus der österreichischen Post, eine Staubwolke aufgewirbelt, die erst nach längerer Zeit wieder verschwand. Unser Haus lag direkt an der Straße, jedoch hatten wir gegenüberliegend noch einen kleinen ebenen Garten wo wir Tischtennis oder Krocket spielen konnten. Anliegend floß ein glasklarer Bach in Richtung Fischzuchtanstalt und Attersee. Dort konnte man das Treiben junger Forellen bewundern fast so wie in einem Aquarium.

Das Hauptvergnügen war allerdings das Baden im See. Dorthin begaben wir uns meistens unter Aufsicht. Wir hatten im ersten Sommer eine Umkleidekabine im öffentlichen Freibad dauergemietet, wo wir unser Badezeug und ein paar Liegestühle hatten. Der Zugang zum See war angenehm und verlief sanft ins tiefere Wasser. In den weiteren Jahren wurde uns dann an dem kleinen Seegrundstück, das zu unserer Villa gehörte, eine kleine Bade-Plattform mit

Fröhliche
Badegesell-
schaft

anschließender Umkleidehütte ausgebaut, die wir dann hauptsächlich nutzten.

Während Sisschen und HW[194] schon schwammen, war ich noch ziemlich wasserscheu. Ich fürchtete mich einfach. Für die Verwandtschaft war das ein Grund, mich ständig unterweisen zu wollen. Gerdi[195], Dudu (der Cousin meines Cousins – seine Mutter war die Schwester meines Onkels Natka[196]) und HW packten mich einmal und warfen mich von der Holzplattform einfach ins tiefe Wasser, aber als ich auch nach längerer Zeit nicht auftauchte, mußten sie mich wohl oder übel selbst holen. Selbst meine Mutter ließ mir im Hallenbad in Prag-Klárov anlässlich unserer regelmäßigen Mittwoch-Nachmittagsbesuche Schwimmunterricht geben. Beigebracht hat es mir letztendlich mein lieber Taufpate, der Onkel Willy[197]. Er kam manchmal vom Nobelbadestrand der Parkvilla zu uns Kindern. Ich habe ihn deshalb so gern gehabt, weil er mit uns konversierte wie mit erwachsenen Menschen. Ich erinnere mich noch daran, dass er von seinen diätetischen Bemühungen sprach, da er Gewichtsprobleme hatte, über seine allmorgendlichen Grapefruit-Teller oder über seinen neuen Badeanzug, der in der Mitte durch einen Reißverschluß teilbar war, von Harrys[198] neuem Steyr-Fahrrad, mit Ballonreifen, Nabenschaltung und einer WIF-Fahrradlampe der Wiener Isolier-Fabrik mit Dynamo. Es war immer etwas Interessant-Amüsantes von ihm zu hören. Tante Lillie sah man nur selten.

Tante Gretes[199] Aktivitäten gehörten zu den spektakulärsten. Man sah sie häufig in nobler Tenniskleidung und Ausrüstung per Fahrrad zu den Tennisplätzen am Eingang zum Ischlertal fahren, dann wiederum konnte man sie täglich gegen Mittag beim Wellenreiten im Schlepptau des Motorbootes sehen.

Onkel Natka veranstaltete einmal im Sommer Ausflugsfahrten für Kinder aus unserer Nachbarschaft und unserer Familie d. h. für Gerdi, Bobby[200], Dudu (Sohn der Schwester von Onkel Natka) – wenn er gerade wieder einmal in Weißenbach war, sowie für Harry und uns drei HW, Sisschen und mich, mit dem Auto nach Bad Ischl

Ausflug per Auto: links ein Praga-Alfa, rechts ein Praga-Mignon

zum Konditor Zauner, das war natürlich einer der Höhepunkte des Sommers.

Vater kam meistens zum Namenstag der lieben Ama-Anna in die Ferien. Zum Namenstag hatten wir Kinder immer ein kleines Geschenk vorbereitet z. B. ein neues Stück zum grüngestreiften Keramik-Frühstücksservice aus dem Minikaufhaus der Frau Loidl und immer Blumen aus Unterach, meistens Wicken vom Gärtner Sesták, einem tschechischen Landsmann aus Modran bei Prag, der in Unterach am Attersee wohnte und auch dort seine Gärtnerei besaß.

Im Geschäft der Frau Loidl gab es lauter herrliche Sachen. Obst vom feinsten, Süßigkeiten aller Art, Schokolade, Mozartkugeln, Salami, Semmeln, Milch, Käse, aber auch Strümpfe, Socken, Dirndltücher, Blusen und Hemden. Unser Taschengeld, bemessen nach dem Alter, gaben wir dort meist aus {[(Lebensalter in Jahren) x (50 Heller)] wöchentlich, in Weißenbach dann der entsprechende Gegenwert in Schilling}. Um eine Aufbesserung dieses an sich kargen Budgets kümmerte sich Großpapa mit einem großzügigen Beitrag von 10 oder sogar 20 Kronen in funkelnagelneuen Silbermünzen, wenn er manchmal völlig unerwartet zu uns an den Masarykkai zu Besuch kam.

Ich erinnere mich an einen Familienkrach, als bekannt wurde, dass Gerdi sich auf Großpapas Rechnung bei der Frau Loidl persönliche Ausgaben anschreiben ließ. Gerdi wußte zu leben. Bei Cary Groß, einem nicht anerkannten Sohn des Kaisers Franz Josef, hat er das Segelschiffführen erlernt und er konnte ein kleines Segelboot sein Eigen nennen.

Mein Vater genoss seinen Urlaub in vollen Zügen. Bereits früh am Morgen, noch vor dem Frühstück, ging er immer zum Baden an den See. Nach dem gemeinsamen Frühstück ging er manchmal mit seiner Staffelei, Leinwand oder Karton und dem Kasten mit den Ölfarben ins Terrain auf Motivsuche und bei entsprechendem Erfolg und Laune begann er zu malen. Ich habe ihm dabei oft und gerne bei seiner Liebhaberei zugeschaut. Erst rührte er auf seiner Palette mit dem Pinsel die entsprechenden Farbtöne an, dann mischte er sie und trug sie auf das Bild auf. Sein Stil war ausgesprochen impressionistisch, sein bewundertes Vorbild van Gogh.

Einmal im Sommer ist er mit seinen beiden Schwestern, der Tante Grete und der Tante Lillie auf eine große Bergtour z. B. ins Höllengebirge gegangen. Sie sind dann in aller Herrgottsfrüh, noch vor Sonnenaufgang, zünftig gekleidet aufgebrochen und meistens recht spät und müde zurückgekommen. Für die angeheirateten Partner war das viel zu mühselig, und deshalb mussten die Geschwister immer alleine gehen.

Unsere Pflichttour mit dem Ausgangspunkt der Burggrabenklamm hinter Burgau führte immer zum Schwarzensee, der auf halbem Wege zum Schafberg lag. Als Reiseproviant hatte jeder ein paar belegte Brote in seinem Gepäck. Für mich war das ein herrlicher Ferientag.

Es kam natürlich auch vor, dass es im Salzkammergut einen Dauerregen von 1 bis 2 Wochen, einen sogenannten Schnürlregen gab, der uns in unseren Aktivitäten stark einschränkte. Dann hieß es die Lodenmäntel anziehen und spazieren gehen oder Tischtennisspielen in der gedeckten Dachterrasse des Hotels, wo sich auch andere Kinder einfanden.

Mindestens einmal im Sommer waren wir von den Großeltern in Burgau zur Jause eingeladen. Ich sehe Großpapa noch heute vor mir, wenn er im weißen Sommeranzug mit goldenen Marineknöpfen und einer Seemanns-Schildmütze in Burgau mit Großmama Malvine aus dem Motorboot ausstieg, wo damals ein schönes Restaurant mit Tischen und Sonnenschirmen direkt am Ufer des Attersees war (gegenwärtig wird dort ein Camping-Platz betrieben). Unsere Lieblingssüßigkeit waren Burgauer Krapfen, ein Gebäck mit Erdbeeren und Schlagobers.

Die letzte Ferienveranstaltung war das Kirchweihfest in Unterach, das am letzten Augustwochenende stattfand. Dorthin fuhren wir mit dem Raddampfer oder mit einem der zwei Elektroboote, Seeraunzen genannt. Diese Bezeichnung rührte daher, daß diese Passagierboote vor den Anlegestellen durch eine Sirene mit einem typischen, für Anlieger bekannten Signal ihre Ankunft ankündigten.

Das bunte Treiben in Unterach mit den vielen Verkaufsständen und den zu verschenkenden Holzherzchen mit sinnigen Aufschriften wie »Ich liebe dich« oder »Sei net fad«, so schön wie es auch sein mochte, kündigte uns erbarmungslos das Ferienende an.

Das erste Schuljahr 1936/37 an der Realschule ging seinem Ende zu, das Zeugnis war zwar mittelmäßig, aber mir genügte das. Vor uns die sorglose Ferienzeit in Weissenbach, zwei Monate lang im Paradies, fast als ahnte ich damals, dass es das letzte Mal sein sollte, so groß war meine Vorfreude. Der Sommer ist dann auch erwartungsgemäß verlaufen. Meine Vormittage verbrachte ich häufig in Gesellschaft des Herrn Vaník, unseres Chauffeurs. Der hatte immer sehr interessante Beschäftigungen. Meist betrafen sie das Auto, waschen oder etwas reparieren und pflegen. Wir fuhren damals einen Praga-Golden mit Sonderkarosserie von der Firma Uhlík. Ein großes Cabriolet mit Ledersitzen, mit Radio, Zentralschmierung, elektrischer Lenkrad-Schaltung, die ganz ohne die Kupplung betätigt wurde, außerdem konnte man den Wagen durch einen Schalter auf vier Stützbeine anheben, was natürlich für die Zeit vor dem Kriege ein außerordentliches Novum war. Hin und wieder durfte ich auch unter Aufsicht des Chauffeurs im Meierhof selbst fahren und das war auch mein großer Wunsch. Manchmal gingen wir auch Fische fangen, vom Ruderboot aus, und die Ausbeute, ein paar Weißfische, wurden gebraten und zum Gabelfrühstück verzehrt. Auch am Motorboot, das im Bootshaus in der Parkvilla lag, war häufig etwas zu reparieren, oder ein Stück Mörtel an der Fassade war beschädigt und mußte erneuert werden usw.

Einmal hatte das Kindermädchen von Bobby, die Eva hieß, frei und nahm uns, d. h. Sigrid, Harry und mich ins Ruderboot mit auf den See. Dabei erzählte sie uns den Inhalt des Buches von Karel Capek »Die weiße Krankheit«, ein Zukunftsroman mit Visionen über das Leben in einer Diktatur der nazistischen Prägung.

Hin und wieder gab es auch Überraschungen, z. B. fuhr der Herzog von Windsor durch den Ort, oder ein Wasserflugzeug landete im See. Einmal hat uns auch Onkel Willy auf den Golfplatz hinter Ischl zum Zuschauen mitgenommen. Manchmal gab es größere Ausflüge mit dem Auto, z. B. die bekannte 3-Seentour (Attersee, Mondsee, Wolfgangsee) oder Hallein, Salzburg, Goisern usw. Viele Spaziergänge machten wir auch, z. B. auf dem Wolterweg in Richtung Steinbach oder zum Nixenfall und kleinere Radtouren in die Umgebung. Ein weniger erfreuliches Erlebnis war die Schenkung des Motorbootes von Großpapa an Schücks. Ich erinnere mich noch heute daran, wie wir zwei Grünschnäbel, der Harry mit mir, darüber entrüstet debattiert haben.

26 Herr über den Erfolg. Der Verleger Adolf Sliwinski

Weißenbach, Friedrich-Gulda-Weg 18

Ein prachtvolles Haus am Ufer des Attersees zieht in Weißenbach die Blicke auf sich. Hell und großzügig und offenbar ganz dem Jugendstil verpflichtet, erweckt es Neugier, wer der Erbauer gewesen sein mag. Man stößt auf einen der zu seiner Zeit mächtigsten Theaterverleger Mitteleuropas: Adolf Sliwinski.

Bis zum Ende des 19. Jahrhunderts hat er für die Modebranche Pariser Modelle eingekauft – doch dann wechselt er den Geschäftszweig: Nach der Heirat mit der Witwe Felix Blochs bezieht Sliwinski nicht mehr Damentoiletten, sondern Boulevardkomödien aus der französischen Hauptstadt – neues Genre, vertraute Geschäftsmethoden. Und die Theaterwelt bietet Sliwinski ein wesentlich brei-

Die beeindruckende Villa Sliwinski

teres Betätigungsfeld, das er immer weiter ausdehnt und am Ende beherrscht: Er wird zum Herrn über die deutschsprachige Theaterszene und erkennt früh das große Potenzial der neuen Operettenwelle. Es gibt kaum ein Stück, das sein Verlag nicht vertritt: Seien es *Die lustige Witwe* von Franz Lehár, der in Bad Ischl residiert, oder die Werke von Victor Léon, dessen Jugendstilvilla schräg vis-à-vis in Unterach liegt, sei es die Zusammenarbeit mit Leo Fall, dessen Sommerdomizil sich im nicht weit entfernten Oberwang befindet. Die Operettenwelt trifft sich im Salzkammergut, da darf der erfolgreiche Berliner Verleger nicht fehlen.

1912 verkauft der Schriftsteller Franz von Schönthan seine Villa in Weißenbach, die er nur drei Jahre zuvor erworben hat, an seinen Verleger Adolf Sliwinski. Bei Unterzeichnung des Vertrages am 29. Juli 1912 weilt Sliwinski im noblen Hotel Bauer in Bad Ischl – wenige Jahre später wird Franz von Schönthan ganz in dessen Nähe eine zauberhafte Villa erwerben. Man bleibt in der Gegend.

Sliwinski beauftragt den Münchner Architekten John Herbert Rosenthal mit dem Bau einer neuen Villa, die viele andere Sommerrefugien der Gegend in den Schatten stellt: Der Stil spiegelt die Münchner Schule wider, aus der Rosenthal stammt, und weist Parallelen zur Villa Kestranek in St. Gilgen auf, die im Jahr 1908 von Rosenthals Studienkollegen Emanuel von Seidel erbaut wurde. Jugendstil mischt sich mit rustikalen Elementen, Moderne trifft auf Tradition, eine neue, großzügige, mondäne Interpretation des immer wiederkehrenden Themas »Villa«.

Diese bauliche Großzügigkeit setzt natürlich die nötigen finanziellen Mittel voraus, die sich Sliwinski mit enormem kaufmännischen Geschick geschaffen hat. Dies bringt ihm nicht nur Freunde, sogar die Nachrufe zeichnen ein differenziertes Bild eines Mannes, der das Theater nicht als hehre Kunststätte, sondern als beinhartes Business betrachtet – eine Sichtweise, die Verleger oder Theaterdirektoren sonst nicht so offen kommunizieren: »Sliwinski: das war in der deutschen Theaterwelt kein Name schlechthin, das war eine Macht, mit der selbst die mächtigsten Theaterdirektoren rechnen mußten. Er besaß die Stücke, die man haben m u ß t e . Ob man sie kriegte, das hing einzig und allein von Adolf Sliwinski ab und von den Umständen, die er selbst schuf.«[201] Und was sind das für Umstände? Sliwinski erfindet die sogenannten »Koppelverträge«. Wenn ein Theater ein Erfolgsstück aufführen möchte, muss es ein zweites, weniger erfolgversprechendes Stück mit erwerben. Dieses – für Berlin »erfundene« – Geschäftsmodell ist heute am Broadway gang und gäbe. Dass sich Sliwinski mit seiner neuen Idee den Unmut der Theaterdirektoren zuzieht, nimmt er in Kauf, denn er »war kein Mann zarter Rücksichten. Das Theater war ihm Geschäft, und wenn er auch kein geschworener Feind guter Kunst war, so rechnete er sie doch zunächst in Reichsmark um. Das tun ja schließlich andere Theaterverleger auch; aber keiner hat es so unbegrenzt getan wie der Mann.«

Das erste Stück, mit dem sich Sliwinski auf dem internationalen Markt behauptet, ist *Die lustige Witwe*: Er mietet Theater in New York

Sliwinskis erster großer Erfolg: *Die lustige Witwe*

Joseph Coyne und Lily Elsie in *The Merry Widow*, London 1907

und Paris und verhilft diesem Meisterwerk dadurch zu seinem internationalen Durchbruch, samt Riesenhype um wagenradgroße Hüte.

Sliwinskis Aktivitäten sind übrigens auch der Grund dafür, dass so viele Operettenlibretti auf französischen Schwänken beruhen. Er kauft die Rechte an solchen Werken im großen Stil, lässt die mehr oder minder seichten Stücke übersetzen, aufführen oder weiterverarbeiten – der Gedanke an fabrikmäßige Fließbandarbeit ist nicht ganz von der Hand zu weisen.

Natürlich kommt es mit Autoren, Komponisten und Theaterdirektoren zu Streitigkeiten und Prozessen – die Theaterwelt zeigt sich von ihrer härtesten Seite. »Noch stärker trat seine Macht hervor, als er die Wiener Operettenkonjunktur auszunützen begann. Fall, Strauß, Lehár, Ascher waren an Sliwinski durch langjährige Verträge gebunden, er legte die Hand auf ihr ganzes Schaffen. So wurde er mit ihnen reich an den Erfolgen der ›Lustigen Witwe‹ und der ›Dollarprinzessin‹. Wer diese beiden Schlager bekam, mußte mit dem allmächtigen Verleger gut stehen.«

Leo Fall erweist sich als besonders schwieriger Vertragspartner. Sein erster Erfolg, *Der fidele Bauer*, unterstützt durch das Libretto des bereits arrivierten Victor Léon und verlegt von Adolf Sliwinski, bringt allen Beteiligten gute Tantiemen ein. Doch Leo Fall wird sein Leben lang nicht mit Geld umgehen können und hält sich nicht immer an Vereinbarungen. Er ist eben ein Künstler, der Freiheit zum Komponieren braucht, und kein Geschäftsmann, obwohl er sich durchaus an seinem zunehmenden Reichtum erfreut. 1914 wird seine Operette *Der künstliche Mensch*, ursprünglich für das Wiener Apollo-Theater komponiert, im Theater des Westens mit mäßigem Erfolg aufgeführt. Der Berliner Kritiker Oscar Bie weiß, wo es sich besser kreativ arbeiten ließe: »Gelegentlich, lieber Leo Fall, dichten wir bei einem Gänsebraten in Weißenbach diesen richtigen Text zusammen! Voll Ironie, Akrobatik, Satire und tiefere Bedeutung.«[202]

Das erwähnte Theater des Westens spielt eine wichtige Rolle im Reich Sliwinskis, gehört es doch dem Verlag Felix Bloch Erben. Er nutzt es dazu, Stücke zu promoten, und lädt Direktoren von Bühnen in England und Amerika hierher ein, um die Fülle an immer rascher auf den Markt kommenden neuen Werken auch ins Ausland zu verkaufen – und im Mittelpunkt steht immer der Agent, um den sich alles dreht. Das *Neue Wiener Journal* bringt am 1. Dezember 1908 eine »Unterredung mit Adolf Sliwinski«, leider ohne den Gesprächspartner zu nennen, der sich in blumigen Vergleichen verliert: »Der Erfolg ist das edle Wild, der weiße Hirsch, der zur Strecke gebracht werden soll, und wer die bessere Witterung hat, wird zuerst sein fröhliches Halali blasen können. Die richtigen Bedingungen zu erkennen, die geeigneten Verbindungen zu schaffen und den erzielten Erfolg nach jeder Richtung hin auszuschöpfen, das ist die Aufgabe des Verlegers.«

Adolf Sliwinski steht im Mittelpunkt der Operettenbörse – auch geografisch. Denn seine Villa in Weißenbach ist von Ischl genauso gut zu erreichen wie von Unterach. Nur wenige Jahre kann Sliwinski seine Villa als sommerliches Machtzentrum der Theaterwelt nützen, denn 1916, nur vier Jahre nach dem Erwerb, stirbt er und mit ihm einer der einflussreichsten Verleger seiner Zeit.

27 Von Chicago nach Weißenbach. Das Hotel Post

Weißenbach, Ischler Straße 1

Was hat die Weltausstellung 1893 in Chicago mit dem Hotel Post in Weißenbach zu tun? Die Verbindung geht über die neuen Eigentümer des Hotels, die es kurz darauf – am 18. Mai 1894 – gemeinsam erwerben: Johann und Hermine Rötzer sowie Karl und Katharina Antosch. Doch wer verbirgt sich hinter diesen auf den ersten Blick vollkommen unbekannten Namen? Bei einiger Recherche entpuppen sich die beiden Herren als Gastronomen aus Mähren und Niederösterreich. Sie sind ambitioniert, und die österreichischen Kronländer reichen ihnen nicht aus. Ihre Unternehmungslust treibt sie in die weite Welt, genauer gesagt nach Chicago, wo 1893 die Weltausstellung stattfindet. Denn die seit 1851 bestehenden Weltausstellungen präsentieren spannende Neuerungen auf

Wie man sich »Old Vienna« auf der Weltausstellung in Chicago im Jahr 1893 vorstellt.

den Gebieten Technik, Industrie, Kultur und Kunst – und ziehen damit Menschenmassen an, die auch unterhalten und bewirtet werden wollen. Auch sonst stoßen Ausstellungen beim Publikum auf großen Erfolg: 1892 fand in Wien die »Internationale Ausstellung für Musik- und Theaterwesen« statt, auf der unter anderen Attraktionen ein Nachbau von »Alt-Wien« gezeigt wurde. Er verschwindet zwar nach dem Ende der Ausstellung, doch die Idee bleibt in den Köpfen – und entwickelt sich weiter, bis das Projekt entsteht, Wien auch in Chicago von einer nostalgischen Seite zu präsentieren.

Für die gewinnträchtige Gastronomie bei der Weltausstellung gibt es viele Anwärter, den Zuschlag für das Kaffeehaus erhält Johann Rötzer, der sich bereits im eleganten Grandhotel Pupp in Karlsbad einen Namen gemacht hat. Dies ist sogar dem *Wiener Salonblatt*[203] eine Meldung wert. Als Directrice für seine *Vienna Model Bakery* nimmt er ein tüchtiges Mädchen namens Gisela Haager aus Bad Ischl mit, die ihre Erinnerungen an die Zeit in Amerika in einem Interview mit dem *Neuen Wiener Journal* am 28. Mai 1934 – durchaus bodenständig – teilt: »Das Zentrum war das Restaurant zur ›Stadt Wien‹ von John Roetzer und Charles Antosch.« Kurios, dass die Vornamen auch noch 40 Jahre später in der englischen Form genannt werden. »Wir haben die guten Amerikaner mit unseren Semmerln, Kipferln, Baunzerln und Salzstangerln ebenso erobert wie mit unsere Deutschmeister unter der Leitung von Ziehrer. Aber warten S' nur, alles schön der Reih' nach. Weil i g'rad' von der Bäckerei red', denken S' Ihnen, drüben kost' das Mehl fast nichts, und wir haben jeden Tag Pferdefuhren voll Kleingebäck in die Ausstellung geschickt und dort ist das Stück mit einem Preis von fünf Cents gleich fünfundzwanzig Kreuzer damaliger Währung verkauft worden.«

Der angesehene Komponist Carl Michael Ziehrer, Kapellmeister der berühmten Hoch- und Deutschmeister, tritt also auch in Alt-Wien auf. »Die Deutschmeister in weißen Uniformen mit blauen Aufschlägen und der Ziehrer als Dirigent, das hat die Amerikaner ganz narrisch g'macht.« Der fesche Kapellmeister bildet offenbar eine besondere Attraktion, denn, wie sich Gisela Haager fröhlich erinnert, »bei uns war jeden Tag alles bis auf das letzte Platzerl besetzt, jeden Tag am frühen Morgen haben ganze Berge von geleerten Champagnerflaschen weggeräumt werden müssen, die aus lauter Begeisterung getrunken worden sind. Das schönste war aber jeden Abend ›Der Traum eines österreichischen Reservisten‹ von Ziehrer. Die Kuhglocken, das Posthorn, die Eisenbahn, alles hat man gehört. Feuerwerk ist am dunklen Himmel aufgestiegen und von verschiedenen Türmen herunter haben die Hornisten Retraite geblasen. Das war so stimmungsvoll, daß jeder der Hunderttausenden Besucher der Ausstellung das mitmachen wollte.«

Großartige Stimmung, Besuchermassen und Geschäftstüchtigkeit machen sich bezahlt: Rötzer und Antosch können mit ihren Gewinnen aus Chicago das Hotel Post erwerben. Und nicht nur durch diesen Kauf prägen sie Weißenbach, wie ein Nachruf auf Johann Rötzer berichtet. Dieser »brachte durch seinen Unternehmensgeist und seine außerordentliche Geschäftstüchtigkeit nicht nur diesen Besitz, sondern den ganzen Ort Weißenbach zu hoher Blüte. Er baute dort eine Anzahl Villen und schuf so die Vorbedingungen für eine gutgehende Sommerfrische. Auch sonst entwickelte er dort eine höchst gemeinnützige Tätigkeit, es sei nur die Gründung der freiwilligen Feuerwehr erwähnt.«[204] Ein Investor in großem Stil.

1917 verkaufen Rötzer und Antosch das Hotel, 1920 erwirbt es schließlich der Wiener Arzt Dr. Josef Pollak. Der Großvater von dessen Frau Elise Fürth, Dr. Heinrich Löw, hat 1859 die Heilanstalt im Wiener Dianabad gegründet. Elises Onkel Dr. Anton Löw begründet 1874 eines der bedeutendsten Sanatorien Wiens: das Sanatorium Löw in der Mariannengasse im 9. Bezirk. Klar, dass ein Hotel im Salzkammergut das Angebot in attraktiver Weise erweitert und Patienten eine Möglichkeit bietet, Erholung in der herrlichen Bergluft zu genießen.

Das Hotel floriert und bleibt Anziehungspunkt der eleganten Sommergesellschaft – wie interessant wäre es, im Gästebuch des Hotels zu schmökern. Leider ist dieses nicht erhalten. Die *Reisezeitung* der *Neuen Freien Presse* schwärmt in blumigen Worten von Weißenbach: »In diesem entzückenden Seeorte wird der unwahrscheinlich herrliche Nachsommer mit besonderer Intensität genossen. Noch wunderbarer als sonst der freie, weite, breite Ausblick über den See, dessen berühmt schönster Punkt Weißenbach ist; lichtumstrahlt, mit bezaubernd plastischer Kontur säumen die Felsformationen des Höllengebirges das liebliche Wald- und Wiesental.«[205] Besonders gerühmt wird der »reiche Verkehr von Autos und Autobussen, die den Übergang durch das Weißenbachtal nach Ischl vermitteln oder den Weg um den See nach Kammer befahren« – eine Tatsache, die den Besucher des Attersees heutzutage weniger erfreut.

Große Zimmer mit ebensolchen Veranden ermöglichen Erholung bei jedem Wetter, einmal pro Woche bietet das Hotel sogar Musik und Tanz – nicht öfter, denn »auf ein Mehr sind weder die Gäste, die ja den Tag mit besseren Sommervergnügungen, mit

Baden, Tennisspielen, Spaziergängen und Ausflügen, am gedeih-
lichsten verbringen, erpicht, noch das Haupt des gastlichen Anwe-
sens, Medizinalrat Dr. J. Pollak, der die exakte Führung mit ruhiger
Fürsorglichkeit überwacht.«

Ein Foto des Hotel Post
liegt als Beweismittel
dem Rückstellungsakt
bei, ebenso Bilder, die
den Status quo des
Interieurs vor 1938
dokumentieren.

Es kommt das Jahr 1938. Und das Land Oberösterreich, das nun Oberdonau heißt, sieht endlich eine Möglichkeit, seine großen finanziellen Probleme zu lösen, indem es sich möglichst viele wertvolle Liegenschaften aneignet. Das Hotel Post in Weißenbach ist eine davon. Bereits am 12. Juli 1938 wird im Grundbuch vermerkt, dass der Besitz »auf Grund der Verfügung der Geheimen Staatspolizei – Staatspolizeistelle Linz vom 4.7.1938 für das Land Oberdonau einverleibt«[206] wird. Ein äußerst rasanter Vorgang, denn sogar nach den Nazi-Gesetzen müssen einige Behörden eingebunden werden, zumindest die Vermögensverkehrsstelle. Doch diese erfährt von der Einverleibung erst im Nachhinein.

In einem Schreiben der Kreisleitung Vöcklabruck an die Dienststelle für kommissarische Besetzungen vom 30. April 1939 macht man sich Sorgen: »Das Hotel Post ist das einzige Unternehmen am südöstlichen Ufer des Attersees und war bisher zumeist von jüdischen Gästen besucht, was bei der Bevölkerung immer argen Unwillen und grosses Ärgernis hervorgerufen hat. Im Interesse des Fremdenverkehrs erscheint es unbedingt geboten, den Hotelbetrieb aufrecht zu erhalten, um den Anforderungen des Fremdenverkehrs genügen zu können. Andererseits müssen Vorkehrungen getroffen werden, um jüdischen Gästen den Zuzug zu verhindern und den Betrieb in arische Hände zu bringen. Bei der gegenwärtigen Sachlage könnte es möglich sein, dass dieses Hotel von deutschen Gästen gemieden wird, weil es im jüdischen Besitze steht.«[207] Offenbar weiß die Kreisleitung Vöcklabruck zu diesem Zeitpunkt noch nicht, dass das Hotel längst dem Land Oberdonau gehört. Auch sollte im April 1939 bekannt sein, dass sich im kommenden Sommer wohl keine jüdischen Gäste mehr nach Weißenbach begeben werden.

Ein Schätzgutachten ermittelt einen Wert von 147 600 Reichsmark, inbegriffen sind neben dem Hotelgebäude auch die danebenliegende Schmied-Villa, die Mühlhaus-Villa, eine Schwimm- und Badeanstalt, ein Meierhof und ein Gärtnerwohnhaus mit Glashaus.

Am 10. Februar 1939 verkauft das Land den Besitz um 150 000 Reichsmark an die Erste niederösterreichische Brandschaden Versicherungsgesellschaft – ein beachtlicher Erlös für eine gestohlene Liegenschaft.

Josef Pollak stirbt am 25. April 1941 in Wien, seiner Tochter Gerta Webern gelingt die Flucht nach England, sein Sohn Ludwig ändert seinen Namen in Schrenzel, überlebt ebenfalls und wirkt nach dem Krieg als Arzt in Wien. Gerta und Ludwig erhalten ihren Besitz per 30. Dezember 1948 zurück, im darauffolgenden Mai kommt Gerta erstmals wieder nach Weißenbach und berichtet entsetzt an ihren Bruder: »Ein kurzer Besuch in Weissenbach genügt nicht, um sich über alle Verheerungen und Verunstaltungen klar zu werden. Du hast ja schon von ganz anderer Seite gehört, wie arg es schon von außen aussieht, gänzlich verwahrlost und mit heruntergebrochenen Veranden. Ich war daher auf einiges gefasst, aber doch nicht auf den Anblick, der sich mir bot, als ich die Haustür öffnete: An Stelle der Portierloge rechts ist eine weißgetünchte Wand, desgleichen links an Stelle der großen Landkarte, auf der man sich so schön seine Ausflüge aussuchen konnte. Die Butzenscheiben sind weg und selbst das alte Freskogemälde, welches den ursprünglichen Ort Weissenbach darstellte, ist übertüncht worden.«

Ähnlich geht es im Schankzimmer weiter: »Alle die alten Fresken, auf Holz gemalten oder gebrannten Trinksprüche, die Geweihe etc sind spurlos verschwunden.« Der Charakter, der den Charme des Hauses ausgemacht hat, ist »verändert, und, was seinerzeit durch seine Altertümlichkeiten anheimelte, (die tausendjährigen Grundmauern und die Einrichtungen, die Generationen lieb und wert waren), wirken heute ausgesprochen altmodisch.«

Die offenen Veranden müssen schon 1946 abgetragen werden, die Glasveranden werden mit Tramen gestützt. »Trotz eifrigen Suchens konnte nur eine Badewanne für Angestellte gefunden werden (in einem einzigen winzigen Baderaum) und nicht ›Bäder‹,«

wie die letzte Eigentümerin, die »Hotel- und Gutswirtschaft Weißenbach GmbH« behauptet hatte – diese fordert von Gerta Webern und Ludwig Schrenzel nämlich eine Abgeltung der vorgenommenen Investitionen, von denen Gerta bei ihrem ersten Besuch 1949 jedoch wenig bemerkt. Der Rechtsstreit zieht sich bis zum 15. November 1951, an dem sich Gerta und Ludwig mit der Hotel- und Gutswirtschaft Weißenbach vergleichen und zu einer Zahlung von 90 000 Schilling verpflichten. Doch noch im letzten Beweisantrag der Hotel- und Gutswirtschaft kommen die unüberwindbaren Ressentiments zum Vorschein: Gerta Webern und Ludwig Schrenzel werden als »Inflationsgewinner« bezeichnet, die mit »höhnischer Polemik«[208] vorgehen – eine Diktion, die im Jahr 1938 üblich war und die nun, im Jahr 1951, nach wie vor als »Argument« in einem juristischen Verfahren verwendet wird.

28 Villa Schoberstein. Ein dunkles Kapitel
Weißenbach, Ischler Straße 1

Hinter dem Hotel Post, auf einem Hügel gelegen, steht in Weißenbach eine Villa mit mehreren Namen: Villa »Ägidi«, Villa »Roth«
oder Villa »Schoberstein« wird sie genannt.

Ihr erster Eigentümer Konrad Ägidi, ein Wiener Juwelier, liebt
dieses Refugium so sehr, dass er seine Firma in Konkurs gehen
lässt, obwohl er sie mit dem Verkauf des Besitzes wohl hätte retten
können – am Ende verliert er alles. Von Ägidi geht der Besitz auf
die Ehepaare Antosch und Rötzer über (siehe Kapitel 27), denen
auch das davor gelegene Hotel Post gehört. Diese verkaufen den
Besitz am 13. November 1905 an den Pariser Bankier Emil Roth.
Der zugrunde liegende Kaufvertrag ist denkbar kompliziert, denn
der Weg zur Villa führt über den Grund des Hotels, und das erfor-
dert eine detaillierte Regelung der Wegerechte für Emil Roth, seine
Familie und seine Gäste. Explizit wird ihm sogar gestattet, an einer
bestimmten Stelle einen Laubengang anzulegen.

Emil Roth stammt aus einer äußerst internationalen Familie:
Seine Brüder und Cousins leben und arbeiten ab den 1870er-Jahren
als Bankiers in London, Paris, Madrid und Wien. Weniger als ein
Jahr nach dem Erwerb des Hauses am Attersee, am 22. September
1906, stirbt Emil bereits, seine beiden Söhne André und Marcel
erben den Besitz und verbringen nun gemeinsam mit ihrer Mutter
Marguerite jeden Sommer in Weißenbach. 1932 lassen sie das
Innere des Hauses fotografieren und bewahren so das Bild eines
kostbar und aufwendig ausgestatteten Sommerdomizils vor dem
Vergessen.

Auch den Sommer 1938 möchte die Familie in ihrem Haus verbringen. Marcel Roth und seine Mutter Marguerite Laveine kommen nach Weißenbach – und werden dort mit der Realität konfrontiert. Ihr Hausmeister Florian Loidl warnt sie, das Hotel Post
aufzusuchen, »weil in dem Hotel sich ein Kommissär befinde, der

nach ihrem Eintreffen fragte«. Sie nehmen trotzdem dort ihr Abendessen ein und treffen auf Karl Klamert, der am nächsten Tag in SA-Uniform bei ihnen erscheint mit den Worten, »sie müssen ihm auf alle seine Fragen genau antworten, er wisse genau, wer sie sind, er habe nach Wien genaue Erklärungen abzugeben, er kenne die ganze Familie, wenn sie auch in Frankreich leben, sie seien Wiener und es wird ihnen schlecht ergehen, wenn sie nicht die Fragen so beantworten, wie er es weiss. Marguerite Laveine erklärte, sie seien Franzosen und der Vater der Antragsteller hätte viel Geld für diesen Besitz ausgegeben. Der Antragsgegner [Klamert] erklärte aber, der Besitz müsse verkauft werden und fragte welcher Preis verlangt wird. Die Mutter der Antragsteller erklärte ihm, der Besitz ohne Einrichtung habe allein mehr als 150.000 RM gekostet. Er sagte, er wisse, dass die Antragsteller Juden sind und dass es für diese den einzigen Ausweg gebe, den Besitz zu verkaufen.«[209]

Eine zweite Schilderung geht noch mehr ins Detail: Klamert konfrontiert die Roths mit seinem »Detailwissen«: »›Ich weiß genau, dass Sie Wiener Juden sind, dass Ihr Mann, Emil Roth, und Sie dort lebten, dass Sie im jüdischen Tempel getraut und zwar privat bei einem Verwandten namens Dr. Kapper und am 15. Mai 1893 die Trauung vollzogen wurde, daher verbiete ich Ihnen als JUDEN ein arisches Dienstmädchen in Ihren Diensten zu halten.‹ Wir erwiderten: ›Wir haben nichts zu verheimlichen, dass alle Ihre Angaben richtig sind.‹ Er verlangte unsere Pässe und war sichtlich erstaunt, dass wir keine Österreicher waren. Er sagte uns folgendes: ›Da Sie Juden sind, wenn auch französischer Staatsangehörigkeit, werde ich Ihren Besitz beschlagnahmen, daher bleibt Ihnen nur eines übrig, denselben an die Partei zu verkaufen, die Partei (NSV) wird ein Sanatorium für schwangere Frauen einrichten.‹ Wir antworteten, dass wir das Geld für den Verkauf nicht herausbringen dürfen, worauf er uns sagte: ›Wenn Sie den Besitz der Partei verkaufen, wird diese für Sie, auch als Juden eine Ausnahme machen.‹ Wir sagten, dass wir wohl nach dem ersten Weltkriege die Absicht hatten, den Besitz zu verkaufen und verlangten damals für das gegenständliche Klagsobjekt 150.000 Goldkronen. Von Klamert verlangten wir 1938 denselben Preis.«[210]

Man fragt sich, auf welcher Rechtsgrundlage Klamert einen Besitz einfach beschlagnahmt – das ist nicht einmal zur Zeit der Nazis möglich und fällt wohl in die Kategorie »wilde Arisierung«, die vor allem in Wien bedrückende Ausmaße annimmt. Karl Klamert setzt Marcel Roth und seine Mutter unter Druck und behauptet, dass die Nationalsozialistische Volkswohlfahrt, kurz NSV genannt, den Besitz um 90 000 Reichsmark erwerben möchte. Eingeschüchtert fühlen sie sich genötigt, den Besitz abzugeben – daraufhin erklärt Klamert, nicht die NSV, sondern er selbst werde den Besitz erwerben. Um 50 000 Reichsmark. Darin inkludiert sind: eine große Villa, eine kleine Villa, ein Wohnhaus und bedeutender Grundbesitz.

Marcel und André Roth müssen nachgeben und »verkaufen« Karl Klamert den großen Besitz: Die kleine Villa umfasst fünf komplett eingerichtete Schlafzimmer mit Betten, Matratzen, Bettzeug etc. und ein ebenfalls vollkommen eingerichtetes Speiszimmer. Für die große Villa wird ein separates Inventar angefertigt – die Bilder aus dem Jahr 1932 sagen aber schon alles: Es handelt sich nicht um ein spartanisches Sommerdomizil, sondern um eine liebevoll und kostbar ausgestattete Villa: Aufwendig gestaltete Räume überall, eine große zentrale Halle geht über zwei Stockwerke und verfügt über eine Estrade mit einem Billardtisch, einem Kanapee und Thonet-Sesseln. Die Wände der Bibliothek sind mit französischem Stoff bespannt, neben diversen Möbeln findet sich hier ein antiker Salzburger Ofen mit Fayence-Kacheln. Das Speiszimmer ist holzvertäfelt und mit französischen Möbeln ausgestattet. Im ebenerdigen Salon mit Terrasse laden gleich drei Biedermeier-Garnituren zum Verweilen ein, Möbel aus dem 17. Jahrhundert verstärken den Eindruck kostbarer Gediegenheit. Auch die Schlafzimmer im ersten Stock werden durch wunderschöne Kachelöfen beheizt, angeführt von einem antiken Porzellankachelofen mit Reliefs und einem grünen Ofen mit biblischen Szenen, einer Salzburger Arbeit. Der

Ein sehr seltenes Zeugnis: 1932 lassen die Brüder Roth die Villa fotografieren, alle Zimmer werden dokumentiert und zeigen eine gediegene Ausstattung mit städtischen und ländlichen Elementen, auffallenden Kachelöfen und

Geweihen, Billardtisch und einem Flügel, Bildern und Teppichen. Diese Fotos tauchen unverhofft im Rückstellungsakt auf, der beste Beweis für den einstmaligen Zustand.

Prunksalon – er befindet sich ebenfalls im ersten Stock – bietet mit sieben Fenstern einen herrlichen Blick auf den See, ein Bösendorfer-Flügel inmitten von gemütlichen Möbeln verspricht gehobenen Musikgenuss. Der wahre Wert des gesamten Besitzes beträgt 200 000 Reichsmark plus 50 000 Reichsmark für das Inventar.

Klamert schreibt im Winter 1938/39 allerdings, dass eine Schätzung des Besitzes einen Wert von 90 000 Reichsmark ergeben hätte, doch leider habe die Partei nun doch nicht genug Geld für einen Kauf. Er selbst würde den Besitz, wie erwähnt, gern erwerben, besitze aber keine 90 000 Reichsmark – um 50 000 Reichsmark würde er ihn jedoch kaufen. »Da wir die Beschlagnahme und Verfolgung befürchteten, hatten wir auf seine Schmeicheleien in gleicher Weise geantwortet und uns mit dem von ihm vorgeschlagenen Betrag von RM 50.000 einverstanden erklärt. [...] Außer der Kriegsjahre 1914/18 kamen wir jedes Jahr nach Weissenbach und verbrachten dort den ganzen Sommer in unserem Besitz, wo wir jedes Jahr alle Reparaturen, die notwendig waren, machen ließen, besonders das Dach, ferner alle Reparaturen bar bezahlten. Die Villen waren durch einen erstklassigen Architekten aus Wien, Herrn Marmorek, erbaut im Jahre 1906 und kosteten eine Million Goldkronen. Das große Haus war vollständig eingerichtet mit antiken Möbeln vom 17. und 18. Jahrhundert (Kommoden, 2 Bösendorfer Konzertflügel, französisches Billard, Orientteppiche etc). Alle diese Einrichtungen und Gegenstände sind in der großen Villa bei unserer Abreise dort verblieben und an ihrem Platz gestanden.«[211]

Verhandelt beziehungsweise abgeschlossen wird die ganze Transaktion bei Rechtsanwalt Werner Kaltenbrunner in Vöcklabruck – er ist der Bruder von Ernst Kaltenbrunner, einer der skrupellosesten Figuren im Nazi-Machtgeflecht. Dort wartet die nächste Überraschung auf die Familie Roth: »Klamert sagte jetzt, dass wir uns als Katholiken ausgeben sollten, dies hatte aber mit den Nürnberger Gesetzen nichts zu tun, da wir doch getaufte Juden sind. Im Orte war es bekannt, dass wir Juden sind, die Einwohner von Weissenbach wollten uns überfallen und erschlagen, wenn dies nicht der Antragsgegner verhindert hätte.«[212] Mit dieser Geschichte wird Klamert später im Zuge des Rückstellungsverfahrens versuchen, sich reinzuwaschen. Er bestreitet 1948,»daß die Veräußerung eine Vermögensentziehung darstelle. Er habe nicht gewußt, daß die Antragssteller Juden seien, denn sie seien in der Gemeinde Weissenbach als römisch-katholisch gemeldet gewesen und haben regelmäßig den Gottesdienst besucht. Bei den Verkaufsverhandlungen haben sie sich als Arier bezeichnet und haben eine diesbezügliche Erklärung in dem Vertrag unterschrieben. Dadurch haben sie den wahren Sachverhalt verschleiert und den Antragsgegner in Irrtum geführt.«[213]

Die weitere Geschichte der Villa führt in eines der dunkelsten Kapitel der nationalsozialistischen Zeit. Im Dezember 1939 beschlagnahmt die Kreisleitung der NSDAP die Villa, ein Gendarmeriebericht besagt, dass Klamert »jede Verfügung und jede Nutzung aus dem Besitz entzogen wurde« – mit der Begründung, er hätte »eine jüdische Liegenschaft, unter Umgehung der Vermögensverkehrsstelle und unter Verschleierung des Umstandes, daß die Verkäufer Juden sind, erworben«[214]. 1940 beschlagnahmt die »Reichskanzlei des Führers in Berlin«[215] das Haus, 1943 geht es wieder an die Kreisleitung der NSDAP Vöcklabruck – der Besitz scheint ziemlich gefragt zu sein. Zur weiteren Nutzung heißt es 1946 im Rahmen des Volksgerichtsprozesses gegen Karl Klamert lapidar: »Die Villa Schoberstein wurde als Erholungsheim für Angestellte der Gauleitung in Linz und der Reichskanzlei in Berlin eingerichtet.« Hinter diesen sehr allgemein gehaltenen Worten verbirgt sich eines der dunkelsten Kapitel der NS-Zeit und auch Oberösterreichs: Schloss Hartheim, in dem mehr als 30000 Menschen unter dem Deckmantel der »Euthanasie« ermordet werden. Den Ärzten und dem Personal aus Hartheim steht zur Erholung eine Villa zur Verfügung, mit Blick auf den Attersee und die umgebenden Berge, sogar mit Zentralheizung, wie der Installateur Josef Klein zu Protokoll gibt: »Im Auftrage von Gauinspektor Kaufmann, Verwalter der Heil- und Pflegeanstalt Hartheim, wurde im Jahre 1941 im Haus Schoberstein eine Zentralheizungsanlage ausgeführt.«[216]

Um sie der Bombengefahr zu entziehen, wird dort auch »eine Zweigstelle der Rechnungsabteilung der Reichskanzlei in Berlin untergebracht«[217]. Und Heinrich Himmler veranlasst, dass die Villa dem »ungarischen SS-Führer, Generaloberst und Generalmajor der Waffen-SS Zeydner« zur Verfügung gestellt wird. Danach wird die Villa »wieder als Erholungsheim für die Lagerverwaltung Hartheim eingerichtet«.

Am 21. Februar 1944 wird die Villa »für Zwecke der Kinderland-verschickung neuerlich beschlagnahmt«[218], die Flüchtlingsströme ins Salzkammergut nehmen zu, und jedes freie Zimmer wird gebraucht – da muss sogar das Personal aus Hartheim Platz machen.

Nach dem Ende des Krieges versuchen André und Marcel Roth, ihren Besitz wieder zurückzubekommen. Am 19. September 1947 wird das Rückstellungsverfahren eingeleitet, bereits am 13. Mai 1948 kommt es zum Abschluss – als so eindeutig erweist sich die Situation des unredlichen Erwerbes durch Karl Klamert. Hier könnte die Geschichte zu Ende sein, allein: Sie ist es noch lange nicht. Denn nun läuft Klamert gemeinsam mit seinem Anwalt Josef Zauner zu Höchstform auf. Der Rechtsanwalt seines Vertrauens, Werner Kaltenbrunner, kann Klamert zwischen 1945 und 1950 nicht vertreten, doch der Ton des Schriftverkehrs lässt vermuten, dass er im Hintergrund als Berater zur Verfügung steht. Jeder Bescheid der Rückstellungskommission wird angefochten – ob aus formalen oder inhaltlichen Gründen spielt keine Rolle, einziges Ziel ist es, das Verfahren in die Länge zu ziehen und die Brüder Roth zu zermürben. Offenbare Unwahrheiten werden einfach behauptet, und es liegt an den Beklagten, das Gegenteil – die Wahrheit – zu beweisen.

»Meiner Meinung nach hat die Familie der Antragsteller über ihre persönlichen Verhältnisse gelebt und geriet dadurch in Schulden. Sie konnte und wollte daher das Geld nicht mit nach Paris nehmen, wo es ihnen sofort gepfändet worden wäre.«[219] Freche Lügen aus der Untersuchungshaft, in der sich Klamert im Zuge des Volksgerichtsprozesses gegen ihn befindet, die jedoch offenbar kein

Umdenken mit sich gebracht hat. Und es geht munter weiter: »In dem mir verkauften Haus war lediglich der erste Stock eingerichtet. Von diesen vorhandenen Einrichtungsgegenständen hatten aber überdies die Antragsteller alles Wertvolle wie Teppiche, Bilder, Bettwäsche, Vorhänge, Silbergeschirr im Sommer 1939 mit nach Paris genommen. [...] In den zurückgebliebenen und mir hinterlassenen Gegenständen befand sich der Holzwurm. [...] Ich stand mit den Antragstellern immer auf dem besten Fuß, bewies ihnen Gefälligkeiten, wo immer ich nur konnte, so daß mir der ganze Rückstellungsantrag unverständlich ist. [...] Die Antragsteller geben sich heute als politisch Verfolgte aus, was sie aber keineswegs sind und wofür sie jeden Beweis bisher schuldig geblieben sind. Sie hoffen, auf diese Weise den mir seinerzeit ordnungsgemäß nach den Regeln des redlichen Verkehrs verkauften Besitz, auf diese billige Art wieder in ihre Hände zu bekommen.«

Am 2. Juni 1948 lässt sich Klamert zu einer besonders dreisten und geschmacklosen Äußerung hinreißen: »Ich habe stets bestritten und bestreite es auch heute noch, dass die Antragsteller Juden sind und als solche während der Besetzung Österreichs rassischen Verfolgungen ausgesetzt waren. Zumindest sind die Antragsteller den Nachweis dafür schuldig geblieben. [...] Sie konnten dreimal ungehindert von Paris nach Österreich zu einer Zeit reisen, zu der Frankreich noch nicht von Deutschen Truppen besetzt war. Wären sie aber Juden gewesen, so hätten sie die Einreise nach Deutschland nicht mehr bekommen.«[220] Diese Art von Beweislastumkehr hält sich in der politischen Landschaft bis heute – eine einfache Methode, das Gegenüber zu verunsichern.

Klamert schreckt in der Tat vor nichts zurück: 1942 hatte er den Kaufpreis auf ein von ihm selbst eingerichtetes Konto »Familie Roth, Paris« erlegt. Am 4. September 1947 überweist er sich diesen Betrag selbst, um Steuerverbindlichkeiten zu begleichen – die Nationalbank bewilligt dies mit hanebüchener Begründung: »Diese Bewilligung wurde erteilt, da Herr Klamert über das Konto 4730 allein verfügungsberechtigt war.«[221] Das ist unbestritten richtig –

und damit kann sich der Profiteur gleich ein weiteres Mal berei-
chern. Mit staatlicher Genehmigung.

Die Streitigkeiten um Investitionen, Erträgnisse und finanzielle Forderungen verschärfen sich: Karl Klamert wird vom
Volksgericht Linz am 13. September 1949 zu Vermögensverfall
verurteilt. Damit wird die Republik plötzlich Eigentümerin der
behaupteten Forderungen, dennoch geht Klamert selbst weiter
gegen die Brüder Roth vor, ab 1950 wieder tatkräftig unterstützt
von seinem Anwalt Werner Kaltenbrunner. Klamert behauptet,
der Kaufpreis sei den Brüdern Roth zur Verfügung gestanden,
außerdem habe er 100 000 Reichsmark in den Besitz investiert – all
dies fordert er nun zurück. Die Rückstellungskommission setzt
daraufhin einen öffentlichen Verwalter ein und beschränkt damit
die privatrechtlichen Befugnisse der Brüder Roth.[222] Eine weitere
Teilenteignung.

Die Behauptungen Klamerts werden immer grotesker: So führt
er ins Treffen, die Zentralheizung sei durch Bomben vernichtet
worden – ein sehr unwahrscheinliches Szenario in Weißenbach.[223]
Eine Einigung mit Klamert erscheint unmöglich – er blockiert alles,
behauptet Investitionen, ohne Belege vorzulegen. Er bleibt die
Miete für die Zeit nach 1945 schuldig und widersetzt sich der
gerichtlichen Aufforderung, sein im Haus verbliebenes Eigentum
abzutransportieren. Und er behauptet nun plötzlich, der erste Stock
der Villa sei im Jahr 1938 völlig leer gewesen – der Verbleib der
kostbaren Einrichtung bleibt offen.

Endlich. Am 11. September 1952 ergeht das Enderkenntnis der
Rückstellungskommission: Klamert muss den Brüdern Roth
39 306 Schilling bezahlen und die Verfahrenskosten von 8500 Schilling ersetzen, die Einschränkung der privatrechtlichen Befugnisse
wird aufgehoben.[224] Dass auch dieser Bescheid angefochten wird,
versteht sich von selbst, doch diesmal erfolglos. Die Brüder Roth
verkaufen den Besitz nur wenige Wochen später, am 30. Oktober
1952, der Österreichischen Nationalbank. Die Zermürbungstaktik
Karl Klamerts war letztlich doch von Erfolg gekrönt.

29 Schwanensee am Attersee. Charlotte Wolter

Weißenbach, Weißenbach 6 und 7

Über Charlotte Wolter kursieren viele Geschichten. Sie gilt als Entdeckerin von Weißenbach und dessen größte Wohltäterin, ihre Küche wird gleichermaßen gerühmt wie ihre Bühnenleistung, ihre Tierliebe ist ebenso legendär wie ihr Faible für oberösterreichische Tracht. Aber wer ist Charlotte Wolter wirklich?

Die Geschichte ist kurz und rührend. Ein junges Mädchen aus Köln will zum Theater – so weit, so gut. Sie läuft davon und geht nach Wien, damals das Mekka der Schauspielkunst. Das Burgtheater ist das Ziel, doch es liegt noch in weiter Ferne. Chargenrollen bekommt sie, niemand erkennt ihr Talent, später wird sie in Berlin als zu klein für die Bühne abgestempelt. Aber die Kleine gibt nicht auf, erhält einen Vertrag für Hamburg – und dann, endlich, eröffnet sich der Weg in den Olymp: Heinrich Laube, der legendäre Direktor des Burgtheaters, engagiert sie. Dass die älteren Kolleginnen das junge Mädel scheel ansehen, liegt auf der Hand – die Wolter wird sich in späteren Jahren an wieder neuen jungen Mädeln rächen …

Charlotte Wolter setzt sich durch und wird zu einer der größten Tragödinnen des Burgtheaters. Und wer es geschafft hat, zieht im Sommer Richtung Salzkammergut. 1862 tritt die Wolter in einer Benefizvorstellung in Bad Ischl auf. Nur wenige Wochen zuvor ist sie erstmals als fest engagiertes Mitglied in der Rolle von Goethes Iphigenie auf der Bühne des Burgtheaters gestanden, nun kann sich der neu aufgegangene Stern des Wiener Theaterhimmels natürlich auch Ischl nicht entgehen lassen.

Was macht ihr Talent aus? Wilhelm Koschs *Deutsches Theaterlexikon* versucht sich an einer Erklärung: »Das Organ der Wolter war ein Mezzosopran von dunkler Färbung, wie Sammet oder wie Bronze, biegsam und scharf zugleich wie Stahl. Das Ergreifendste lag wohl hauptsächlich in dem leisen Vibrieren ihres immer see-

Zehn Jahre vor der
Eheschließung lassen
sich Charles Graf O'Sullivan
und Charlotte Wolter
porträtieren, 1865.

lisch bewegten Tones, der in der Leidenschaft zu einem Umfange und zu einer Höhe anschwellen konnte, die mit der Macht des schrillsten Naturlautes ans Herz griffen. Das war der berühmte Wolterschrei – kein virtuoses Kunststück, sondern so notwendig wie der Blitz aus der dunklen Wolke.«[225]

Bereits in Hamburg hatte die Wolter Charles Graf O'Sullivan kennengelernt – eine typische Geschichte, braucht doch jede Schauspielerin einen Mäzen. 1865 munkelt die Presse erstmals, dass sich »Fräulein Wolter mit dem jungen Grafen O'Sullivan verlobt (?) habe, mithin die Bühne aller Wahrscheinlichkeit nach verlassen werde«[226]. Das Fragezeichen steht tatsächlich genau so in der Zeitung, die den üblichen Weg vermutet: Abschied von der Bühne als Folge der Heirat. Nicht so jedoch bei der Wolter, ihr beruflicher Ehrgeiz geht vorderhand vor und macht sich auch bezahlt. Fünf Jahre später findet sich aber ein Hinweis, dass das berufliche Fortkommen den Grafen nicht abgeschreckt hat: Aus Wolters Wiener Wohnung werden einige Kleider, aber auch eine Reisetasche mit den Initialen des Grafen O'Sullivan gestohlen.[227] Die nicht standesgemäße Beziehung besteht also noch, und sie kann auf Dauer kein Geheimnis bleiben. Plötzlich, am 4. März 1876, weist der Theaterzettel des Burgtheaters eine kleine Änderung auf: Statt »Fräulein Wolter« tritt erstmals »Frau Wolter« auf – ein von der aufmerksamen Presse sofort wahrgenommener Hinweis, dass Charlotte Wolter nun eine verheiratete Frau ist, als Künstlerin aber ihren Mädchennamen behält. Bei Durchsicht der Trauungsbücher der Schottenpfarre in der Wiener Innenstadt wird man schnell fündig: Am 30. Juni 1875 heiraten Carl Graf O'Sullivan, ledig und 38 Jahre alt, und Elisabeth Charlotte Wolter, ledig und 41 Jahre alt, in der Schottenkirche, und dies tatsächlich im Geheimen.[228] Im Normalfall muss ein Aufgebot bestellt werden, das öffentlich angeschlagen wird – von dieser Regelung erhalten die beiden Dispens und können daher unbemerkt von der Öffentlichkeit heiraten. Ihre Adresse geben aber beide mit Babenbergerstraße 5 an, die Beziehung ist also wohl längst in aller Munde.

Zehn Jahre später erwirbt Charlotte Gräfin O'Sullivan, wie sie amtlich seit ihrer Eheschließung heißt, zwei Besitzungen in Weißenbach, im Grundbuch als »Die Behausung und Garten am Wei-

ßenbach samt Fischkauflerei« und als »Die Behausung Hofstatt und Gartl samt Kleinfischerei«[229] bezeichnet. Hier wird die Wolter ihr legendäres Atterseer Paradies erschaffen.

Sie gestaltet die Häuser in bequeme und wohlausgestattete Refugien um, empfängt Gäste, studiert Rollen ein und gewährt hin und wieder auch der Bevölkerung Einblicke in ihr privates Reich. Anlässlich der Festlichkeiten zu Kaisers Geburtstag im Jahr 1893 etwa »eröffnete die gefeierte Tragödin ihr interessantes Heim mit seinen fesselnden Interieurs in liebenswürdigster Weise den hiesigen Sommergästen und Fremden und machte selbst die Führerin durch alle Räume des Hauses. Jeder Besucher erhielt ein frischgepflücktes Lorbeerblatt mit der Aufschrift ›Charlotte Wolter‹ als Andenken.«[230] Die Lorbeerbäume stehen vor dem Haus und erinnern an Jubiläen und Huldigungen.

Sie selbst »wandelte wie mit einem Zauberschlag die Tragödin in die Lokalsoubrette um. Ihr Dirndlkostüm ist unverfälscht, untheatralisch und soweit ihr Kölner Dialekt es zuließ, trachtete sie auch, in der landesüblichen Sprache zu sprechen, was freilich mitunter zu komischen Mißverständnissen Anlaß gab. Mit ihrer Nichte hantierte Sappho und Lady Macbeth auch in den Regionen der Küche und ich vermag es aus eigener Wahrnehmung zu konstatieren, daß sie auch in der Rolle der Verfertigerin eines Kirschenstrudels und Eiscremes vor den schärfsten Gourmets hätte zu bestehen vermocht.«[231] Die Berichterstattung über ihre Küche füllt die Gazetten auch noch lange nach ihrem Tod und gipfelt in einem Artikel mit dem Titel *Die Diva als Hausfrau* – das voyeuristische Interesse für das Leben der »Prominenten« ist keine neue Erfindung. Die große Tragödin bereitet für den Bericht in einem »profanen Weidling«[232] den berühmten Wolter-Salat. Buchstäblich rührend. Doch der eigentliche Dank gilt Wolters Köchin, der sie zum treuen 25-jährigen Jubiläum ein besonderes Geschenk macht: Julius Bauer, spitzfedriger Journalist und Schriftsteller, verfasst ein Gedicht an die Köchin, an das sich *Der Morgen* am 1. Februar 1932, viele Jahrzehnte später, nochmals erinnert:

Täglich duften deine Tische
Wie der fliederreiche Mai,
Herrlich munden deine Fische,
Köstlich ist dein Hirn mit Ei!
Lob und Preis aus meiner Feder
Deiner hehren Kunst ich weih,
Ist doch deiner Krapfen jeder
Ein geback'ner Wolter-Schrei![233]

Werbung für Weißenbach in der *Fremden-Zeitung*, 4.6.1898

Besucher, die nach Weißenbach kommen, wollen natürlich einen Blick auf die Wolter erhaschen. »Wenn Fremde auf dem Dampfschiffe fuhren und das Schiff in die Nähe Weißenbachs kam, war regelmäßig die Rede von der ›Wolter‹. Die Einen fragten nach ihrem Hause, Andere zeigten dasselbe.«[234] Auch dies lässt an heutige Gepflogenheiten denken, denn vom Schiff aus kann nach wie vor ein bequemer Blick in die Privatreiche der mehr oder weniger berühmten Anrainer geworfen werden.

Die Wolter weiß auch um ihre Verantwortung für den Sommerfrischeort – eine Tugend, die sie mit all den anderen Gästen teilt. Wohltätigkeit ist das Stichwort. »Die Welt hat an ihr eine der größten Künstlerinnen, Steinbach seine größte Wohlthäterin verloren«, heißt es in einem Nachruf in der Zeitung *Das Vaterland* am 2. Juli 1897. »Sie that aus Eigenem viel für die Armen und die Kirche zu Steinbach und ließ es sich auch in den letzten Jahren trotz ihrer Krankheit nicht verdrießen, jährlich aus Anlaß des Geburtsfestes Sr. Majestät des Kaisers unter den Sommergästen von Weißenbach und Steinbach milde Gaben zu sammeln, welche nach ihrem Wunsche für den Christbaum der Steinbacher Kinder, für die Verschönerung der Kirche zu Steinbach, für Arme und für die Verschönerung der Umgebung von Weißenbach verwendet wurden. Der Ertrag dieser Sammlung war im vorigen Jahre 600 fl.«[235] Auch in ihrem Testament vergisst sie die Weißenbacher nicht und stiftet 6000 Gulden für die Armen und die Kirche.

Legendär ist Charlotte Wolters große, fast schon überbordende Tierliebe. Diese gilt – unter anderem – auch den Schwänen des Attersees. Was läge näher, hier an König Ludwigs Neuschwanstein zu denken oder an *Lohengrin*, wo es heißt: »Seht! Seht! Welch ein seltsam Wunder! Wie? Ein Schwan? Ein Schwan zieht einen Nachen dort heran!« Daran nimmt sich Charlotte Wolter in ihrer außergewöhnlichen Gabe der Selbstinszenierung ein Beispiel: »In schönen Mondnächten kann man da draußen ein gar seltsames Schauspiel beobachten, das fast an die versunkenen Märchen des Bayernkönigs gemahnt. Da gleitet ein weißer Silbernachen über den dunklen Spiegel des Attersees, darin ruht im weißen Faltengewande ein edel schönes Weib, was sie spricht klingt gleich Musik durch die Lüfte, ein Rudel von Schwänen gibt ihr stets das Geleite, gleich einer Schleppe zieht sie die hellen, schweigsam dahinrudernden Thiere nach sich.«[236]

Was für eine wunderbare, feenhafte Inszenierung einer großen Schauspielerin.

30 Am seidenen Faden. Die Familie Gütermann

Steinbach, Forstamt 5, 6, 8, 9

Forstamt. Schon der Name dieses Ortsteils von Steinbach deutet ein ganz eigenes Flair an. Man denkt an dichten Wald – wenig Sonne und viele Bäume. Doch das stimmt nur zum Teil, denn in der Realität bietet das Gelände einen wunderbaren Blick über den See und vor allem auf das in der Abendsonne rot flammende Höllengebirge, ein unglaubliches Naturschauspiel. Gediegene Villen und Badeplätze mit alten Boots- und Badehäusern erinnern an die Sommergäste, die dies alles erschlossen haben.

Zu ihnen zählt die Familie Gütermann, deren Produkte bis heute jedem nähaffinen Menschen vertraut sind: Nähseiden. Die Gütermanns zählen ebenso zu den Unternehmerpionieren wie die Kolbens in Weißenbach oder die Fabers in Attersee – unterschiedliche Branchen, aber ähnliche Karrieren. Max Gütermann wendet sich eben der Erzeugung von Nähseide zu. Sein Know-how erwirbt er in Wien, einem Zentrum der Seidenfabrikation, wo er im Unternehmen seines Schwagers G. K. Mayer erste Erfahrungen sammelt. 1860 begründet er die Firma Brüder Gütermann und wird dabei als Goldgalanteriewarenhändler und Exporteur bezeichnet. Als zweiter Gesellschafter fungiert Sigmund Gütermann in New York, vormals Currentwarenhändler in Wien. Eine Geschäftsverbindung über zwei Kontinente also – kein Wunder, dass Max Gütermann wenige Jahre später einem Komitee des Niederösterreichischen Gewerbevereines angehört, das den österreichisch-amerikanischen Handelsverkehr fördern will. 1866 macht sich dieses Engagement bereits bezahlt, »5000 broschierte Wiener Shawls«[237] finden in einer Spezialauktion in New York begeisterte Abnehmerinnen. Und die Firma Gütermann nimmt »einen nicht minder bedeutsamen Einfluß auf den Export österreichischer Kurzwaaren nach Amerika, für welche sich im Allgemeinen bessere Nachfrage für den Export einstellt«. Im selben Jahr erhält das Unternehmen eine Auszeichnung

Beeindruckende Fabriksanlagen, dargestellt im Briefkopf der Firma Gütermann & Co

für die aus »Chappe (Abfallseide) angefertigte und ausgestellte
Nähseide«[238].

Die umfangreichen Erfahrungen mit Galanterie- und Current-,
also Kurzwaren, legen den Grundstein für ein Unternehmen, das
bis heute erfolgreich besteht und bis vor wenigen Jahren ausschließlich von Familienmitgliedern geführt wurde – eine Ausnahme-
erscheinung nach den Wirren des 20. Jahrhunderts.

Max und seine Frau Sophie bekommen in Wien zwei Kinder,
Carl und Fanny, bevor sie sich aufmachen, den besten Platz für
Nähseidenerzeugung zu suchen. In Gutach im Breisgau werden sie
fündig, der Ort bietet beste Voraussetzungen. Diese nutzt Max
Gütermann perfekt, auch er zählt zu den großen Erfinderpersön-
lichkeiten des 19. Jahrhunderts und entwickelt eine Reihe von Pro-
dukten und Techniken, die heute selbstverständlich sind. Nähseide
wird zum Beispiel zickzack auf Papierrollen gewickelt – erfunden
von Max Gütermann. Beim Kauf von Nähseide gilt das (Längen-)
Maß und nicht das Gewicht – eine Gütermann'sche Idee. Diese
Aufzählung ließe sich noch lange fortsetzen.

Das Zentrum der Seidenweberei ist – damals wie heute – Nord-
italien. Max Gütermann holt von dort einerseits kundige Arbeiter
nach Gutach, andererseits eröffnet er selbst eine Fabrik in Perosa

Argentina, einem Ort nahe Turin. Dorthin schickt er seinen Sohn Carl, mittlerweile mit Anna Scheyer verheiratet. Hier kommt im Jahr 1888 deren Sohn Heinrich zur Welt, Tochter Hanna wird 1895 in Wien geboren.

1906 erwirbt Carl Gütermann ein schön gelegenes Anwesen in Steinbach, genau gesagt in Forstamt. Eine gediegene Villa, die der Familie eine repräsentative Sommerfrische bietet. 1912 stirbt Carl, und aus diesem Anlass wird ein Inventar der Villa angefertigt, das nicht nur das Haus detailliert schildert und selbst die Anzahl der Fenster angibt, sondern auch die »Fahrnisse« genau aufzählt und taxiert – in Summe beträgt der Wert des Gesamtinventars 48 000 Kronen. Das Inventar zeichnet das Bild eines gediegen ausgestatteten Sommerhauses, zu dessen wertvollsten Einrichtungsgegenständen ein Klavier gehört. Geschirr, Silberbesteck und Gläser gibt es ausreichend, im Bad befindet sich ein Badeofen, in den Schlafzimmern fehlt es an nichts. Auch ein Motorboot steht zur Verfügung. Carls Frau Anna erbt die Villa, in der sie bis 1937 ihre Sommer verbringt und auch einiges in die Substanz investiert: 1930 heiratet ihre Tochter Hanna in zweiter Ehe den Architekten Gustav Schöler, der nicht nur die Villa seiner Schwiegermutter modifiziert, sondern auch die nahe gelegene Villa Biedl erbaut. Vier Jahre später ergreift Annas Sohn Heinrich die Gelegenheit, den Familienbesitz weiter auszubauen. Er hat schon 1923 eine benachbarte Liegenschaft erworben, 1934 kauft er ein weiteres Grundstück hinzu. Und auch hier ist sein Schwager Gustav Schöler mit an Bord – er baut für Heinrich ein neues Haus, das dieser jedoch nur wenige Sommer lang genießen können wird.

Die Ausstattung dieses Hauses mit der Nr. 161 ermöglicht ein bequemes Sommerleben mit Familie und Freunden. Ein Musikzimmer, eine große Diele mit offenem Kamin und Terrasse und ein Speiszimmer mit Erker bieten viel Platz, die meisten der Schlafzimmer haben eigene Balkone, es gibt ein Badezimmer mit Elektroboiler und einen handbetriebenen Speisenaufzug von der Küche ins Obergeschoß. Dazu natürlich ein Bootshaus.

Eine der Villen Gütermann

Den Sommer 1938 verbringt Familie Gütermann schon nicht mehr am Attersee – man ist Persona non grata. Doch warum? Die Gütermanns waren bereits 1855 zum evangelischen Glauben konvertiert, fast 80 Jahre sind seither vergangen. Doch die Nazis interessiert das nicht. Anna und Heinrich Gütermann sind Schweizer Staatsbürger – das beeindruckt die Nazis umso mehr, zumindest anfangs. Diplomatische Verwicklungen sind unerwünscht. Was nun folgt, ist ein Sittenbild der Nationalsozialisten, gefangen in den eigenen Grundsätzen und Vorschriften, getrieben von persönlichen Befindlichkeiten, Neid und Missgunst. Schwarz und Weiß existieren nicht, sondern eine Unmenge von Schattierungen – die Affären um die Gütermann'schen Besitzungen zeigen dies im Detail.

Beginnen wir mit den beiden Villen, die Heinrich Gütermann erworben hat. Am 27. Juli 1940 interessiert sich sein Nachbar Richard von Doderer für eines der beiden Häuser, doch er ist nicht der Einzige: Am 15. Juni 1941 erkundigt sich auch ein Dr. Fellner vom Gaupresseamt.

Richard von Doderer erklärt die Situation in Forstamt, wo er sozusagen mitten zwischen den Gütermann'schen Villen sitzt: Am 3. Oktober 1941 schreibt er an den Landrat Vöcklabruck, die Bezirkshauptmannschaft, um mitzuteilen, dass das Haus Nr. 125 an Herrn

Dr. Georg Veranneman verpachtet ist, während das Haus Nr. 161 leer steht. Und er erklärt, »dass ich das Haus Nr. 125 sehr gerne käuflich erwerben möchte. Der derzeitige Pächter Dr. Georg Veranneman ist mein Schwiegersohn. Meine Tochter bewohnt mit ihren Kindern dieses Haus, während mein Schwiegersohn als Oberleutnant bei der Wehrmacht dient. Das Haus Nr. 161 wollte Herr Julius Pfeiffer aus Rumburg, ein Freund von mir, kaufen. Wenn Sie es wünschen, würde ich von ihm eine Erklärung abfordern. Zu der Häusergruppe gehört noch das Haus Nr. 92 (dazu gehört ein kleines Stallgebäude mit Hausmeisterwohnung Nr. 100). Dieses Haus ist im Besitze der Frau Anna Sarah Gütermann, wohnhaft in La Rosiaz sur Lausanne Modern City B Schweiz, Mutter des Besitzers der Häuser Nr. 125 und 161. Auch für dieses Haus Nr. 92 kann ich Ihnen einen Käufer nennen und zwar Herrn Dr. Karl Vogt aus Wien. Dessen Familie bewohnt dieses Haus seit drei Jahren im Sommer während 4–5 Monaten. Ich und meine Frau besitzen seit 1929 das Haus Nr. 105 mit den dazugehörigen Garten- und Seegrundparzellen, wir bewohnen es ganzjährig ununterbrochen seit dem Frühjahr 1938, vordem nur als Sommerwohnung. In dem neben liegenden Haus Nr. 125 wohnt seit zwei Jahren ganzjährig meine Tochter Veranneman.«[239]

Mit den Gütermanns hatte man zuvor zehn Sommer gemeinsam hier am Attersee verbracht, und auch jetzt gibt es nach wie vor Kontakt. Doderer agiert pragmatisch. Am 16. Mai 1942 informiert er den Reichsstatthalter von Oberdonau, August Eigruber: »Weder mir noch den anderen Bewerbern ist es gelungen, von den jüdischen Eigentümern die Zustimmung zu einem freien Verkauf der Liegenschaften zu erhalten. Diese stehen auf dem Standpunkt: So lange die Schweiz in der Lage ist, die Eigentümer in ihrem Besitz zu schützen, hätten sie keine Veranlassung, die Häuser zu verkaufen. Falls die Schweiz diesen Schutz einmal nicht mehr durchhalten kann, hätte er an den Objekten kein Interesse mehr und es wäre ihm dann gleichgültig, was damit geschehe.«[240]

Die beiden letzten Sätze leitet der Reichsstatthalter an die Gestapo weiter, mit folgender Bemerkung: »Ich bitte zu untersuchen, ob schon mit Rücksicht auf diese eigenartige Einstellung nicht die Einziehung dieses jüdischen Vermögens als staatsfeindliches durchgeführt werden könnte.«[241]

Nein, sagt die Gestapo: Diese Äußerungen können »nach den zur Zeit geltenden Bestimmungen nicht als ausreichende Grundlage für einen Antrag auf Feststellung der Volks- und Staatsfeindlichkeit der genannten Juden gewertet werden. Die Erhebungen über das moralische und politische Verhalten der Juden Heinrich und Anna Gütermann haben jedoch Beweise für das deutschfeindliche Verhalten des Heinrich Gütermann erbracht, so dass gegen ihn am 12.8.1942 ein Antrag auf Feststellung der Volks- und Staatsfeindlichkeit vorgelegt werden konnte. […] Über die Jüdin Anna Gütermann konnten keine Anhaltspunkte, die einen Antrag auf Feststellung der Staatsfeindlichkeit ihres Verhaltens begründen würden, festgestellt werden.«[242]

Überlegungen zur »Zwangsentjudung« scheitern, denn das Reichssicherheitshauptamt lehnt diese mit der Begründung ab, »dass die vorgebrachten Gründe im Falle einer Vermögensentziehung zur Zeit der ausländischen Regierung gegenüber nicht mit Erfolg vertreten werden könnten und zur Vermeidung außenpolitischer Schwierigkeiten von irgendwelchen Maßnahmen gegen Heinrich Gütermann vorläufig abzusehen ist«[243]. Noch ist die Angst, die Schweiz zu verärgern, zu groß. Aber auf andere Weise finden sich Mittel und Wege: Der Hausmeister versucht, auftretende Schäden auszubessern, dazu zählt auch eine Wiederherstellung der eingestürzten Ufermauer. Doch die Bevölkerung verkauft ihm in Zeiten von Engpässen kein Material für die »jüdische Villa«. Nun herrscht Gefahr im Verzug, die Enteignung wird zugunsten des Landrates Vöcklabruck eingeleitet. Und der hat hochfliegende Pläne: »Das Haus Nr. 161 ist als Gästehaus des Reichsgaues Oberdonau in Aussicht genommen. In ihm sollen führende Männer des öffentlichen Lebens und der Wissenschaft, deren Beruf sie in den Reichsgau führt, vorübergehend als meine Gäste kurze Erholung finden. Das vom großen Verkehr abgelegene Ostufer des Attersees ist hiefür besonders geeignet. Bisher habe ich meine Gäste im Schloss Kammer untergebracht. Es ist als Reichsverwaltungsschule in Aussicht genommen.«[244] Der Regierungspräsident von Oberdonau, Dr. Günther Palten, schreibt auffallenderweise immer in der Ich-Form, als ob diese Villen nun für seine ganz privaten Repräsentationsvorhaben zur Verfügung stünden. Der Reichswirtschaftsminister sieht das nicht ganz so und definiert den Begriff »öffentliches Interesse«: »Angesichts des ›totalen Krieges‹ im Sinne der Richtlinien einer strengen Auslegung können Gesichtspunkte des Fremdenverkehrs und der Wunsch, Gäste des Gaus möglichst gut unterzubringen, nicht als zwingend angesehen werden.« Die »Zwangsentjudung« ist aber möglich, wenn »die Häuser während der Dauer des Krieges für kriegswichtige Zwecke wie Unterbringung von Obdachlosen aus luftgefährdeten Gebieten und dergl. verwendet werden«[245].

Am 15. Mai 1943 wird das Eigentumsrecht dem Landrat des Kreises Vöcklabruck einverleibt. Und der ändert sein Vorhaben, Gäste unterzubringen, nicht. »Streng vertraulich teile ich Dir im übrigen noch mit«, schreibt Palten an Ernst Kaltenbrunner, den Chef der Sicherheitspolizei, »daß der Staatsschauspieler Dohm und seine Gattin Finkenzeller die Villa für den Fall bis Kriegsende pachten wollen, daß die Bombengeschädigten im Winter wieder die Gütermann-Villa verlassen müssen. Dieser Plan wird von der Parteikanzlei sehr warm unterstützt, weil sich das Künstlerehepaar Dohm bereit erklärt hat, für die Betreuung der Rüstungsarbeiter, insbesondere der Gefolgschaft in Lenzing, sich erheblich einzusetzen und auch Gastspiele in Theatern des Gaues durchzuführen.«[246]

Richard von Doderer sieht es als seine Pflicht, Heinrich Gütermann von der neuen Lage zu unterrichten, und endet mit dem Satz: »Ich kann es nunmehr nur lebhaft bedauern, dass Sie meinen Vorschlag im Juli 1940 abgelehnt haben.«[247] Über die Gestapo gelangt der Brief zu Reichsstatthalter Eigruber, der Doderer schreibt: »Ich teile Ihnen mit, daß eine Verständigung Gütermanns zu unterbleiben hat. Im übrigen habe ich feststellen müssen, daß Sie an dem ordnungsgemäß abgeschlossenen Entjudungsverfahren eine völlig unangebrachte, durch keine Rechts- und Sachkenntnis getrübte und Ihnen nicht zustehende Kritik üben. Sollte mir eine Wiederholung dieses Verhaltens gemeldet werden, werde ich aus Ihrer Handlungsweise unnachsichtlich sehr folgenschwere Weiterungen gegen Sie herbeiführen.«[248]

Diese Drohung beeindruckt Doderer nicht, in einem Gespräch mit dem Landesbeamten Dr. Ernst Lyro lässt er seinem Zorn freien Lauf und macht deutlich, dass er »die Art des behördlichen Vorgehens nicht mitmachen wolle«. Dies berichtet Lyro an Dr. Palten und fügt hinzu: »An die kurze hieran anschließende Erörterung knüpfte Doderer – äußerlich ruhig und in gesellschaftlichen Formen bleibend, aber mit mühsam verhaltenem Ingrimm – eine moralische Beurteilung des Falles und die Schilderung, welchen Eindruck der Zwangsverkauf des Besitzes auf die Bevölkerung gemacht habe. Die Behandlung des Falles stinke weithin, die Bevölkerung sei über die Art der Behandlung des Falles, den sie als Straßenraub bezeichne, und über das Hinundherfahren von Personen- und Lastkraftwagen zum und vom Gütermann'schen Besitz empört. Die bisher reibungslos gewesene parteiamtliche Zusammenarbeit mit dem Ortsgruppenleiter habe sich sehr verschlechtert. Die klassenkämpferische Einstellung der manuell arbeitenden Bevölkerung habe einen neuen Auftrieb erhalten. Einzelne Arbeiter hätten davon gesprochen, dass sie es auch so machen würden, wie die Behörde vorgegangen ist. Mit einem Landrat, der solche Sachen mache, lehne Doderer jeden Verkehr ab.« Der Gedanke an Doderers berühmten Neffen Heimito drängt sich auf – diese Art von Unbeherrschtheit ohne Angst vor Konsequenzen zeichnet beide aus. Doch Doderer passiert tatsächlich nichts. »Doderers Vorbringen war zum Teil derart verletzend und ausfällig, dass ich mehrmals an die Verhängung einer Ordnungsstrafe gemäß § 34 AVG dachte. An der Anwendung dieser Bestimmung hinderte mich außer der Persönlichkeit des offenbar sehr nervösen Mannes die Erwägung, dass eine Geldstrafe wirkungslos, eine Haftstrafe zu hart sei.«[249]

In einer persönlichen Unterredung mit Regierungspräsident Palten legt Doderer noch einmal nach: »Doderer schilderte sodann seinerseits den Eindruck, den die Haltung des Landesrates und seiner Beamten auf ihn als Parteigenossen gemacht habe. Hiebei bezeichnete er die Vorgänge beim Abtransport von Einrichtungsgegenständen aus dem ehemaligen Gütermann'schen Besitz durch Beamte des Landratsamtes Vöcklabruck als ›Plünderungen‹.«[250] Neuerlich erfolgt scharfe Kritik seitens der Behörden, doch Doderer betont unbeirrt, dass er sich »keinen Maulkorb« für die Zukunft umbinden lasse. Dr. Lyro lässt die geäußerten Vorwürfe nicht auf sich und seinen Beamten sitzen und betont, »daß der vorliegende Entjudungsfall – wie die früheren, die der Sachbearbeiter zu behandeln hatte – von allen beteiligten Dienststellen einwandfrei durchgeführt worden ist«. Einwandfrei.

Auch das Schweizer Generalkonsulat gibt sich gemäßigt, fragt zwar pro forma nach, ob denn nicht bekannt gewesen sei, dass Heinrich Gütermann Schweizer Staatsbürger ist. Doch, antwortet der Reichsstatthalter, daher sei auch die Zustimmung des Reichswirtschaftsministers eingeholt worden, wie es bei ausländischen jüdischen Eigentümern Voraussetzung sei. Alles ist also rechtens.

Nach Abschluss dieses Falles wenden sich die Nazis der Villa von Anna Gütermann zu, wesentlich größer und daher ebenso ein Objekt der Begierde. Diese wird, wie schon Doderer erwähnt, von Dr. Karl Vogt und seiner Familie bewohnt – und auch er lässt sich von den Nazis nicht einschüchtern: Der Vertreter des Landrates Vöcklabruck besichtigt das Haus und stellt fest, dass Vogt »in jeder Hinsicht ein unerfreulicher Zeitgenosse zu sein scheint. Dr. Vogt, der, wie bis jetzt ermittelt werden konnte, auf Kosten der Judenfamilie Gütermann studiert hat, benützt angeblich das Grundstück im Einverständnis mit der Frau Anna Sara Gütermann (derzeit wohnhaft in Zürich) und dem Schweizer Generalkonsulat. Aus verschiedenen Bemerkungen mußte ich entnehmen, daß Herr Dr. Vogt zum Schweizer Generalkonsulat in Wien irgendwelche Verbindungen hält und sich nicht scheuen würde, den Schweizer Generalkonsul um Intervention zu bitten, wenn er dadurch die Verwendung der Villa Anna Sara Gütermann für Zwecke der Kinderlandverschickung verhindern könnte. Ich werde daher die Geheime Staatspolizei bitten, sich die Person des Augenarztes Dr. Vogt, der zudem noch Parteigenosse ist, anzusehen.«[251]

Ernst Palten beeilt sich, Kaltenbrunner von der Lage in Kenntnis zu setzen: »Die größte der Gütermann'schen Villen ist noch zu arisieren und kann Dir ohne weiteres zur Verfügung gestellt werden. Im Hinblick auf die Schwierigkeiten, die augenblicklich bei einer Arisierung gemacht werden, bitte ich Dich, mir die Wege in Berlin zu ebnen.«[252]

Ein Lokalaugenschein am 15. Dezember 1943 beschreibt den guten Zustand des Hauses, das 1937 gründlich umgebaut worden war. Die üblichen Räume, sieben Schlafzimmer und ein Bad mit Einbauwanne und 300-Liter-Boiler bieten behaglichen Komfort. Im Dachgeschoß fällt eine Besonderheit auf: »Die Türen sind bunt bemalt, sonst sind im Haus braune Türen.«[253] Die Malereien stammen von Franz von Zülow, der als Mitglied der am Wolfgangsee beheimateten Zinkenbacher Malerkolonie öfters Gast des Hauses gewesen war.

Doch die Villa soll keinem Bonzen zur Verfügung gestellt werden, sondern der Allgemeinheit in Gestalt der Sicherheitspolizei als Erholungsheim dienen, genauso wie die Villa Kolben in Weißenbach (siehe Kapitel 24). Um den erwarteten Gästen genügend Badeplatz bieten zu können, sollen auch die Badeplätze jener Villen, die nun dem Landrat gehören, genutzt werden – doch dieser lehnt dies ab. Er möchte ja schließlich bei wichtigen Persönlichkeiten glänzen und diese nicht von badenden Kindern belästigt wissen.

Diese wichtigen Persönlichkeiten, die Staatsschauspieler Will Dohm und Heli Finkenzeller, leben bereits hier und treten als Gegenleistung kostenlos im Gau Oberdonau auf. Und auch Finkenzeller wehrt sich gegen die Nutzung des Badeplatzes, denn »diese kleine Wiese [...], die den ganzen Tag vor meinem Blick liegt, war nach dem Verlust meines Berliner Heims der einzige Grund, die

Heli Finkenzeller
kann den Sommer
trotz der neugierigen
Blicke genießen.

namenlosen Schwierigkeiten des Winters hier zu ertragen, um im Sommer eine Möglichkeit zu haben, mich mit meinen Kindern endlich privat etwas zurückzuziehen, denn durch die Popularität ist mein Privatleben sehr erschwert. Sie glauben ja nicht, verehrter Herr Präsident, was für eine Platzangst eine Frau wie ich mit der Zeit durch die vielen neugierigen Blicke bekommt!«[254] Heli Finkenzeller zählt zu den populärsten Filmschauspielerinnen ihrer Zeit, doch sind ihre Einwände unbegründet, denn der »Zwangsverkauf ist auf unvorhergesehene Schwierigkeiten gestoßen«[255]. Erst am 11. Oktober 1944 wird die Stiftung Nordhav als Eigentümerin ins Grundbuch eingetragen, und niemand wird dieses Haus jemals als Erholungsheim nutzen.

86 000 Reichsmark werden auf ein Vorzugssperrkonto für Anna Gütermann, 74 886 Reichsmark auf ein weiteres für Heinrich Gütermann eingezahlt.

Nach dem Krieg werden die Rückstellungsverfahren rasch eingeleitet, und die Bezirkshauptmannschaft macht den Vorschlag einer Rückgabe gegen Bezahlung der seinerzeitigen Kaufsumme, nicht ohne festzustellen: »Der Landrat des Kreises Vöcklabruck hat bei diesem Verkauf über Auftrag und Weisung des ehemaligen Reichsstatthalters in Oberdonau und nach den damals in Geltung gestandenen Gesetzen gehandelt. Es wäre ihm also zuzubilligen, daß er bei dieser Vermögensentziehung die Regeln des redlichen Verkehrs eingehalten hat und somit als redlicher Erwerber anzusehen ist.«[256] Amtsrat Simbrunner, der diese Verteidigungsstrategie erdacht hat, macht in einer mündlichen Verhandlung, in der der Inhalt des Aktes der Vermögensverkehrsstelle verlesen wird, dann doch einen Rückzieher.

Die Rückzahlung erweist sich jedoch als kompliziert: Reichsmark werden zwar eins zu eins in Schilling konvertiert, doch erfolgt eine Abwertung um 60 Prozent: Nominell bleiben also nur 40 Prozent der ursprünglichen Kaufsummen übrig. Und diese werden »in Bundesschuldverschreibungen der Republik Österreich umgewandelt«,[257] wie die Girozentrale aufklärt. In beiden Fällen kommt es im Jahr 1948 dennoch relativ unkompliziert zu einem Vergleich, die Villen kehren wieder in das Eigentum der ursprünglichen Besitzer zurück.

31 Ein Lebensbuch. Heimito von Doderers *Strudlhofstiege*

Steinbach, Forstamt 7

Plötzlich taucht ein Lebensbuch auf: Doderers *Strudlhofstiege*, die ich seit Jahrzehnten liebe, studiere, analysiere – schon allein der herrlichen Sprache wegen! Und gleichzeitig kann ich die Wiener Gesellschaft verstehen, die sich in diesem Buch sofort wiedererkannte und wenig erfreut war – denn Doderer hat sich nicht einmal die Mühe gemacht, die Namen zu ändern – aus Stoerk wurde gerade einmal Storch, ziemlich offensichtlich. Die Empörung war zu Recht groß. Und meine Begeisterung ist es ebenfalls, denn ein unverblümteres Porträt der beschriebenen Gesellschaftsschicht gibt es nirgendwo. Die Gespräche, die Gedanken, die Erlebnisse –

Villa Doderer: Das Zimmer, in dem Heimito die *Strudlhofstiege* begann, liegt genau hinter dem dichten Busch.

Doderer bildet einfach sein Leben und das seiner Umwelt ab. Das kann man billig nennen, dennoch entsteht ein unschätzbares Zeitdokument einer ganzen Epoche in unerreichter sprachlicher Originalität.

Und das auch noch mit Bezug zum Attersee: Denn die erste Seite der *Strudlhofstiege* entsteht am 3. Juli 1946 in Steinbach, in einem kleinen Kämmerchen, aus dessen Fenster man sich beugen muss, um den See zu sehen. Ich habe es ausprobiert. »Ein Wintertag hier an dem See zeigt schon im kleinen Ausschnitt meines Kammerfensters eine ungeheuer weiträumige Welt der Nuancen – so in Strichzeichnung wie in Farbe – innerhalb von Schwarz, Blau und Weiß.«[258]

Was macht den Reiz der *Strudlhofstiege* und der daran anschließenden *Dämonen* aus? Die wunderbare Hilde Spiel bringt es auf den Punkt: »Doderers *Strudlhofstiege* hatte mich verzaubert. Daß der gewaltige Roman, dessen ›Rampe‹ dieses Buch gewesen war, ursprünglich ›Die Dämonen der Ostmark‹ heißen sollte und deutlich antisemitische Züge trug, dass in ihm die Ereignisse des 15. Juli 1927 (der Brand des Justizpalastes) auf fragwürdige Weise dargestellt wurden – was verschlug's? Ich war wehrlos gegenüber dieser Verdichtung wienerischen Lebensgefühls, dieser so präzisen wie skurrilen Sprache, dieser Kraft des Aufbaus bei immer wieder frappierender Anschaulichkeit der Details.«[259]

Doderer bewahrt das Bild einer untergegangenen Gesellschaftsschicht vor dem Vergessen. René Stangeler, eine der Hauptfiguren, ist Doderers Alter Ego – und dessen Verlobte Grete Siebenschein heißt in Wirklichkeit Gusti Hasterlik. Durch einen glücklichen Zufall lernte ich ihre Nichte Giulia Hine kennen, die in Boulder, Colorado, lebte und die ich zwei Mal besuchen durfte – eine wunderbare und bereichernde Begegnung, die ich nie vergessen werde. Was für ein Geschenk, sie zu einer Zeit zu besuchen, in der Gespräche einfach mittels Mobiltelefon der Nachwelt erhalten werden können. Und so kann ich ihren Schilderungen auch jetzt aufs Neue lauschen. Ihre Meinung von Doderer war wahrlich nicht die beste,

Heimito von Doderer,
noch vor dem Krieg,
1930

denn dieser hatte keine Scheu, seine subjektive Version verschiedener Vorkommnisse zu verbreiten. Viele der Erlebnisse mit den Hasterliks verarbeitet Doderer in den *Dämonen* und der *Strudlhofstiege*. Seine realitätsnahen Schilderungen irritieren oft, aber sie tragen auch dazu bei, diese Welt zu verstehen, Denkweisen nachzuvollziehen und Menschen näherzukommen. Doch dass die geschilderten Personen empört und verletzt sind, wenn sie sich in Doderers Romanen wiedererkennen, kann man gut nachvollziehen.

Heimito von Doderer schöpft für seine Romane aus seiner Erinnerung. Vorerst erhofft er sich dafür Ruhe in Steinbach, in der Villa seines Onkels Richard von Doderer. »Und Freitag vormittags, während der zweistündigen Fahrt mit dem Dampfer von Kammer hierher, sah ich zum ersten Mal die herrliche Landschaft dieses Teiles von Österreich, der mir bis jetzt, wie durch eine merkwürdige Fügung, unbekannt und fremd geblieben war. Auf der Landungsbrücke ist mir mein Onkel entgegengekommen, gealtert, aber immer noch schön. Hier bin ich wie ein Sohn aufgenommen worden.«[260] Das notiert er am 3. Februar 1946 in seinem Tagebuch, um gleich mit einer Beschreibung seines neuen Domizils fortzufahren: »Auch dieses Haus und die Gegend stellt' ich mir früher immer so ähnlich vor, wie's nun wirklich ist, ohne davon meines Wissens je ein Bild gesehen zu haben: une maison déjà vue. Der See schwappt und schlappt in seinem tiefen Becken, allenthalben um den Fuß der Berge sich wendend.«[261]

Wirklich Ruhe zu schreiben findet Heimito hier aber nicht, denn nicht nur er hat hier Zuflucht gefunden: Zwei Söhne und eine Tochter seines Onkels samt Familien bevölkern die Villa und das danebenliegende Haus. »Wir sind eine Art Notgemeinschaft, denn was uns allen gemeinsam ist, das ist eben die Not.«

Abseits seiner Romane schildert Doderer auch den Wechsel der Jahreszeiten in Steinbach: »Frühling: Der See sieht tiefer aus, gründiger, dunkelfarbener, dann und wann wie ein ultramarinblauer Abgrund. Die Sonne greift im Garten am späten Nachmittage grüngold über den Rasen. Schon genießt man den Frieden und Reiz ländlich-familiären Nachmittagskaffees auf geräumiger Veranda. Das alles eben ist's, wonach ich mich den Winter über gesehnt habe.«[262]

Und wovon leben die Doderers in diesen Nachkriegsmonaten? Es klingt etwas unwahrscheinlich, doch alle Bewohner der Villa Doderer ziehen gemeinsam eine neue »Industrie« auf: »Ich habe nach Wien um Pinsel geschrieben, da ich mich hier in eine Haus-Industrie einstellen lassen könnte: Bemalen von Domino-Steinen mit allerlei österreichischen Emblemen und Motiven, für die Amerikaner.«[263] Böhmische Industrielle samt ihren Familien und ein Schriftsteller bessern so ihre Versorgung auf. Heimito gesteht der Frau seines Onkels auch zu, dass sie trotz der prekären Lebensmittelsituation hervorragend kocht – wenn auch immer zu wenig.

Nach nur wenigen Monaten endet Heimitos Zeit in Steinbach, und er kehrt nach Wien zurück. Im Gepäck hat er Vorarbeiten und Texte für zwei seiner Romane, die zu den größten literarischen Werken der Nachkriegszeit zählen. Steinbach darf als wichtige Inspirationsquelle dafür gelten.

32 »Das ganze Haus ein Denkmal der Liebe.«
Hedwig Bleibtreu und Alexander Römpler

Steinbach, Seefeld 1

65 Jahre am Wiener Burgtheater – eine fast unwirklich lange Zeit, in der Hedwig Bleibtreu Generationen durch ihre Darstellungskunst prägt. 1893 wird sie an das Burgtheater engagiert, drei Jahre später stirbt die damals regierende Heroin Charlotte Wolter (siehe Kapitel 29). Und obwohl die Bleibtreu ein ganz anderer Typ ist als die Wolter, gilt sie doch als deren Nachfolgerin. Nicht nur am Burgtheater, sondern auch am Attersee, denn die Wolter residiert in Weißenbach, und die Bleibtreu lässt sich knapp fünf Kilometer entfernt in Steinbach nieder. Auch sie schafft sich hier ein Refugium, ganz auf ihre Wünsche zugeschnitten. Der eigentliche Schöpfer ist ihr Ehemann Alexander Römpler, ebenfalls am Burgtheater engagiert, doch in einem ganz anderen Genre tätig als seine berühmte Frau: Seine Spezialität sind die kleinen Rollen, die oft herablassend Chargen-Rollen genannt werden. Römpler hat die Gabe der »selbstverständlichen Wirkung«, und »seine Komik hat nichts Manieriertes, sein Humor nichts Gewolltes und nichts Gezwungenes«[264].

Mit der Gesundheit Alexander Römplers steht es nicht zum Besten, der Arzt seines Vertrauens weilt im Sommer ebenfalls in der Nähe: Wolfgang Pauli (siehe Kapitel 23). Die Fertigstellung des gemeinsamen Hauses, in das er so viel Liebe und Mühe steckt, darf er nicht mehr erleben – er stirbt noch im Jahr des Baubeginnes. Doch er bleibt dem Besitz verbunden: »Es hat wahrhaft tragisch berührt, daß nach der letztwilligen Verfügung dieses Künstlers seine sterblichen Überreste dem Feuer übergeben und die Asche von seiner Gattin im Garten der Villa ausgestreut werden mußte …«, wie sich Siegfried Löwy, der Chronist der Wiener Theaterwelt, 1924 wehmütig erinnert.[265] Und auch in einem Nachruf im Jahr 1909 ist die Bedeutung des Atterseer Sommers eine Erwähnung wert: »Nur in den Sommermonaten gönnte er sich Erholung.

Hedwig Bleibtreu in Hans
Neuerts Volksstück *Almenrausch
und Edelweiß*. »Sie hatte
Momente wahrhaft tragischer
Kraft«, schrieb das *Neuigkeits-
Welt-Blatt* am 16.4.1892.

In Steinbach am Attersee war er seit Jahren Sommergast. Heuer
nahm er den Bau einer Villa in Angriff, um auch dort sein eigenes
Heim zu haben. Der Tod hat nun diesen schönen Plan zunichte
gemacht.«[266]

Zwei Jahre nach Alexander Römplers Tod erschüttert eine tragische Geschichte die Familie – ihr Ausgangspunkt liegt in der Sommerfrische am Attersee. Hier treffen einander im Sommer 1911
Emilie Römpler, Alexanders Tochter aus erster Ehe und angehende
Schauspielerin, und Dr. Paul Scheibe, der mit seiner Familie ebenfalls auf Sommerfrische am Attersee weilt. Die beiden Familien
sind gut bekannt, und eines ergibt das andere: Emilie und Paul
kommen einander näher und bestätigen so das Klischee der Sommerfrische als idealer Heiratsmarkt. Im Winter hält Paul um Emi-
lies Hand an, für Ostern ist die Hochzeit geplant. Eine völlig nor-
male Entwicklung, wie es scheint. Bis zum 21. Februar 1912. An
diesem Tag macht sich das Paar in den Schönbrunner Schlosspark
auf, jedoch nicht zu einem Spaziergang, sondern in anderer Absicht.
Auf einer Steinbank sitzend zücken sie ein Fläschchen Zyankali,

Da war die Welt noch heil: Emilie Römpler auf dem Balkon der Villa.

trinken beide daraus, und dann erschießt Paul zuerst Emilie und dann sich selbst. »Die beiden Selbstmörder waren sehr elegante Erscheinungen«, berichtet das *Neue Wiener Journal* am folgenden Tag. »Er, ein hübscher, etwa dreißigjähriger Mann, groß, bartlos, von eleganter Figur, dunkel gekleidet, die Dame, zirka 25 Jahre alt, trug dunkles Pelzwerk. Beide hatten goldene Uhren und Ketten sowie wertvollen Schmuck.« Der Grund für die Tat bleibt im Dunkeln, in einem Brief an seinen Bruder schreibt Paul nur: »Ihr würdet mich ja doch nicht verstehen.« Keine Begründung. Die geschockten Familien können das Geschehene tatsächlich nicht verstehen, die Brautleute waren einander sehr zugetan und planten, nach der Hochzeit an den Attersee zu reisen, um dort den Frühling und Sommer zu verbringen. Doch dazu kommt es nicht mehr.

Wie das Haus in Steinbach gestaltet ist, schildert die Frau des schon erwähnten Leibarztes Wolfgang Pauli, Bertha. Als Journalistin schreibt sie für diverse Zeitungen und gewährt so auch Einblick in das liebevoll geplante und gestaltete Haus der Römplers. Schon beim Näherkommen hört der Besucher Klavierklänge – die Bleibtreu spielt selbst und erfüllt das Haus mit einer ganz eigenen Atmosphäre: »Das neue Bleibtreu-Haus hat individuelles Gepräge, hat eine Seele, die der seiner Herrin ähnelt.« Jeder Raum ist ihren Wünschen angepasst, sogar »jeder Stein nach den genauen Angaben ihres Gatten für sie behauen und gelegt«, mit großer Liebe zum Detail. »Ein so sorglich durchdachtes Geschenk entspricht schließlich völlig der Eigenart der Persönlichkeit, für die es geschaffen worden, und ist von ihrem Geiste erfüllt, noch ehe es seiner Bestimmung dienen konnte.«[267]

Das Haus ist lichtdurchflutet und im typischen Stil des Salzkammerguts eingerichtet: Lärchenholzböden, weiße Wände, bestickte Decken und Tischtücher. Der Zauber des Hauses verfliegt nicht, denn noch 25 Jahre später verspürt der Besucher den Geist seiner Erbauer, obwohl diese schon lange nicht mehr dort leben. »Mit stiller Andacht geht man durch die Räume, denen noch immer der persönliche Reiz ihrer einstigen Herrin anhaftet«, schreibt ein Autor, der sich hinter den Initialen M. R. versteckt. Und zieht Vergleiche zwischen dem Interieur und der Besitzerin, denn »der farbige Glanz des österreichischen Barocks – der auch einen Teil von Hedwig Bleibtreus schauspielerischem Wesen ausmacht – lebt und atmet in der ganzen Ausgestaltung des Hauses«. Da gibt es geschmiedete Türschnallen oder einen Barockengel – »in seinen segnend ausgestreckten Händen hält er einen antiken Rosenkranz aus riesigen Perlen mit fein ziseliertem Kruzifix.« Simse mit Kacheln, auf denen Heilige abgebildet sind, laufen in der holzgetäfelten Halle rundum. Ein uraltes Spinnrad zieht die Aufmerksamkeit genauso auf sich wie eine außergewöhnliche »Reisegarnitur aus dem Nachlaß eines Kirchenfürsten: gläserne Weinflaschen und Kannen mit Metallverschlüssen, alles in purpurfarbenen Ständern«.

Doch nicht nur das Innere des Hauses erinnert an die Bleibtreu, auch die Menschen haben sie nicht vergessen. »Die Landkrämerin und andere Steinbacher Bauern sprechen heute noch mit ehrfürchtiger Bewunderung von der ›gnä Frau‹, die sich seit mehr als zwanzig Jahren nicht mehr in Steinbach hat blicken lassen.«[268]

Die Villa heute als Teil der Vereinigten altösterreichischen Militärstiftungen

Und wieso hat Hedwig Bleibtreu diese wunderbare Villa verlassen? Schuld daran ist der Erste Weltkrieg. Die Bleibtreu, selbst Tochter eines Offiziers, der sich jedoch auch der Schauspielerei zugewandt hatte, wächst als große Patriotin auf und möchte beim Ausbruch des Krieges ihren Beitrag leisten – und der fällt sehr großzügig aus. So erscheint sie bereits im August 1914 in der »Zentralstelle der Fürsorge für Soldaten und ihre Familienangehörigen« im Wiener Rathaus und erlegt ihren gesamten Schmuck, darunter ein äußerst wertvoller Brillantanhänger mit den Initialen des Kaisers und der Kaiserkrone. Außerdem sagt sie zu, dem Bühnenverein monatlich 100 Kronen zugunsten unterstützungswürdiger Schauspieler zur Verfügung zu stellen.[269] Dies allein ist den Zeitungen schon bewundernde Artikel wert, die Bleibtreu geht jedoch noch einen Riesenschritt weiter und widmet ihre Villa in Steinbach einer Militärstiftung. In der Widmungsurkunde vom 27. November 1914 steht ausführlich zu lesen: »Aus Anlaß des der Monarchie aufgezwungenen Krieges als Dank an die heldenmütige k. u. k. Armee widme ich die mir eigentümlich gehörige Villa samt Garten, mit allen dazu gehörigen Nebenbaulichkeiten, der Boots- und Badehütte, mit der gesamten Einrichtung und dem gesamten fundus instructus in der Villa und der Schiffshütte, ferner mit allen Servitutsrechten und sonstigen Rechten für eine Militärstiftung mit der Bestimmung, um erholungsbedürftigen k. u. k. Offizieren daselbst freie Unterkunft eventuell auch ständigen Aufenthalt zu gewähren, beziehungsweise zur Verwendung dieser Villa nach Ermessen des k. u. k. Reichs-Kriegs-Ministeriums zu einem andern, jedoch mit der oben beabsichtigten Widmung im Einklange stehenden Zwecke. Diese Stiftung soll den Namen führen: Hedwig Bleibtreu'sche Stiftung für k. u. k. Offiziere.«[270]

Bis heute können Angehörige des österreichischen Bundesheeres zu sehr wohlfeilen Preisen in dieser Villa ihren Sommer verbringen.

33 Meine Jugendliebe. Gustav Mahler

Steinbach, Seefeld 14

Am Anfang dieses Kapitels muss ich eines gestehen: Als Teenager hing über meinem Bett ein Bild Gustav Mahlers – des Helden meiner Jugend. Und ich erinnere mich an die Verzweiflung meiner Großmutter und Schwester ob der permanenten Mahler-Beschallung … Kurz gesagt: Ich liebe Gustav Mahler. Bis heute.

Mahlers Komponierhäuschen in Steinbach erfuhr in den vergangenen Jahren die adäquate Würdigung, wechselnde Ausstellungen, ein Klavier und diverse Erinnerungen an Mahler sind heute zu sehen – und der prachtvolle Ausblick auf den See und die Berge lässt die Inspiration erahnen, die von diesem Ort auf den Komponisten ausgegangen sein muss. Den nahe liegenden Campingplatz muss man einfach ausblenden.

Der Sommer 1893 ist der erste, den Gustav Mahler, zu dieser Zeit gerade Kapellmeister in Hamburg, in Steinbach verbringt, gemeinsam mit seinen Schwestern Justine und Emma, seinem Bruder Otto und der Geigerin Natalie Bauer-Lechner, die er aus Hamburg kennt.

Seine Schwester Justine, acht Jahre jünger, hat sich bis zum Tod der Eltern im Jahr 1889 um diese gekümmert, nun führt sie dem Bruder den Haushalt. 1902 wird sie, einen Tag nach der Eheschließung von Gustav Mahler mit Alma Schindler, in aller Stille Arnold Rosé heiraten – eine jahrelange Liebe, die jedoch stillhalten musste, bis Justine »frei« ist. Auch Arnold ist Musiker, als Geiger steht er dem berühmten Rosé-Quartett vor und ist Konzertmeister der Wiener Philharmoniker. Emma, 15 Jahre jünger als Gustav, heiratet vier Jahre vor den Geschwistern Arnolds Bruder Eduard, auch er Musiker und als Cellist ebenfalls Mitglied des Rosé-Quartetts. Musik allüberall.

Natalie Bauer-Lechner liebt Gustav Mahler und zählt zu seinen wichtigsten Vertrauten, eine wahre Lebensfreundin auf derselben

Dieses Porträt von
Gustav Mahler hing
in Teenagerzeiten
über meinem Bett.

intellektuellen Linie und ihm emotional eng verbunden. Man kann sie als »die beste Freundin« bezeichnen, die Mahlers Leben und Schaffen begleitet, kommentiert und dokumentiert. Ihr sind viele Erinnerungen, auch an die Sommer in Steinbach, zu verdanken. Ihr mütterlich-freundschaftlicher Blick ruht liebevoll auf Mahler, »der, wenn er vom Komponieren kommt, noch eine Weile ganz entrückt ist und seinen eigenen Sachen wie ein Fremder gegenübersteht«[271].

Fünf Zimmer im Gasthof »Zum Höllengebirge« werden gemietet, doch muss man sich das ganz anders vorstellen als heute: Es handelt sich um fünf Zimmer mit Balkonen, dazu eine Küche und ein Speiszimmer – eigentlich mehr eine Wohnung[272]. Und natürlich ein Klavier, das aus Wien angeliefert wird. Ruhe zum Komponieren findet Mahler inmitten der Sommergäste aber nicht, denn selbst wenn keine anderen Gäste dauerhaft im Haus absteigen, kommen ständig Touristen, aber auch Freunde Mahlers vorbei. Dieser gibt daher bei Baumeister Lösch einen Musikpavillon in Auftrag, den er in seinem zweiten Steinbacher Sommer beziehen kann. Um die Abwicklung kümmert er sich natürlich nicht selbst, das übernimmt die tatkräftige Natalie. Knapp 400 Gulden kostet dieses Häuschen, klein und fein, mit Fenstern in drei Wänden und einer Glastür in der vierten, die den Blick zwischen See und Höllengebirge hin und her wandern lassen. Er »erbaute am Ufer dieses Haus, wo ihm der See seine geheimnisvollen Melodien zugerauscht haben mag, wo die Berggeister des Höllengebirges ihr Wesen treiben«[273], wie es der Schriftsteller Hermann Bahr sehr phantasievoll ausdrückt.

Die Einrichtung besteht aus einem Klavier, einem Tisch und einem Notenpult – die Reduktion auf das Mindeste ermöglicht die Konzentration auf das Wichtigste: die Melodien, beflügelt von der Landschaft. Hermann Bahr versucht, sich in den Komponisten hineinzuversetzen: »Was aber fing Mahler hier an, wenn ihm nichts einfiel? Wie half er sich in den gewissen Pausen, wo der Künstler verzweifelt auf und ab rennt? Sprang er durch eines der drei Fenster? Oder war's gerade die durch Zwang zur Unbeweglichkeit aufgestaute Produktivität, der die Dritte ihre geheimnisvolle Fülle, ihre Verdichtung verdankt?«[274]

Der Alltag in Steinbach ist geprägt von den Bedürfnissen des Komponisten: Rund um das Komponierhäuschen darf kein Mucks zu hören sein, und Natalie erzählt, dass die Schwestern und sie die Dorfkinder mit verschiedenen Mitteln »bestechen«: Kein Fußballspielen, kein Baden und Spielen im See wird geduldet, »was wir durch Bitten und Versprechungen, Naschwerk und Spielzeug erreichen«. Eine teuer erkaufte Ruhe. Auch vor den Tieren machen die Anstrengungen nicht halt: Sie werden vertrieben oder eingesperrt oder, »wollten sie gar keine Ruhe geben, gekauft und verzehrt, um ihre Stimmen aus der Welt zu schaffen«. Mahler selbst kann keiner Fliege etwas zuleide tun, und man fragt sich, ob er eine

Reduktion auf das
Mindeste: das Komponier-
häuschen

Ahnung hat von den drastischen Maßnahmen seiner weiblichen
Entourage. Trotz aller Vorsichtsmaßnahmen muss Natalie oft für
Ruhe sorgen, wenn Menschen fröhlich pfeifend, singend oder auch
streitend vorbeiziehen. »Und nun war es meiner ganzen Schlauheit
und Überredungskunst anheimgegeben, den Ruhestörern begreif-
lich zu machen, was wir von ihnen wollten, und sie durch Bier,
Trinkgeld oder weiß Gott was sonst zum Schweigen zu bringen.
Wollte es gar nicht gelingen, so sagte ich ihnen, der Herr sei nicht
recht richtig im Kopf.«[275] Manche Störungen sind dabei sogar
bewusst herbeigeführt: Der am anderen Seeende in Unterach weilende Schauspieler Franz Tewele (siehe Kapitel 15) schöpft aus einer
enormen Fülle an Ideen, um die anderen Sommerfrischler zu
unterhalten. Er zahlt einem Leierkastenmann einen Gulden, »damit
er den ganzen Vormittag vor dem ›Mahler-Häuschen‹ sein Instru-
ment bearbeite. Nun mußte Mahlers Schwester dem Mann für sein
Stillschweigen zwei Gulden zahlen«[276], gibt Justines Sohn Alfred im
Neuen Wiener Journal am 19. August 1928 die Erinnerungen seiner
Mutter wieder. Ein wenig gelungener Scherz Teweles.

Im Sommer 1894 vollendet Mahler in Steinbach seine Zweite Symphonie. Nach Hamburg zurückgekehrt, beginnt er, die Instrumentation mit seinem Orchester auszuprobieren – und ist selbst überwältigt von der Wirkung seiner Musik: »Man wird mit Keulen zu Boden geschlagen und dann auf Engelsfittichen zu den höchsten Höhen gehoben.«[277]

Die Symphonie bringt etwas vollkommen Neues: Die menschliche Stimme erklingt in einem symphonischen Werk. »Das war das Ei des Kolumbus, das ich in meiner Zweiten Symphonie mit dem Wort und der menschlichen Stimme einsetzte, wo ich es, um mich verständlich zu machen, brauchte«, erklärt der Komponist seiner Freundin Natalie auf einem Spaziergang. »In der dritten geniere ich mich aber nicht mehr und lege zwei Gedichte aus ›Des Knaben Wunderhorn‹ und ein herrliches Gedicht von Nietzsche den Gesängen der kurzen Sätze zugrunde.«[278]

Noch im Sommer darf sich Ignaz Brüll am nahe gelegenen Berghof (siehe Kapitel 21) ein Bild dieses neuen monumentalen Werkes machen: Gustav Mahler fährt mit dem Fahrrad die zehn Kilometer lange, wunderschöne Strecke entlang des Seeufers, im Gepäck hat er seine Zweite Symphonie, arrangiert für zwei Klaviere, die auch sogleich gemeinsam mit Ignaz Brüll gespielt wird. Brülls Tochter Hermine Schwarz kommt die Ehre zu, das *Urlicht* im vierten Satz zu singen.

Mahler fährt nicht nur mit dem Fahrrad, sondern erkundet auch zu Fuß die Landschaft, um weitere Inspiration aufzusaugen – dass er immer ein Notenheft bei sich hat und mit seiner Entourage wenig spricht, liegt auf der Hand.

Einen wichtigen Fixpunkt dieser Sommeraufenthalte stellt Mahlers Geburtstag am 7. Juli dar, Justines Sohn Alfred schildert die etwas seltsam anmutenden Feierlichkeiten, die in der Moosstuben, drei bis vier Stunden entfernt im Gebirge gelegen, stattfinden: »Es wurden Hühner und selbstverständlich schwarzer Kaffee mitgenommen und eine berühmte schwarzweißbraune Geburtstagstorte, die aus drei verschiedenen, übereinander getürmten zubereitet war.«[279] Gustav Mahler legt bei seinen Mahlzeiten besonderen Wert darauf, dass diese leicht und diätetisch ausfallen – das Geburtstagsmenü gilt wohl als Ausnahme. Am Abend, zurück im Gasthof, »saß man auf der Speiseterrasse, die auf die Wiese hinunterschaute, lesend und plaudernd, und ging dann noch ein wenig spazieren. Mahler begab sich zeitig zur Ruhe, um frühmorgens frisch zu sein.«

Der Sommer 1895 steht ganz im Zeichen der Dritten Symphonie, die bis auf den Kopfsatz hier fertiggestellt wird. Dieser folgt im folgenden Jahr: Am 11. Juni 1896 trifft Gustav Mahler wieder mit seinen Schwestern Justine und Emma in Steinbach ein, im Gasthof »Zum Höllengebirge« werden wiederum fünf Zimmer bezogen, Natalie Bauer-Lechner reist wenige Tage später an und lässt sich von den Schwestern die ersten Tage schildern – und erfährt von einem reinen Desaster: Die Skizzen zum ersten Satz der Dritten Symphonie hatte Mahler in Hamburg gelassen – sie müssen nachgeschickt werden. Das Klavier aus Wien ist nicht rechtzeitig eingetroffen, »so daß Mahler wie ein des Fluges beraubter Aar mit gefesselten Schwingen in seinem Häuschen saß«[280]. Endlich passen die Grundvoraussetzungen, aber Mahler plagt sich mehr als in den Sommern zuvor – Kreativität lässt sich eben nicht erzwingen. Der herrliche Sommer mit den blühenden Blumenwiesen rundum und der speziellen Stimmung des gleißenden Sonnenscheines passt auch so gar nicht zum Charakter des ersten Satzes. Mahler ist also nicht wie sonst »›bis über beide Ohren‹ und wie von einem heiligen Wahnsinn besessen«.[281]

Gustav Mahler lädt den jungen Bruno Walter, in Hamburg als Chordirektor und Kapellmeister sein Kollege, nach Steinbach ein, was dieser hocherfreut annimmt, ist er doch schon gespannt auf die neue Symphonie. Doch vergehen einige Wochen, bis ihm das Vergnügen zuteilwird, diese erstmals auf dem Klavier zu hören – und dies wirft die Frage auf: Das Innere des Komponierhäuschens ist klein und eng. Müssen sich die Zuhörer hineinzwängen? Oder werden Fenster und Tür geöffnet, und die Musik ertönt über den ganzen See? Eine wunderbare, großartige Vorstellung. Überwältigt reagiert auch Bruno Walter, er fühlt in Mahlers Spiel »die schöpferische Glut und die Erhebung: Jetzt erst und erst durch diese Musik glaubte ich ihn erkannt zu haben. Sein ganzes Wesen schien mir eine geheimnisvolle Naturverbundenheit zu atmen.«[282]

Ein Sommermorgentraum lautet der ursprüngliche Titel dieser Symphonie, die alle Dimensionen sprengt: Der erste Satz dauert allein schon 40 Minuten, doch das stört das Publikum schon bei der Uraufführung nicht. Kritisch angemerkt wird später allerdings, dass Mahler seine Erklärungen zum Programm im letzten Moment wieder zurückgezogen hatte und das Publikum mit all den Geschichten, der musikalischen Vielfalt und den vielfältigen Farben allein lässt. Dabei bezeichnet Mahler in einem Brief die Sätze mit wunderbaren poetischen Namen, die bereits ohne Musik die Phantasie anregen: *Pan zieht ein* ist der erste große Satz überschrieben, und jeder der folgenden Sätze lässt ein neues Thema zu Wort kommen: *Was mir die Blumen erzählen*, *Was mir die Tiere erzählen*, *Was mir der Mensch erzählt*, *Was mir die Engel erzählen* und als Krönung *Was mir die Liebe erzählt*. Alles aus der Inspiration in Steinbach erschaffen.

Das Stück *Was mir die Blumen erzählen* wird »gleich am ersten Nachmittage, als Mahler aus seinem Häuschen auf die Wiese hinaussah, wo es in Gras und Blumen ganz eingebettet liegt, entworfen und in einem Zuge zu Ende geführt«, berichtet Natalie Bauer-Lechner. Und Mahler selbst verknüpft untrennbar die Umgebung mit der Musik: »›Wer die Örtlichkeit nicht kennt‹, sagte Mahler, ›müßte sie fast dazu erraten, so einzig ist sie in ihrer Lieblichkeit, wie geschaffen, den Anstoß zu einer solchen Inspiration zu geben.‹«[283]

Es stimmt: Diese Musik bildet die Landschaft, den See und die Berge ab. Man hört das Plätschern des Attersees, das Mahler hörte, als er komponierte. Und die Berge, mit dem überirdischen Trompetensolo in Musik gemalt. Plötzlich entsteht eine Kathedrale – was für eine Macht über das Unterbewusstsein diese Musik doch hat.

Am 30. Juli 1896 vollendet Mahler den ersten Satz – und wie jedes Mal nach Fertigstellung eines Werkes kann es der Komponist nur schwer ertragen, »eines so bedeutenden Lebensinhaltes beraubt zu sein, der so lange sein täglicher, treuester Gefährte gewesen«, erinnert sich die verständnisvolle Freundin Natalie. Und sie wird reichlich belohnt: Sie findet die Skizzen zum ersten Satz auf ihrem Tisch mit der Widmung: »Am 28. Juli 1896 ereignete sich das Seltsame, daß ich meiner lieben Freundin den Kern eines Baumes schenken konnte, der trotzdem aber in voller Lebensgröße mit allen Zweigen, Blättern und Früchten nun in die Welt hineinblüht und wächst.«[284]

1896 geht die wunderbare Zeit der Steinbacher Sommerfrische für immer zu Ende. Denn es ändern sich die Voraussetzungen, die neuen Wirtsleute, »die die Pacht des Hauses übernommen hatten, waren so unverschämt in ihren Forderungen und führten eine so elende Wirtschaft, daß kein ›Bund‹ mit ihnen zu flechten war.« Daher kommt eine Rückkehr nach Steinbach im Sommer 1897 nicht mehr infrage. »Als Mahler das letzte Mal den oft erstiegenen Wiesenberg im Rücken der ›Seewies‹, wo wir so lange gehaust, hinauf ging und sein Häuschen, das ihm jahrelang alles Höchste umfaßte, noch einmal da unten vor sich liegen sah, brach er – wie er mir später einmal gestand – in Tränen aus.«[285]

Nun wird es still um Mahler am Attersee. Erst in den 1920er-Jahren begeben sich so manche Mahler-Anhänger auf »Pilgerfahrten« zu den Stätten seines Wirkens, doch erinnert dort nur mehr wenig an den Komponisten. Das Dach des Komponierhäuschens ist durch einen Sturm stark beschädigt, im Inneren hat man eine Waschküche eingerichtet. Im Jahr 1934 wird endlich eine Gedenktafel angebracht: »Erbaut als Komponierstätte von Gustav Mahler 1894«[286].

Das Finale der Dritten Symphonie führt in den Sonnenuntergang am Attersee: Die Sonne sinkt, das Wasser wird ruhig und glatt, eine friedliche Ruhe breitet sich aus. Die Boote sind bereits an den Bojen oder am Ufer, keine Schwimmer sind zu sehen, keine lachenden Kinder zu hören. Nur ein paar einsame Vögel vereinen sich zu einem wunderbaren Abgesang an einen Sommertag. Nun wendet sich Mahler um, weg vom See: Der Satz schließt mit dem Anblick des monumentalen, feuerroten Höllengebirges, mächtig und majestätisch richtet es sich hoch auf in den dunkler werdenden Himmel.

Was für ein Genie, das dies alles durch Musik ausdrücken kann.

Anmerkungen

[1] Hans Dickinger, Geschichte von Schörfling (Schörfling 1988, 2. Auflage 2002), S. 362

[2] Alfred Mück, Franz Pölzleithner, Unterach am Attersee. Chronik (Unterach 1990), S. 100

[3] Mück, Pölzleithner, S. 102

[4] Thomas Blubacher, Gibt es etwas Schöneres als Sehnsucht? Die Geschwister Eleonora und Francesco von Mendelssohn (Berlin 2012), S. 84

[5] Manuskript des Tischlers Anton Widrin, zitiert nach Blubacher, S. 88

[6] Blubacher, S. 90

[7] Ivan Moffat in: Raimund von Hofmannsthal, A Rosenkavalier 1906–1975 (Hamburg 1975), S. 42ff. (in englischer Sprache, übersetzt von der Autorin)

[8] Elisabeth Bergner, Bewundert viel und viel gescholten (München 1978), S. 226

[9] Blubacher, S. 89

[10] Carl Zuckmayer, Als wär's ein Stück von mir. Horen der Freundschaft (Wien 1967), S. 58f.

[11] Tages-Post, 11.8.1930, S. 3

[12] Zuckmayer, S. 64

[13] Regina Thumser, Eine Vergessene … – Eleonora von Mendelssohn, Besitzerin von Schloss Kammer am Attersee, in: Klaus Petermayr, Franz Xaver Lösch (Hg.): Schörflinger Streiflichter (Schörfling 2009), S. 57ff.

[14] Franz Sch[r]öpfer an den Reichsstatthalter in Oberdonau, Abt. für Entjudungen, 18.4.1941, Arisierung Elsa Andorf[f]-Westen, Oberösterreichisches Landesarchiv, Bl. 19

[15] Franz Schröpfer an den Reichsstatthalter in Oberdonau, Abt. für Entjudungen, 13.6.1941, Arisierung Elsa Andorf[f]-Westen, Oberösterreichisches Landesarchiv, Bl. 23

[16] Der Reichsstatthalter von Oberdonau an das Wehrkreiskommando XVII, Abschrift ohne Datum, nach dem 31.3.1943, Arisierung Elsa Andorf[f]-Westen, Oberösterreichisches Landesarchiv, 8023/9

[17] Finanzamt Vöcklabruck an die Finanzlandesdirektion Linz, 15.4.1939, Akten der Finanzlandesdirektion Linz, Elsa Andorff-Westen, Bl. 139

[18] Wiener Montags-Post, 14.3.1904, S. 3

[19] Monika Oberhammer, Sommervillen im Salzkammergut (Salzburg 1983), S. 99

[20] Allgemeine Bauzeitung 1880, S. 91
[21] Kurt Ifkovits (Hg.), Mit diesen meinen zwei Händen ... Die Bühnen des Richard Teschner (Wien 2013), Katalog zur gleichnamigen Ausstellung im Österreichischen Theatermuseum
[22] Pester Lloyd, 12.1.1914, S. 6
[23] Neues Wiener Abendblatt, 29.5.1914, S. 8
[24] Pester Lloyd, 14.1.1914, S. 8
[25] Alexander Nadas, Die Magnaten-Elsa, in: Sonn- und Montagszeitung, 8.4.1935, S. 6
[26] Mittheilungen der kaiserl. königl. Central-Commission zur Erforschung und Erhaltung der Baudenkmale 1910, S. 48
[27] Pester Lloyd, 12.1.1914, S. 6
[28] Neues Wiener Journal, 16.1.1914, S. 9
[29] Elsas Nachname existiert in verschiedenen Varianten, richtig ist Kocsan.
[30] Pester Lloyd, 16.1.1914, S. 9
[31] Neuigkeits-Welt-Blatt, 17.1.1914, S. 5
[32] Livia (Lilly) Weiß, später Vida, geschieden von Wilhelm Kanitz, gestorben an einer Blutvergiftung am 22.9.1920 in Venedig
[33] Alexander Nadas, Die Magnaten-Elsa, S. 6
[34] Animierter Film zur Ausstellung »Holttest az utazókosárban. A Mágnás Elza-rejtély«, Museum Kiscell 2015, 100 Jahre nach der Eröffnung: https://www.google.com/culturalinstitute/beta/exhibit/corpse-in-a-basket-trunk/_QJiDxL-LU5rLw
[35] Lina Loos, Erinnerungen werden wach, in: Neues Wiener Tagblatt, 13.4.1935, S. 2
[36] Testament, Wiener Stadt- und Landesarchiv, BG Innere Stadt, A4/26-26A: 26A 47/1940
[37] Franz Sartori, Verzeichniß der gegenwärtig in und um Wien lebenden Schriftsteller nebst den Wissenschaftsfächern, in welchen sie sich vorzüglich bemerkbar gemacht haben (Wien 1820), S. 53
[38] Zitiert in Die Bühne, Heft 23, 14.11.1941, S. 18
[39] Der Floh, 4.2.1900, S. 3
[40] Emmerich Deimer, Chronik der allgemeinen Poliklinik in Wien (Wien 1989), S. 205
[41] Gustav von Wunschheim, Über Pseudoarthrose des Unterkiefers, in: Beiträge zur Kieferschußtherapie, hg. Österreichische Zeitschrift für Stomatologie (Wien 1917), S. 163ff.
[42] Dr. Viktor Frey, Medizinische Wochenschrift Nr. 48, 1925, Sp. 2670

[43] Frey, Sp. 2670

[44] Allgemeine Automobil-Zeitung, 1.11.1930, S. 22

[45] Illustrierte Kronen-Zeitung, 27.1.1939, S. 10

[46] Illustrierte Kronen-Zeitung, 1.12.1940, S. 26

[47] Zur Cultur-Geschichte Mährens und Oest.-Schlesiens, 3. Teil (Brünn 1870), S. 397

[48] Johann Jakob Faber, Chronik der Familie Faber (Wien 1918), Bibliothek der heraldisch-genealogischen Gesellschaft »Adler«, Wien

[49] Zu ihm und zur Familie Faber im Allgemeinen siehe Arthur M. Faber, Suae quisque fortunae Faber: Geschichte einer österreichischen Unternehmer-familie im Wandel von zwei Jahrhunderten (Bozen 1958)

[50] Arthur Faber, Arbeitsverhältnisse und Wohlfahrts-Einrichtungen der k. u. k. priv. Heinrichsthaler Bobbinet- und Spitzenfabrik Arthur Faber (Wien 1889), S. 38

[51] Faber, S. 39

[52] Monika Oberhammer, S. 106

[53] Erich Bernard (u. a.), Der Attersee. Kultur der Sommerfrische (Wien 2008), S. 30ff.

[54] Neues Wiener Tagblatt, 23.2.1940, S. 7

[55] Neues Wiener Tagblatt, 29.6.1877, S. 3

[56] Linzer Tages-Post, 12.6.1883, S. 4

[57] Salonblatt, 2.1.1875, S. 10

[58] Ebd.

[59] Salonblatt, 6.3.1875, S. 5

[60] Camillo Morgan, Die Alraune des Attersees. Eine Erzählung aus Ober-österreich (Wien 1884), S. 4ff.

[61] Alraune, S. 10

[62] Salonblatt, 31.5.1885, S. 5f.

[63] Salonblatt, 3.2.1889, S. 6

[64] Für's Jagdschloss, August 1905, S. 94

[65] Reichspost, 11.8.1926, S. 1f.

[66] Aus den Erinnerungen des Malers Anton von Kenner, Privatarchiv Familie Ecker

[67] Reichspost, 11.8.1926, S. 1f.

[68] Volksblatt, 29.7.1892, S. 3

[69] Ebd.

[70] Reichspost, 11.8.1926, S. 1f.

[71] Reichspost, 11.8.1926, S. 1f.

[72] Gita Ransonnet an Hofrat Wallentin, 20.8.1926, Privatarchiv Familie Ecker

[73] Aus den Erinnerungen des Malers Anton von Kenner, Privatarchiv Familie Ecker

[74] Siehe Markus Kristans Monographie Oskar Marmorek. 1863–1909. Architekt und Zionist (Wien 1996)

[75] Oskar Marmorek, Moderne Bauten in den Alpengegenden, in: Neubauten und Concurrenzen in Österreich und Ungarn. Organ für das Hochbaufach und seine Interessenten, 1. Jg., Heft IX, September 1895, S. 86

[76] Oskar Marmorek, Tafel-Erklärungen zu Tafel 77, Villa v. Goldberger, Unterach am Attersee, in: Neubauten und Concurrenzen in Österreich und Ungarn. Organ für das Hochbaufach und seine Interessenten, 1. Jg., Heft XI, November 1895, S. 107

[77] Oskar Marmorek, Tafel-Erklärungen zu Tafel 66, Villa in Unterach am Attersee, in: Neubauten und Concurrenzen in Österreich und Ungarn. Organ für das Hochbaufach und seine Interessenten, 2. Jg., Heft IX, September 1896, S. 71

[78] Komplizierte Familienverhältnisse: Mali Goldberger de Buda, geborene Holitscher. Ihre Nichte Malvine Holitscher heiratet Emil Brüll, einen Onkel Nelly Marmoreks. Details dazu bei Georg Gaugusch, Wer einmal war, Das jüdische Großbürgertum Wiens 1800–1938, Band 1 A–K (Wien 2011), S. 891ff.

[79] Die Familie Goldberger, in: Ben Chananja 10 (1867), Nr. 19 vom 1.10.1867, Sp. 616–617

[80] Erinnerungsblätter von weil. Emmanuel Goldberger de Buda, Manuskript, 1907, S. 5

[81] Erinnerungsblätter von weil. Emmanuel Goldberger de Buda, Manuskript, 1907, S. 32f.

[82] Grundbuch Unterach, EZ 126, S. 1239

[83] Eidesstattliche Erklärung zur Heiratsgenehmigung, 24.2.1949, BG Mondsee, Urkundensammlung, 150-1949

[84] Neues Wiener Journal, 1.9.1918, S. 10

[85] Der Humorist, 11.9.1918, S. 4

[86] Neues Wiener Tagblatt, 22.12.1920, S. 7

[87] Neues Wiener Journal, 22.12.1920, S. 8

[88] Kikeriki, 17.12.1922, S. 6

[89] Neues Wiener Journal, 1.6.1924, S. 21

[90] Dietmar Grieser, Die guten Geister (Wien 2017), S. 59ff.

[91] www.atterwiki.at/index.php?title=Villen_in_Unterach, abgerufen am 3.12.2017

92 Neue Freie Presse, 12.6.1907, S. 1
93 Arbeiter-Zeitung, 13.6.1907, S. 6
94 Neues Wiener Tagblatt, 11.6.1907, S. 6
95 Fremdenblatt, 27.3.1914, S. 31
96 Zwischenerkenntnis der Rückstellungskommission, 4.1.1949. Oberösterreichisches Landesarchiv. Rückstellungsakt Eisler. Rk 158/1947, Bl. 35ff.
97 Grundbuch Mondsee, Urkundensammlung, 265/42
98 Brief von RA Dr. Walter Mayr an die Rückstellungskommission Linz,
   8.1.1948, Oberösterreichisches Landesarchiv, Rk 158/47, Bl. 17
99 Brief von RA Dr. Walter Mayr an die Rückstellungskommission Linz,
   28.1.1949, Oberösterreichisches Landesarchiv, Rk 158/47, Bl. 39ff.
100 Brief von RA Dr. Walter Mayr an die Rückstellungskommission Linz,
   23.4.1949, Oberösterreichisches Landesarchiv, Rk 158/47, Bl. 58
101 Brief von RA Dr. Walter Mayr an die Rückstellungskommission Linz,
   23.4.1949, Oberösterreichisches Landesarchiv, Rk 158/47, Bl. 59
102 Paul Rose, Berlins große Theaterzeit. Schauspieler-Porträts der zwanziger-
   und dreißiger Jahre (Berlin 1969), S. 75
103 Äußerung der Verlassenschaft nach Melanie Eisler an die Rückstellungskommission Linz, 18.5.1949. Oberösterreichisches Landesarchiv, Rk
   158/47, Bl. 64
104 Datenbank des Bundesdenkmalamtes (Aufnahme 2006)
105 Neues Wiener Journal, 28.8.1904, S. 11
106 Victor Léon, Die grünen Bücher (Leipzig o. D.), S. 6
107 Léon, S. 8
108 Neues Wiener Journal, 28.8.1904, S. 11
109 Schreiben von Victor Léon aus seinem Nachlass, zitiert in Barbara
   Denschers äußerst lesenswerter Biographie Victor Léon. Eine Werkbiografie (Bielefeld 2017), S. 409f.
110 Desi Halban, Selma Kurz. Die Sängerin und ihre Zeit (Stuttgart 1983), S. 34
111 Neues Wiener Tagblatt, 15.1.1914, S. 12
112 Neues Wiener Journal, 7.7.1929, S. 15
113 Halban, Kurz, S. 32
114 Halban, Kurz, S. 64
115 Ludwig Karpath, Die große Sängerin. Ein Blatt der Erinnerung, in: Neues
   Wiener Journal, 11.3.1933, S. 5
116 Julius Korngold, Selma Kurz, in: Neue Freie Presse, 11.3.1933, S. 1ff.
117 Neue Freie Presse, 9.4.1911, S. 13
118 Neue Freie Presse, 11.4.1911, S. 11

[119] Siegfried Löwy, Aus Wiens großer Theaterzeit (Wien 1921), S. 106ff.
[120] Siegfried Löwy, Gastspiele im Grünen, Neues Wiener Journal, 18.5.1924, S. 13f.
[121] Löwy, Gastspiele, S. 13f.
[122] Tages-Post, 2.9.1903, S. 5
[123] Löwy, Gastspiele, S. 13f.
[124] Siegfried Löwy, Theaterzeit, S. 106ff.
[125] Siegfried Löwy, Theaterzeit, S. 110
[126] Friedrich Eckstein, »Alte unnennbare Tage!« Erinnerungen aus siebzig Lehr- und Wanderjahren (Wien 1936), S. 18
[127] Friedrich Torberg, Die Tante Jolesch oder der Untergang des Abendlandes (Dießen 1975), S. 202f.
[128] Sigmund Freud an Wilhelm Fließ, 4.5.1896
[129] Therese Schlesinger-Eckstein, Bürgerliche und proletarische Frauenbewegung, in: Sozialistische Monatshefte, 4.1898, S. 462
[130] Therese Eckstein, Das Leben und Wirken Gustav Ecksteins, in: Gustav Eckstein, Was ist der Sozialismus? (Wien 1931), S. 2
[131] Erwin von Janischfeld, Philosoph oder Agitator? Pester Lloyd, 9.8.1916, Titelblatt
[132] Eckstein, S. 106
[133] Eckstein, S. 112
[134] Hugo Wolf an Oskar Grohe, 1.6.1890, zit. in Ernst Décsey, Hugo Wolf. Das Leben und das Lied (Wien 1903), S. 54f.
[135] Décsey, Hugo Wolf, S. 55
[136] Salzburger Chronik, 9.4.1909, S. 5
[137] Tagespost, 20.8.1910, S. 3
[138] Tagespost, 30.4.1929, S. 4
[139] Reichspost, 5.9.1930, S. 4
[140] Neues Wiener Tagblatt, 29.12.1930, S. 6
[141] Neues Wiener Tagblatt, 18.4.1931, S. 10
[142] Neue Freie Presse, 17.4.1931, S. 3
[143] Neue Freie Presse, 19.4.1931, S. 20
[144] Dietrich Arndt, Bagage! Reigen um eine Sängerin (Wien-Leipzig 1931), S. 5
[145] Tagblatt, 18.3.1932, S. 6
[146] Neue Freie Presse, 19.4.1931, S. 20
[147] Robert Schenk, Baron Poldi. Eine Geschichte aus der Wiener Gesellschaft (Kaiserslautern 1926), S. 5

[148] Die Leuchtrakete, Juni 1924, S. 7

[149] Wiener Zeitung, 30.12.1887, S. 15

[150] Zeugenbefragung, 7.1.1949. Oberösterreichisches Landesarchiv, Rückstellungsakt Schostal 159/1947, Bl. 37

[151] Originale im Rückstellungsakt Schostal, 159/1947

[152] RA Dr. Otto Mayr an die Rückstellungskommission, 29.11.1947. Oberösterreichisches Landesarchiv, Rückstellungsakt Schostal, 159/1947, Bl. 11ff.

[153] Fritz Geiringer an Johanna Raenkler, 2.10.1932. Oberösterreichisches Landesarchiv, Rückstellungsakt Fritz Geiringer, 363/1948

[154] Robert Eisler an Johanna Raenkler, 27.8.1946. Rückstellungsakt Fritz Geiringer, 363/1948

[155] Vergleich, 27.6.1950, öffentliche mündliche Verhandlung. Oberösterreichisches Landesarchiv, Rückstellungsakt Fritz Geiringer, 363/1948, Bl. 77

[156] Siehe Archiv der Volkshochschulen Wien, archiv.vhs.at

[157] Arbeiterwille, 2.3.1926, S. 3

[158] Urkundensammlung, BG Mondsee, 309-20

[159] Liste der Gäste in Martin Gschwandtner, Viktor Kaplan in Unterach (Norderstedt 2015), S. 45ff.

[160] Local-Anzeiger der Presse, 4.7.1873, S. 1

[161] Kronen-Zeitung, 21.12.1934, S. 8

[162] Hermine Schwarz, Ignaz Brüll und sein Freundeskreis (Wien 1921), S. 109

[163] Brigitte B. Fischer, Sie schrieben mir oder was aus meinem Poesiealbum wurde (München 1997), S. 100

[164] Neue Freie Presse, 16.1.1876, S. 7

[165] (Neuigkeits) Welt Blatt, 22.4.1890, S. 6

[166] Wiener Presse, 15.6.1891, S. 2

[167] Heute Nusswaldgasse

[168] Wiener Presse, 15.6.1891, S. 3

[169] Prager Tagblatt, 17.9.1892, S. 9

[170] Neue Freie Presse, 22.3.1910, S. 25

[171] Neue Freie Presse, 23.12.1908, S. 9

[172] Bertha Pauli, Das dritte Geschlecht, Neue Freie Presse, 19.9. 1924, S. 31

[173] Bertha Pauli, Mädchenerziehung und Kampf ums Dasein, Vortrag, hrsg. vom Österreichischen Frauenstimmrechtskomitee (Wien 1911), S. 3

[174] Bertha Pauli, Mädchenerziehung und Kampf ums Dasein, S. 9

[175] Bertha Pauli, Das Wolter-Haus und das Bleibtreu-Haus am Attersee, in: Neue Freie Presse, 28.8.1910, S. 9f.

[176] Manfred Jacobi, Wolfgang Paulis familiärer Hintergrund, in: Gesnerus 57 (2000), S. 222–237

[177] Peter Demetz, Mein Prag, S. 219ff.

[178] Finanzamt Linz an die Vermögensverkehrsstelle, 10.4.1940. Oberösterreichisches Landesarchiv, Arisierungsakt Emil Kolben 1803/1939

[179] Verfügung der Geheimen Staatspolizei, 10.2.1942, Oberösterreichisches Landesarchiv, Arisierungsakt Grete Schück-Kolben 8142/1943

[180] Reichsstatthalter von Oberdonau, Abteilung für Entjudungen an die Gestapo, 24.3.1942. Arisierungsakt Grete Schück-Kolben 8142/1943

[181] Inventar, Beilage zum Bericht des Vorstehers des Finanzamts Vöcklabruck an den Oberfinanzpräsidenten Oberdonau. Der letzte Absatz ist ein Kommentar vom Oberfinanzpräsidenten selbst. 25.11.1942. Oberösterreichisches Landesarchiv, Akten der Finanzlandesdirektion Linz Schück-Kolben 79 II VR 46, Bl. 16/1-3

[182] »Für die käufliche Erwerbung des Grundstückes interessiert sich besonders der Tischlermeister Humelbrunner Anton in Steinbach, der das Haus als Wohnung für einen Facharbeiter seiner Tischlerei (Rüstungsbetrieb) dringend benötigt.« Akten der Finanzlandesdirektion Linz Schück-Kolben 79 II VR 46, Bl. 16/1-3

[183] siehe Anm. 181

[184] Leitsmann, Gestapo Linz, an das Reichssicherheitshauptamt, 14.12. 1942. Akten der Finanzlandesdirektion Linz Schück-Kolben 79 II VR 46, Bl. 21

[185] Protokoll. Akten der Finanzlandesdirektion Linz Schück-Kolben 79 II VR 46, Bl. 54

[186] Finanzamt Vöcklabruck an die Finanzdirektion in Linz, 13.8.1945. Akten der Finanzlandesdirektion Linz Schück-Kolben 79 II VR 46, Bl. 81

[187] Der Landeshauptmann von Oberösterreich, Finanzdirektion, an die Bezirkshauptmannschaft in Vöcklabruck, 23.8.1945. Akten der Finanzlandesdirektion Linz Schück-Kolben 79 II VR 46, Bl. 82

[188] ebd, 11.10.1945. Bl. 86

[189] ebd, Bl. 91

[190] Peter Demetz, In einem Prager Buchladen, 1943, in: Andreas Härter, Edith A. Kunz (Hg.), Dazwischen. Zum transitorischen Denken in Literatur- und Kulturwissenschaft (2003), S. 16

[191] Das trifft nur auf die Villa in der Weißenbachstraße zu, diese kaufen Erwin und Malvine Kolben 1911. Die sogenannte »Park-Villa« erwirbt Emil im Namen seiner Kinder Hans, Grete und Lilly erst im Jahr 1928.

[192] Sigrid Kirschner, Heinrichs Stiefschwester

[193] Anna, zweite Frau von Heinrichs Vater Hans

[194] Hans Werner (1922–1945), Heinrichs Bruder

[195] Gerhard Schück-Kolben (1921–2000), Sohn von Grete und Ignaz Schück-Kolben

[196] Ignaz Schück-Kolben (1889–1958). Seine Schwester hat zwei Töchter, aber keinen Sohn.

[197] Wilhelm Lieder-Kolben (1899–?), verheiratet mit Lilly Kolben

[198] Harald Lieder-Kolben (1927–2007), Sohn von Wilhelm und Lilly

[199] Grete Schück-Kolben (1898–1988), verheiratet mit Ignaz Schück-Kolben

[200] Robert Schück-Kolben (?–2005), Sohn von Grete und Ignaz Schück-Kolben

[201] Berliner Volkszeitung, 30.11.1916, S. 2

[202] Berliner Börsen Courir, 3.10.1915. Zitiert bei Stefan Frey, Leo Fall. Spöttischer Rebell der Operette (Wien 2010), S. 141

[203] Wiener Salonblatt, 26.3.1893

[204] Linzer Volksblatt, 9.3.1924, S. 5

[205] Reisezeitung der Neuen Freien Presse, 21.9.1928

[206] Bezirksgericht Vöcklabruck, Grundbuch Weißenbach, EZ 32

[207] Kreisleitung Vöcklabruck an die Dienststelle für kommissarische Besetzungen, 30.4.1939. Oberösterreichisches Landesarchiv, Arisierungsakt Pollak, Bl. 82

[208] Beweisantrag der Antragsgegnerin, 5.11.1951. Oberösterreichisches Landesarchiv, Rückstellungsakt Webern, 322/1947, Bl. 51

[209] RA Maximilian Eltes an die Rückstellungskommission, 1.8.1947, Oberösterreichisches Landesarchiv, Rückstellungsakt Roth, 111/1947, Bl. 1

[210] André und Marcel Roth an die Rückstellungskommission, 5.3.1948. Rückstellungsakt Roth, 111/1947, Bl. 35ff.

[211] Ebd.

[212] Ebd.

[213] Roths sagen, dass dies Klamert verlangte, um den Kauf rascher abzuwickeln.

[214] Grundbuch Vöcklabruck, Urkundensammlung 556-1949 13.5.1948

[215] Gendarmeriepostenkommando Weyregg an das Landesgericht-Volksgericht Linz, 2.10.1946. Oberösterreichisches Landesarchiv, Volksgerichtsakt Karl Klamert, Vg 8 Vr 2827/46, Bl. 113

[216] Josef Klein, Gutachten, 26.5.1952. Oberösterreichisches Landesarchiv, Rückstellungsakt Roth 111/1947, Bl. 275

217 Volksgerichtsakt Karl Klamert Bl. 113

218 2.6.1948. Rückstellungsakt Roth 111/1947, Bl. 67

219 Karl Klamert an die Rückstellungskommission, 18.11.1947. Rückstellungsakt Roth 111/1947, Bl. 27

220 Beschwerde RA Dr. Josef Zauner für Karl Klammert, 2.6.1948. Rückstellungsakt Roth 111/1947, Bl. 63

221 Schreiben der Sparkasse Linz an die Rückstellungskommission, 16.11.1950. Rückstellungsakt Roth 111/1947

222 Beratungsprotokoll. 6.11.1950. Rückstellungsakt Roth 111/1947 Bl. 141

223 RA Dr. Michael Stern an die Rückstellungskommission, 11.1.1951, Rückstellungsakt Roth 111/1947, Bl. 181ff

224 Enderkenntnis, 11.9.1952. Rückstellungsakt Roth 111/1947, Bl. 351ff.

225 Wilhelm Kosch, Deutsches Theaterlexikon, Band 2 (1960), S. 251ff.

226 Fremdenblatt, 27.5.1865, S. 5

227 Neues Wiener Tagblatt, 11.2.1870, S. 3

228 http://data.matricula-online.eu/de/oesterreich/wien/01-unsere-liebe-frau-zu-den-schotten/02-50/?pg=232

229 Bezirksgericht Vöcklabruck, Grundbuch Weißenbach, EZ 23

230 Fremdenblatt, 3.9.1893, S. 8

231 Siegfried Löwy, Neues Wiener Journal, 1.7.1923, S. 13

232 Siegfried Löwy, Neues Wiener Journal, 4.1.1931, S. 21

233 Der Morgen, 1.2.1932, S. 6

234 Das Vaterland, 2.7.1897, S. 10

235 Das Vaterland, 2.7.1897, S. 10

236 Wiener Hausfrauenzeitung, Nr. 20, 15.5.1887, S. 184

237 Die Debatte, 4.9.1866, S. 3

238 Allgemeine land- und forstwirtschaftliche Zeitung, 1866, S. 581

239 Richard Ritter von Doderer an den Reichsstatthalter von Oberdonau, Abteilung für Entjudungen, 19.11.1941. Arisierungsakt Heinrich Gütermann, 2077/1943, Bl. 7f.

240 Ebd., Bl. 13

241 Reichsstatthalter von Oberdonau, Abteilung für Entjudungen, an die Gestapo, 18.5.1942. Arisierungsakt Heinrich Gütermann, 2077/1943, Bl. 14

242 Gestapo an Friedrich Katzwendel (Leiter der Vermögensverkehrsstelle Linz), 14.10.1942. Arisierungsakt Heinrich Gütermann, 2077/1943, Bl. 16

243 Gestapo an Katzwendel, 15.12.1942. Arisierungsakt Heinrich Gütermann, 2077/1943, Bl. 20

Regierungspräsident Oberdonau an den Reichswirtschaftsminister, 6.3.1943. Arisierungsakt Heinrich Gütermann, 2077/1943, Bl. 29

245 Reichswirtschaftsminister an den Reichsstatthalter Oberdonau, 24.3.1943. Arisierungsakt Heinrich Gütermann, 2077/1943, Bl. 30

246 Dr. Palten, Regierungspräsident Oberdonau, an Ernst Kaltenbrunner, 14.5.1943. Arisierungsakt Heinrich Gütermann, 2077/1943, Bl. 53

247 Richard von Doderer an Heinrich Gütermann, 12.7.1943. Arisierungsakt Heinrich Gütermann, 2077/1943, Bl. 76

248 28.7.1943. Arisierungsakt Heinrich Gütermann, 2077/1943, Bl. 79

249 Lyro an Palten, 3.9.1943. Arisierungsakt Heinrich Gütermann, 2077/1943, Bl. 80

250 Vermerk Reichsstatthalter, 13.9.1943. Arisierungsakt Heinrich Gütermann, 2077/1943, Bl. 88

251 Landrat Kreis Vöcklabruck an Regierungspräsidenten Dr. Palten, 19.5.1943. Arisierungsakt Heinrich Gütermann, 2077/1943, Bl. 62

252 Regierungspräsident an Dr. Kaltenbrunner, 20.5.1943. Oberösterreichisches Landesarchiv, Arisierungsakt Anna Gütermann, 1018/1945, Bl. 22

253 Arisierungsakt Anna Gütermann, 1018/1945, Bl. 103

254 Heli Finkenzeller an den Regierungspräsidenten, 13.4.1944. Arisierungsakt Anna Gütermann, 1018/1945, Bl. 61

255 Arisierungsakt Anna Gütermann, 1018/1945, Bl. 68

256 Alois Simbrunner an die Rückstellungskommission, 10.3.1948. Oberösterreichisches Landesarchiv, Rückstellungsakt Heinrich Gütermann, RK 281/1947, Bl. 11

257 Girozentrale an Skrein, 20.3.1948, Rückstellungsakt Heinrich Gütermann, RK 281/1947

258 14.2.1946, Heimito von Doderer, Tangenten: Tagebuch eines Schriftstellers 1940–1950 (Wien 1964), S. 403

259 Hilde Spiel, Welche Welt ist meine Welt? Erinnerungen 1946–1989 (München 1990), S. 224

260 3.2.1946, Tangenten, S. 395f.

261 6.2.1946, Tangenten, S. 401f.

262 7.4.1946, Tangenten, S. 429

263 19.2.1946, Tangenten, S. 404

264 Neue Freie Presse, 19.12.1909, S. 14

265 Siegfried Löwy, Gastspiele im Grünen, Neues Wiener Journal, 18.5.1924, S. 13f.

266 Neues Wiener Tagblatt, 19.12.1909, S. 19

Anmerkungen | **265**

[267] Bertha Pauli, Das Wolter-Haus und das Bleibtreu-Haus am Attersee, Neue Freie Presse, 28.8.1910, S. 9f.

[268] Neues Wiener Journal, 7.7.1934, S. 8f.

[269] Deutsches Volksblatt, 15.8.1914, S. 9

[270] Widmungsurkunde, Grundbuch Vöcklabruck, Urkundensammlung, 53-1915

[271] Natalie Bauer-Lechner, Erinnerungen an Gustav Mahler (Leipzig 1923), S. 7

[272] Herta Blaukopf, Das Häuschen am See, in: Gustav Mahler in Steinbach am Attersee. Dokumente, Berichte, Photographien, Hg. Internationale Gustav Mahler Gesellschaft (Wien 1985), S. 3ff.

[273] Neues Wiener Journal, 7.7.1934, S. 9

[274] Hermann Bahr, Neues Wiener Journal, 14.9.1924, S. 10

[275] Bauer-Lechner, S. 38

[276] Alfred Rosé, Intimes aus Gustav Mahlers Sturm- und Drangperiode. Wie die Zweite und Dritte Symphonie in Steinbach am Attersee entstanden ist (1893 bis 1896), Neues Wiener Journal, 19.10.1928, S. 9f.

[277] Brief an Arnold Berliner, 31.1.1895, zitiert in: Herta Blaukopf, Gustav Mahler. Briefe (Wien 1996), S. 142f.

[278] Bauer-Lechner, S. 19

[279] Rosé, S. 10

[280] Bauer-Lechner, S. 36

[281] Bauer-Lechner, S. 37

[282] Bruno Walter, Gustav Mahler (Berlin 1957), S. 32, zitiert in Blaukopf, S. 17

[283] Franz Graflinger, Linzer Tages-Post, 20.3.1924, S. 9

[284] Bauer-Lechner, S. 66

[285] Bauer-Lechner, S. 72

[286] Neues Wiener Journal, 7.7.1934, S. 9

Literatur und Quellen

Allgemeine Literatur

Franz Arnfelser, Bauernhöfe – Sommervillen – Ferienhäuser in Aufham am Attersee (Wien 2004)

Erich Bernard (u. a.), Der Attersee. Kultur der Sommerfrische (Wien 2008)

Hans Dickinger, Geschichte von Schörfling (Schörfling 1988, 2. Auflage 2002)

Daniela Ellmauer, Michael John, Regina Thumser,»Arisierungen«, beschlagnahmte Vermögen, Rückstellungen und Entschädigungen in Oberösterreich. Veröffentlichungen der Österreichischen Historikerkommission Band 17/1 (Wien 2004)

Georg Gaugusch, Wer einmal war. Das jüdische Großbürgertum Wiens 1800–1938. Band 1 A–K (Wien 2011), Band 2 L–R (Wien 2016)

Albert Lichtblau,»Arisierungen«, beschlagnahmte Vermögen, Rückstellungen und Entschädigungen in Salzburg. Veröffentlichungen der Österreichischen Historikerkommission Band 17/2 (Wien 2004)

Marktgemeinde Schörfling, Festschrift Schörfling am Attersee. 500 Jahre Markterhebung 1499–1999 (Schörfling 1999)

Alfred Mück, Franz Pölzleithner, Unterach am Attersee. Chronik (Unterach 1990)

Monika Oberhammer, Sommervillen im Salzkammergut (Salzburg 1983)

Anton Roither, Nussdorf am Attersee. Eine Heimatkunde (Nussdorf 2010)

Leopold Ziller, Häuserchronik der Gemeinden St. Gilgen und Strobl (St. Gilgen 1990)

Mondän und exzentrisch. Schloss Kammer

Elisabeth Bergner, Bewundert viel und viel gescholten. Elisabeth Bergners unordentliche Erinnerungen (München 1978)

Thomas Blubacher, Gibt es etwas Schöneres als Sehnsucht? Die Geschwister Eleonora und Francesco von Mendelssohn (Berlin 2012)

Ivan Moffat in: Raimund von Hofmannsthal, A Rosenkavalier 1906–1975 (Hamburg 1975)

Regina Thumser, Eine Vergessene … – Eleonora von Mendelssohn, Besitzerin von Schloss Kammer am Attersee. In: Klaus Petermayr, Franz Xaver Lösch (Hg.): Schörflinger Streiflichter (Schörfling 2009)

Carl Zuckmayer, Als wär's ein Stück von mir. Horen der Freundschaft (Wien 1967)

Das Vermögen des Branntweiners Simon Marmorek
Oberösterreichisches Landesarchiv: Arisierungsakt Elsa Andorf-Westen, 9064/1944
Wiener Stadt- und Landesarchiv: Verlassenschaftsakt Simon Marmorek (Handelsgericht Wien 75/1900)

Die Ringstraße am Attersee. Familie Paulick
Kurt Ifkovits (Hg.), Mit diesen meinen zwei Händen ... Die Bühnen des Richard Teschner. Katalog zur gleichnamigen Ausstellung im Österreichischen Theatermuseum (Wien 2013)

Pretty Woman. Die Magnaten-Elsa und Max Schmidt
Wiener Stadt- und Landesarchiv: Verlassenschaftsakten Leo Schmidt (BG Döbling 1A 376/1942), Max Schmidt (BG Innere Stadt 26A 47/1940), Richard Schmidt (BG Döbling 1A 391/1946)

Eine Insel für die adorierte Primadonna. Eduard Springer
Franz Sartori, Verzeichniß der gegenwärtig in und um Wien lebenden Schriftsteller nebst den Wissenschaftsfächern, in welchen sie sich vorzüglich bemerkbar gemacht haben (Wien 1820)
Wiener Stadt- und Landesarchiv: Verlassenschaftsakten Anna Sigl geb. Hamberger (Magistratisches Zivilgericht, fasc. 2, 2242/1828), Joseph Sigl (Magistratisches Zivilgericht, fasc. 2, 1725/1848), Elisabeth Springer geb. Renner (Magistratisches Zivilgericht, fasc. 2, 2907/1839), Joseph Springer (Magistratisches Zivilgericht, fasc. 2, 4245/1843), Caroline Springer geb. Springer (Magistratisches Zivilgericht, fasc. 2, 4682/1843), Eduard Springer (BG Leopoldstadt 3A 193/1917); Merkantil- und Wechselgericht: Firmenakten 1. Reihe: S519 (Joseph Sigl), S623 (Eduard Springer); Zentralfriedhof Wien: Gruft 21/1/17

Zwischen Kieferchirurgie und Yacht-Club. Gustav Wunschheim
Emmerich Deimer, Chronik der allgemeinen Poliklinik in Wien (Wien 1989)
Viktor Frey, Medizinische Wochenschrift Nr. 48, 1925
Wiener Genealogisches Taschenbuch 2 (1927/28) und 5 (1933)
Gustav von Wunschheim, Über Pseudoarthrose des Unterkiefers. In: Beiträge zur Kieferschußtherapie, hg. Österreichische Zeitschrift für Stomatologie (Wien 1917)

Von Spitzen, Tüll und Segelbooten. Familie Faber
Christian d'Elvert, Zur Cultur-Geschichte Mährens und Oest. Schlesiens, Band 3 (Brünn 1870)
Arthur M. Faber, Suae quisque fortunae Faber: Geschichte einer österreichischen Unternehmerfamilie im Wandel von zwei Jahrhunderten (Bozen 1958)
Johann Jakob Faber, Chronik der Familie Faber (Wien 1918). Bibliothek der heraldisch-genealogischen Gesellschaft »Adler«, Wien

Die Alraune des Attersees. Camillo Belohlawek-Morgan
Camillo Morgan, Die Alraune des Attersees. Eine Erzählung aus Oberösterreich (Wien 1884)
Wiener Stadt- und Landesarchiv: Verlassenschaftsakten Gottfried Ludwig Abelles (Handelsgericht Wien 5/1888), Marie Abelles geb. Dux (BG Landstraße 1A 597/1937), Camillo Belohlawek-Morgan (BG Josefstadt 8A 1268/1928).

In der Taucherglocke. Der außergewöhnliche Forscher und Wohltäter Eugen Ransonnet
Aus den Erinnerungen des Malers Anton von Kenner. Privatarchiv Familie Ecker
Gothaisches Genealogisches Taschenbuch der Freiherrlichen Häuser 1937

Die Familie Goldberger de Buda und der Architekt Oskar Marmorek
Die Familie Goldberger in: Ben Chananja 10 (1867), Nr. 19, 1.10.1867, Sp. 616–17
Erinnerungsblätter von weil. Emmanuel Goldberger de Buda. Manuskript 1907. Privatbesitz Wien
Markus Kristan, Oskar Marmorek. 1863–1909. Architekt und Zionist (Wien 1996)
Oskar Marmorek, Moderne Bauten in den Alpengegenden. In: Neubauten und Concurrenzen in Österreich und Ungarn. Organ für das Hochbaufach und seine Interessenten. 1. Jg, Heft IX, September 1895, S. 86

Die vergessene Operettensoubrette Olga Bartos
Dietmar Grieser, Die guten Geister (Wien 2017)
Wiener Stadt- und Landesarchiv: Landesgericht für Zivilrechtsachen: 13 Cg 235/28 (Scheidung Herbert Trau und Olga Bartos)

Von Rosé zu Rose. Oder: Ein Akzent macht den Unterschied
Oberösterreichisches Landesarchiv: Rückstellungsakt Eisler. 158/1947.
Paul Rose, Berlins große Theaterzeit. Schauspieler-Porträts der zwanziger-
und dreißiger Jahre (Berlin 1969)
Wiener Stadt- und Landesarchiv: Verlassenschaftsakten Otto Eisler (BG Innere
Stadt 12A 368/1953), Melanie Eisler geb. Reitzes (BG Innere Stadt
13A 1143/1940)

Die prachtvolle Villa des Victor Léon
Denkmaldatenbank des Bundesdenkmalamtes
Barbara Denscher, Victor Léon. Eine Werkbiografie (Bielefeld 2017)
Victor Léon, Die grünen Bücher (Leipzig o. D.)

Mäzene und ihr Schützling. Oder: Wie »macht« man einen Star?
Desi Halban, Selma Kurz. Die Sängerin und ihre Zeit (Stuttgart 1983)
Siegfried Löwy, Aus Wiens großer Theaterzeit (Wien 1921)
Wiener Stadt- und Landesarchiv: Verlassenschaftsakt Ernestine Kurz
(BG Innere Stadt 4A 163/1922)

Die exzentrische Familie Eckstein
Ernst Décsey, Hugo Wolf – Das Leben und das Lied (Wien 1903)
Friedrich Eckstein, »Alte unnennbare Tage!« Erinnerungen aus siebzig Lehr-
und Wanderjahren (Wien 1936)
Therese Eckstein, Das Leben und Wirken Gustav Ecksteins. In: Gustav Eck-
stein, Was ist der Sozialismus? (Wien 1931)
Friedrich Torberg, Die Tante Jolesch oder der Untergang des Abendlandes
(Dießen 1975)

Baron Poldi und *Bagage*. **Zwei Schlüsselromane rund um Maria Jeritza**
Dietrich Arndt, Bagage! Reigen um eine Sängerin (Wien-Leipzig 1931)
Robert Schenk, Baron Poldi. Eine Geschichte aus der Wiener Gesellschaft
(Kaiserslautern 1926)

Kaltwasserseife. Das ideale Produkt für den Attersee?
Oberösterreichisches Landesarchiv: Arisierungsakt Schostal 1324/1940, Rückstellungsakt Schostal 159/1947
Wiener Stadt- und Landesarchiv: Verlassenschaftsakt Josef Bauer (BG Margareten 1A 247/1926); Handelsgericht Wien, A47 (HRA Registerakten):

HRA 14249 (Josef Bauer & Co. Nachf.); Handelsgericht Wien, Handelsregister (Josef Bauer & Co. Nachf.)

Von der Ölindustrie auf die Bühne. Familie Geiringer
Oberösterreichisches Landesarchiv: Rückstellungsakt Geiringer 363/1948
Wiener Stadt- und Landesarchiv: Handelsgericht Wien: A42/1 Ges-Registerakten (Ges 13/95 Ölindustrie-Gesellschaft); Verlassenschaftsakten Moriz Geiringer (Handelsgericht Wien 283/1925), Julie Geiringer geb. Deutsch (BG Josefstadt 8A 302/1917)

Turbinen und Affen. Der große Erfinder Viktor Kaplan
Martin Gschwandtner, Viktor Kaplan in Unterach (Norderstedt 2015)

Entfesselter Neid tötet gebildete Kultiviertheit. Der Berghof
Brigitte B. Fischer, Sie schrieben mir oder was aus meinem Poesiealbum wurde (München 1997)
Salzburger Landesarchiv: Arisierungsakte VMS, Ar. 054/45/114: Berghof, Unterburgau Nr. 2: Marmorek, Sonnenthal, Nemetschke, Horn, Pantz (Kt. 88); VMS, Ar. 035/45/95: Unterburgau Nr. 13: Breuer, Hupka (Kt. 84)
Wiener Stadt- und Landesarchiv: Verlassenschaftsakten Eduard Brüll (BG Innere Stadt (II) 2A 92/1898), Julius Schwarz (Handelsgericht Wien 201/1921), Hermine Schwarz geb. Brüll (BG Josefstadt 3A 423/1924), Kornelia Marmorek geb. Schwarz (BG Innere Stadt 19A 441/1948), Therese (Risa) Fürst/Horn geb. Strisower (BG Innere Stadt 14A 685/1940)

»Darf ich Ihnen meine Briefmarkensammlung zeigen?«
Der reiche Sammler und sein Berater
Wiener Stadt- und Landesarchiv: Verlassenschaftsakten Sigmund Friedl (BG Döbling 4P 34/1914), Marie Friedl geb. Jahoda (BG Margareten 2A 448/1922), Emilie Friedl geb. Siegel (BG Josefstadt 1A 298/1919)

Liberalismus, Frauenrechte, Nobelpreis. Die Familien Schütz und Pauli
Manfred Jacobi, Wolfgang Paulis familiärer Hintergrund. In: Gesnerus 57 (2000), S. 222–237
Bertha Pauli, Mädchenerziehung und Kampf ums Dasein: Vortrag, hrsg. vom Österr. Frauenstimmrechtskomitee (Wien 1911)
Wiener Stadt- und Landesarchiv: Verlassenschaftsakt Friedrich Schütz (BG Währing 4A 593/1908)

Pionier der Elektrotechnik. Oder: Ein Hoch auf den Wechselstrom!
Emil Kolben
Unbeschwerte Sommer in Weißenbach. Aus den Erinnerungen Heinrich
Kolbens
Peter Demetz, In einem Prager Buchladen, 1943. In: Andreas Härter, Edith A.
Kunz (Hg.), Dazwischen. Zum transitorischen Denken in Literatur- und
Kulturwissenschaft (2003)
Peter Demetz, Mein Prag. Erinnerungen 1939 bis 1945 (Wien 2007)
Erinnerungen von Heinrich Kolben. Unveröffentlichtes Manuskript (Privat-
besitz)
Oberösterreichisches Landesarchiv: Arisierungsakt Emil Kolben 1803/1939,
Arisierungsakt Grete Schück-Kolben 8142/1943, Akten der Finanzlandes-
direktion Linz Schück-Kolben 79 II VR 46

Herr über den Erfolg. Der Verleger Adolf Sliwinski
Chronik des Verlages Felix Bloch Erben. Unveröffentlichtes Manuskript (Be-
sitz Verlag Felix Bloch Erben)
Stefan Frey, Leo Fall. Spöttischer Rebell der Operette (Wien 2010)

Von Chicago nach Weissenbach. Das Hotel Post
Oberösterreichisches Landesarchiv: Arisierungsakt Josef Pollak 7157/1942;
Rückstellungsakt Webern 322/1947
Wiener Stadt- und Landesarchiv: Verlassenschaftsakt Dr. Josef Pollak
(BG Innere Stadt 30A 890/1945), Scheidungsakten Webern-Pollak:
BG Innere Stadt 4Nc 207/1938 und 4Nc 747/1938

Villa Schoberstein. Ein dunkles Kapitel
Wilhelm Kosch, Deutsches Theaterlexikon Band 2 (Klagenfurt/Wien 1960)
Oberösterreichisches Landesarchiv: Rückstellungsakt Roth 111/1947, Volks-
gerichtsakt Karl Klamert Vg 8 Vr 2827/46

Am seidenen Faden. Die Familie Gütermann
Oberösterreichisches Landesarchiv: Arisierungsakt Heinrich Gütermann
8077/1943, Arisierungsakt Anna Gütermann 1018/1945, Rückstellungsakt
Heinrich Gütermann 281/1947, Rückstellungsakt Anna Gütermann
267/1947
Wiener Stadt- und Landesarchiv: Verlassenschaftsakt Carl Gütermann (Handelsgericht Wien 2/1913)

Ein Lebensbuch. Heimito von Doderers *Strudlhofstiege*
Heimito von Doderer, Die Strudlhofstiege (München 1951)
Heimito von Doderer, Tangenten: Tagebuch eines Schriftstellers 1940–1950 (Wien 1964)
Hilde Spiel, Welche Welt ist meine Welt? Erinnerungen 1946–1989 (München 1990)

Meine Jugendliebe. Gustav Mahler
Natalie Bauer-Lechner, Erinnerungen an Gustav Mahler (Leipzig 1923)
Herta Blaukopf, Das Häuschen am See. In: Gustav Mahler in Steinbach am Attersee. Dokumente, Berichte, Photographien. Hg. Internationale Gustav Mahler Gesellschaft (Wien 1985)
Bruno Walter, Gustav Mahler (Berlin 1957)

Bildnachweis

Privatarchiv Familie Ecker (15, 53 rechts, 56, 73, 78), Austrian Archives/
Imagno/picturedesk.com (17, 36), Grace Jeszenszky (19), Archiv Marie-Theres
Arnbom (21, 34, 39, 57, 64, 74, 83, 95, 124, 135, 137, 138, 147, 183, 196, 199,
202, 219, 225, 244, 249), Nachlass Hofrat Oskar und Lily von Meiss-Teufen,
Kammer am Attersee (23, 65, 66), Gexi Tostmann (26, 27 unten), ANNO/
Österreichische Nationalbibliothek (27 oben, 33, 41, 43, 54, 55, 69, 71, 87, 88,
90, 91, 112, 113, 133 oben, 144, 153, 166, 221), ÖNB-Bildarchiv/picturedesk.
com (37, 40, 47, 53 links, 81, 86, 96, 117, 119 links, 171 rechts, 194), Theater-
museum/Imagno/picturedesk.com (49, 101, 171 links, 234, 241, 242), Öster-
reichisches Theatermuseum/Theatergraphik (58), ancestry.com (93), Privatarchiv Gečmen-Waldeck (102, 103), Privatarchiv Nikolaus Horn (104, 154,
156, 157, 158, 159, 160, 161, 163), Archiv Setzer-Tschiedel/Imagno/picture-
desk.com (111, 129), Ariadne/Österreichische Nationalbibliothek (119 rechts),
Gerhard Trumler/Imagno/picturedesk.com (126, 152, 168, 227), Österreichische Nationalbibliothek (133 unten), Privatarchiv Martin Kolben (169, 176,
177, 185, 187, 188, 190), IMAGNO/Ullstein (197), Oberösterreichisches Landesarchiv, Rückstellungsakt Webern, 322/1947 (203), Oberösterreichisches
Landesarchiv, Rückstellungsakt Roth, 111/1947 (210, 211), Sternfeld von Krie-
gelstein, Carl/ÖNB-Bildarchiv/picturedesk.com (218), Privatarchiv Alfred
von Doderer (236), Anonym/Imagno/picturedesk.com (238), Moriz Näher/
Imagno/picturedesk.com (247)

Die Autorin

© KMF

Marie-Theres Arnbom, Dr. phil., ist Historikerin, Autorin, Kuratorin und Kulturmanagerin. Sie veröffentlicht Bücher und Beiträge zu zeit- und kulturhistorischen Themen, die sie als Kuratorin auch an Museen in Szene setzt, und schreibt Programmhefte und Artikel für große Konzertveranstalter. 2004 gründete sie das Kindermusikfestival St. Gilgen als wesentlichen Bestandteil des Musiksommers im Salzkammergut. Zuletzt bei Amalthea erschienen: »Damals war Heimat. Die Welt des Wiener Großbürgertums« (2014), »Die Villen von Bad Ischl. Wenn Häuser Geschichten erzählen« (2017). arnbom.com

Namenregister

Kranz, Lilly geb.
  Geiringer 35, 143ff.
Kraus, Karl 123
Krauss, Clemens 149
Krauß, Franz von 65
Krauß, Werner 100
Kurz, Clara 109
Kurz-Halban, Selma
  107ff., 134, 143

Landesberger, Johanna
  (Hanni) von 161
Landesberger, Johanna
  (Hansi) von geb.
  Schwarz, verh.
  Nemetschke 156f.,
  159ff., 162
Landesberger, Julius
  von 159
Landesberger, Susi von
  161
Lang, Edmund 124
Lang, Marie 120, 124
Langer, Gustav 34
Langer, Hedwig geb.
  Paulick 34
Laube, Heinrich 217
Lechner, Alfred 151
Lehár, Franz 106,
  195ff.
Leihs von Lainburg,
  Grete 130
Léon, Ottilie 104,
  106
Léon, Victor 101ff.,
  115ff., 160, 195,
  198
Levi, Ignaz 145

Liechtenstein, Franz
  Josef Fürst von und
  zu 66
Lieder-Kolben, Lily
  geb. Kolben 176,
  183f., 191
Lieder-Kolben,
  Wilhelm 176, 184,
  189, 193
Linser, Heinrich 68
Löhner-Beda, Fritz 89
Loidl, Florian 207
Loos, Adolf 44
Loos, Lina 44
Löw, Anton 201
Löw, Heinrich 201
Löwy, Siegfried 114,
  116, 240
Lyro, Ernst 231f.

Mahler, Alma geb.
  Schindler 246
Mahler, Gustav 15, 51,
  95, 108ff., 124, 155f.,
  246ff.
Mahler, Otto 246
Makart, Hans 38
Marchesi de Castrone,
  Blanche 134
Maria Theresia,
  Kaiserin 48
Marie Antoinette,
  Königin von
  Frankreich 172
Marischka, Franz 102,
  106
Marischka, Hubert
  102, 106

Marischka, Lizzy geb.
  Léon 105f.
Marmorek, Nelly geb.
  Schwarz 80, 159,
  162
Marmorek, Oskar
  25f., 80ff., 159, 212
Marmorek, Simon 25
Massary, Fritzi 22
Meiss-Teufen, Oskar
  von 52
Mendelssohn,
  Eleonora von verh.
  Fischer, Jeszenszky
  17ff.
Mendelssohn
  Bartholdy, Felix 89
Metnitz, Josef von 54
Miethke, Hugo
  Othmar 34
Moffat, Ivan 20
Morre, Karl 103
Müller, Georg 67
Müller-Guttenbrunn,
  Roderich (Dietrich
  Arndt) 130 ,132,
  135
Münzer, Friedrich 125

Nadas, Alexander
  39f., 43
Nemetschke, Rudolf
  161
Neuman, Etta 37
Nick, Gustav 41f.
Niese, Hansi 105
Nietzsche, Friedrich
  250

Oberhammer, Monika
32f.
O'Sullivan, Charles
Graf 218f.

Pallenberg, Max 22
Palmay, Ilka 49
Palten, Günther
230ff.
Pantz, Anna von geb.
Strisower 160
Pauli, Berta geb.
Schütz 172f., 242
Pauli, Hertha 173f.
Pauli, Wolfgang jun.
173ff.
Pauli, Wolfgang sen.
173, 240, 242
Paulick, Friedrich jun.
34
Paulick, Friedrich sen.
32f.
Paulick, Hedwig geb.
Brauner 33
Peche, Dagobert 44
Pfeiffer, Julius 228
Pfitzner, Hans 58
Pollak, Elise geb. Fürth
201
Pollak, Josef 201, 203,
205
Popper, Alexander
134
Popper, Fritz 134
Popper von Podhragy,
Leopold 86f.,
130ff.
Powischer, Josef 30f.

Radetzky, Joseph 167
Radio-Radiis, Alfred
140f.
Radio-Radiis, Emma
140f.
Raenkler, Johanna
146, 148f.
Ransonnet, Agathe
geb. Geymüller 75
Ransonnet, Eugen
Baron 52, 73ff.
Ransonnet, Gita 78
Ransonnet, Karl 76
Reinhardt, Max 18,
22, 174
Reitzes, Moses 96
Renard, Marie (Marie
Pölzl) 48ff., 110
Renner, Anna 139ff.
Renotière, Emanuel de
la 165
Ress, Johannes 109
Römpler, Alexander
174, 240f.
Römpler, Emilie 241f.
Rosé, Alfred 249f.
Rosé, Arnold 23, 95,
246
Rosé, Eduard 95, 246
Rosé, Emma geb.
Mahler 95, 246,
251
Rosé, Justine geb.
Mahler 246, 251
Rose, Paul 95, 98ff.
Rosenthal, John
Herbert 195
Roth, André 207ff.

Roth, Emil 207f.
Roth, Marcel 207ff.
Roth, Marguerite verh.
Laveine 207ff.
Rötzer, Hermine 199,
207
Rötzer, Johann 199ff.,
207
Rubens, Peter Paul 43
Rudolf, Kronprinz von
Österreich 71, 76

Salomon, Salomon J.
134
Salten, Felix 157
Samuely, Lucy 132
Schaljapin, Fjodor
Iwanowitsch 39
Scheibe, Paul 241
Schenk, Robert 130,
132, 134
Schereschewsky, Dorli
20
Schlesinger, Fanny geb.
Kuffner 109
Schlesinger, Gerty 20
Schlesinger, Marianne
geb. Geiringer 143
Schlesinger, Therese
geb. Eckstein 107f.,
119ff., 170
Schmidt, Friedrich
Otto 37f., 40
Schmidt, Max 37ff.
Schneiderhan, Franz
130f.
Schnitzler, Arthur
104

Westen, Peter 26, 28
Widrin, Anton 19
Wiedmann, Stefanie
  125
Wiener, Friedrich
  87
Wolf, Hugo 120, 124f.
Wolter, Charlotte verh.
  Gräfin O'Sullivan
  51, 68, 108, 173,
  217ff., 240

Wunschheim von
  Lilienthal, Erwin
  52, 54, 57ff.
Wunschheim von
  Lilienthal, Gustav
  52ff.
Wunschheim von
  Lilienthal, Hans
  54
Wunschheim von
  Lilienthal, Melanie

  geb. Eberan von
  Eberhorst 52, 56,
  58f.

Zauner, Josef 214
Zeydner, Franz 214
Ziehrer, Carl Michael
  200f.
Zotti, Josef 26
Zuckmayer, Carl 22ff.
Zülow, Franz von 233

»Ein einzigartiges Nachschlagewerk«

Rabbiner Walter Homolka

Die Geschichte der Habsburgermonarchie von 1800 bis 1918 war geprägt vom Aufstieg des jüdischen Bürgertums. Dessen Anteil am wirtschaftlichen, kulturellen und intellektuellen Leben war außergewöhnlich hoch und trug zur Identität des Vielvölkerstaates bei.

Georg Gaugusch zählt zu den renommiertesten Genealogen auf diesem Gebiet und hat in beinahe 20 Jahren umfassender Recherchen in Archiven in Europa und weltweit wertvolle Informationen zusammengetragen. Anhand von Autobiografien, Akten zu Standeserhebungen, Ordensverleihungen und zeitgenössischen Zeitungsartikeln entsteht ein lebhaftes Porträt der jüdischen Familien. Die genealogischen, präzise erforschten Aufstellungen sind ergänzt um Informationen zur Bedeutung und Vernetzung der Familien und einzelner ihrer Mitglieder.

Ein unverzichtbares Nachschlagewerk über die Geschichte und Bedeutung des Wiener Judentums.

....

Georg Gaugusch

Wer einmal war

Das jüdische Großbürgertum Wiens 1800–1938

L–R

1456 Seiten
ISBN 978-3-85002-773-1

Amalthea   amalthea.at

Auf historischer Entdeckungsreise
im Salzkammergut

Bad Ischl – dieses wunderschöne Herzstück des Salzkammergutes ist der Inbegriff von Sommerfrische. Die Präsenz Kaiser Franz Josephs zog Aristokraten, Künstler, Industrielle und Adabeis an, sie alle prägten den Ort und die Umgebung und machen den Glanz vergangener Tage bis heute spürbar. Große, repräsentative Hotels entstanden, doch wollten viele Sommergäste lieber in eigenen Villen residieren.

Marie-Theres Arnbom erzählt auf abwechslungsreichen Spaziergängen unterhaltsam und informativ deren Geschichte(n), stellt alte und neue Ansichten gegenüber und entdeckt manch Überraschendes ...

Marie-Theres Arnbom

Die Villen von Bad Ischl
Wenn Häuser Geschichten erzählen

272 Seiten, mit zahlreichen Abbildungen und Karte
ISBN 978-3-99050-069-9
eISBN 978-3-903083-56-1

Amalthea   amalthea.at

Ein historisches Panorama
der »Welt von gestern«

Sie sind Fabrikanten oder Wissenschaftler, Schriftstellerinnen oder Rabbiner, Industrielle oder Journalisten, Operettenkönige oder Pädagoginnen, Architekten oder Ärzte. Marie-Theres Arnbom zeichnet ungewöhnliche, mitunter skurrile Lebenswege nach, die von Wien nach Kansas führten oder aus Bad Ischl nach Afrika.

Auf der Basis von persönlichen Dokumenten und Erinnerungen entspinnt sich ein großartiges Panorama der Lebenswelt des Wiener jüdischen Großbürgertums, repräsentiert von Familien wie den Hirschfelds, Koritschoners, Bienenfelds u. a.

Mit bisher unveröffentlichtem Bildmaterial aus Privatarchiven.

Marie-Theres Arnbom

Damals war Heimat

Die Welt des Wiener jüdischen Großbürgertums

248 Seiten, mit zahlreichen Abbildungen
ISBN 978-3-85002-877-6
eISBN 978-3-902862-97-6

Amalthea amalthea.at

Eine Reise in die Vergangenheit

Als Susanne Schober-Bendixen von ihrer Tante ein Jugendstilalbum mit Familienfotos erbt, ahnt sie nicht, welche Geheimnisse die Geschichte ihrer Familie bereithält. Einer Familie, von der sie fast nichts weiß, wurde doch in ihrer Kindheit nie über die jüdischen Verwandten aus Brünn gesprochen. Sie begibt sich auf Spurensuche, auf Friedhöfen, in Archiven, zwischen Wien und Brünn.

Was sie entdeckt, ist mehr, als sie zu hoffen wagte: Ihre Vorfahren gehörten der einst angesehenen Tuchfabrikanten-Dynastie Redlich an, die über mehrere Generationen die Stadt Brünn, das »Mährische Manchester« der Habsburgermonarchie, geprägt hat. Die Redlichs waren erfolgreiche Unternehmer, sozial denkende Arbeitgeber, Wissenschaftler und Kunstmäzene – und hatten mehr als nur eine starke Frau in ihren Reihen.

»Die Tuch-Redlichs« erzählt die ergreifende Geschichte einer Familie, von deren Aufstieg im 19. Jahrhundert über die Verfolgung im Nationalsozialismus bis hin zu den Schatten, die der Holocaust bis heute wirft.

Susanne Schober-Bendixen

Die Tuch-Redlichs

Geschichte einer jüdischen Fabrikantenfamilie

208 Seiten, mit zahlreichen Abbildungen
ISBN 978-3-99050-080-4
eISBN 978-3-903217-08-9

Amalthea   amalthea.at